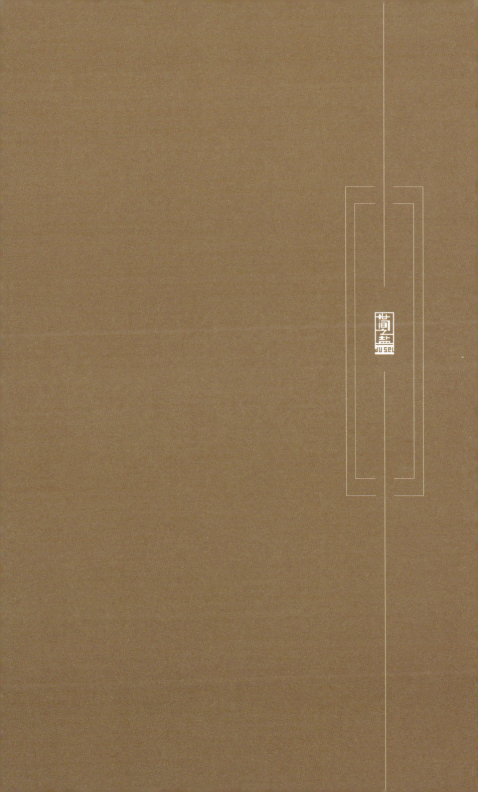

军镇

长安

岭北 柴壁之战

羌

十六国史新编

丛书主编 周伟洲

后秦史

尹波涛 著

社会科学文献出版社
SOCIAL SCIENCES ACADEMIC PRESS (CHINA)

总　序

中国的史学传统可谓源远流长，几乎每一个在中国历史上存在过的政权，都有人为之撰写历史。中国历史上的十六国时期（316~439）[1]，虽然仅是中国几千年历史长河中的一小段，但却有其丰富的内容和鲜明的时代特点。早在一千多年前，封建史学家就撰写过十六国时期各个政权的专史（国别史），如在唐代魏征等撰的《隋书》卷三三《经籍志二》所列遗存的"霸史"共二十七部三百三十五卷中，就有二十六部十六国国别史。其中，最著名、对后世影响最大的当推北魏崔鸿撰《十六国春秋》一百卷。可惜以上诸书均先后散佚，只是在唐宋时

1　大致相当于西晋灭亡至北魏灭北凉，统一整个北方的时期，即公元316年至439年。

期编纂的各种类书及其他史书中，有上述霸史的一些辑文。[1]

由于过去的封建史家囿于民族偏见，受传统的封建正统史学观点的束缚，视十六国为僭伪，贬之过甚。特别是隋唐以后的历代史家，认为十六国是"五胡乱华"的黑暗时期，十六国政权是"僭伪"之国，不值得为它们撰写历史；即便是撰写中国历史，对十六国也着墨不多。加之十六国时史官所撰的各国史书及隋以前有关十六国的史书，均先后散佚，后世撰写十六国国别史极为困难。

1949年中华人民共和国成立后，中国广大的史学工作者以马克思主义唯物史观为指导，开创了中国史学繁荣的新局面。1978年改革开放以来，国内史学研究进入一个新的繁荣时期，魏晋南北朝史研究更加深入，十六国史论著也不断问世。加之全国各地相继发掘了大批十六国时期的珍贵文物和古籍，重新撰写十六国国别史成为可能。因此，20世纪80年代以来，国内相继出版了一系列十六国的国别史。

我们这套"十六国史新编"丛书，就是从20世纪80年代以来国内出版的或正在撰写的一批十六国国别史中，

1　参见〔日〕五胡之会编《五胡十六国霸史辑佚》，燎原书店，2012。

选出其中学术水平较高、大致符合国别史体例的著作编辑而成。主要包括下列著作：

1.《成汉国史》，高然、范双双著；2.《汉赵国史》，周伟洲著；3.《后赵史》，尹波涛、温拓著；4.《五燕史》，赵红梅著；5.《前秦史》，蒋福亚著；6.《后秦史》，尹波涛著；7.《赫连夏国史》，吴洪琳著；8.《南凉与西秦》，周伟洲著；9.《五凉史》，赵向群著。

以上九部著作大致涵盖了所谓"五胡十六国"的十六个国家（政权）。之所以称之为"新编"，则主要有如下原因。

第一，以上九部著作均是在尽可能收集整理有关史料及参考古今有关研究论著的基础上，完全摈弃了过去封建史家的正统论及民族歧视和不平等等观点，以马克思主义唯物史观为指导重新审视和评述十六国历史。

第二，从前封建史家所撰十六国史，仅注重该国的政治、军事及与邻近各族所建政权的关系史，而"十六国史新编"还加强了对十六国的政治制度、社会经济、文化风俗（包括宗教信仰）及民族的认同、迁徙及融合等方面的论述。

第三，"十六国史新编"还特别注意汲取文物考古的新资料，以及中外最新的相关研究成果。

第四，"十六国史新编"采取现代通行的专著体例和形式，用章节目的体例撰写并详加引文注释，最后附有大事年表、索引等。

关于"十六国史新编"有几点说明。

首先，由于"十六国史新编"有的撰写出版于20世纪80年代至90年代初（如《汉赵国史》《南凉与西秦》《前秦史》），距今已过去三十多年，在此期间国内外有关十六国史的研究又取得了长足的进步，有众多的新成果问世。如日本学者川本芳昭撰《魏晋南北朝时代的民族问题》（汲古书院，1998）、三崎良章撰《五胡十六国的基础研究》（汲古书院，2006）及氏撰《五胡十六国——中国史上的民族大迁徙》（东方书店，2015年第三版）、日本学者编纂的《五胡十六国霸史辑佚》（燎原书店，2012）等等。中国学者赵丕承编著《五胡史纲》（艺轩图书出版社，2000）、刘学铫撰《五胡史纲》（南天书局，2001）、陈勇撰《汉赵史论稿——匈奴屠各建国的政治史考察》（商务印书馆，2009）、贾小军撰《魏晋十六国河西史稿》（天津古籍出版社，2009）及氏撰《魏晋十六国河西社会生活史》（甘肃人民出版社，2011）、陈琳国撰《中古北方民族史探》（商务印书馆，2010）及咸阳市文物考古研究所编《咸阳十六国墓》（文物出版社，2006）、郭永利撰《河西魏晋十六国壁画墓》（民族出版社，2012）等。而这些研究成果，上述十六国国别史则已不能参考引用，只能保持其在一定历史时期中的成果及特征了。

其次，新编的九部十六国国别史，是由九位作者撰写的，因此各书在体例、文字、着重点上，均与各个作者的专业、学养、经历等有关，故各书体例、内容的取舍、文字等各方面不尽相同，各具特色。

再次，有关十六国的历史，近二十余年来，中外学者的研究更加广泛和深入，也出现了一些不同的观点和看法，有一些与"十六国史新编"相左，甚至有相反的观点。[1]这应是学术界"百家争鸣"的正常现象。我们保留"十六国史新编"中的观点和结论，以期引起中外学者的讨论和争鸣。

最后，感谢"十六国史新编"的各位作者，感谢社会科学文献出版社欣然决定出版此套丛书。

周伟洲

陕西师范大学中国西部边疆研究院

2019 年 1 月 30 日

1　比如仅关于最基本的"五胡""屠各""羯胡""拓跋""护军制""汉化""胡化"等概念，学界均有不同的解析。

目　录

绪　论

前秦建元十九年（383）十一月，苻坚在淝水之战中大败，前秦政权随之瓦解。之前被前秦征服的五胡势力纷纷叛秦独立，谋求建立政权。在这种背景下，羌人姚苌于次年四月在渭北马牧起兵，自称大将军、大单于、万年秦王，改元白雀。后秦建初元年（386），姚苌于长安称帝。皇初元年（394），苌子兴继位。永和元年（416），兴子泓继位。永和二年（417）八月，东晋军队攻占长安，姚泓出降，九月，后秦余部或降或亡，最终政权灭亡。简而言之，后秦历三主，存续34年。

《史通·古今正史》云："扶风马僧虔、河东卫隆景并著《秦史》。及姚氏之灭，残缺者多。泓从弟和都，仕魏为左民尚书，又追撰《秦纪》十卷。"[1]后秦马僧虔、卫隆景

1　刘知幾著，浦起龙释《史通通释》卷12《古今正史》，上海古籍出版社，2009，第334页。

所著《秦史》未见著录，至迟在唐初编撰《隋书》时已经亡佚。姚和都《秦纪》著录于《隋书·经籍志》，为编年体史书。[1]考虑到前者在后秦灭亡时已经"残缺者多"的情形，后者当是崔鸿《十六国春秋·后秦录》的主要史源。

据周一良先生研究，"（《魏书》）十六国事大抵盖本于崔鸿《十六国春秋》也"，"更取《纂录》（《十六国春秋纂录》）、《载记》（《晋书·载记》）与《魏书·十六国传》校，则《纂录》、《载记》所记之事苟见于《魏书》，其文十九相同"，"更取唐宋类书所引《十六国春秋》之片段与《晋书·载记》、《魏书·十六国传》相校，凡《魏书》之事与文异于《载记》者，皆同于鸿书"。[2]简言之，周氏认为崔鸿《十六国春秋》是魏收《魏书》中十六国诸传的史源。

关于唐修《晋书》，《史通·古今正史》云："皇家贞观中，有诏以前后晋史十有八家，制作虽多，未能尽善，乃敕史官更加纂录。采正典与杂说数十余部，兼引伪史十六国书，为纪十、志二十、列传七十、载记三十，并叙例、目录合为百三十二卷。"[3]其中的"伪史十六国书"，

---

1 《隋书》卷33《经籍志二》，中华书局，2019，第1091页。

2 周一良：《魏收之史学》，《魏晋南北朝史论集》，北京大学出版社，1997，第266、267页。

3 刘知幾著，浦起龙释《史通通释》卷12《古今正史》，第325页。

即在唐初修《晋书》时依然存世的包括《十六国春秋》在内的十六国诸国史书。周一良先生指出，"今取《纂录》与唐修《晋书·载记》校，《载记》采鸿书之迹显然明白"[1]。陶新华先生亦认为，"唐代史臣作三十卷《载记》，主要根据《十六国春秋》，同时又参考了此书以前的'伪史十六国书'"[2]。易言之，《晋书·载记》的主要史源是崔鸿《十六国春秋》及唐初依然存世的十六国诸国史书。

综上所述，记录后秦历史的《秦纪》、《十六国春秋·后秦录》、《魏书·羌姚苌传》和《晋书》诸姚载记之间存在密切的关系：《秦纪》是《十六国春秋·后秦录》的主要史源，《十六国春秋·后秦录》又是《魏书·羌姚苌传》的主要史源，《晋书》诸姚载记主要根据《十六国春秋·后秦录》撰成，并参考了当时依然存世的《秦纪》。

清代民国时期，出现了一批补正史表志的学术成果。在补《晋书》表志的著作中，万斯同《晋僭伪诸国世表》《晋僭伪诸国年表》《伪后秦将相大臣年表》，秦锡田《补晋僭国年表》，张愉曾《十六国年表》，沈维贤《晋五胡表》及洪亮吉《十六国疆域志》[3]对后秦历史多有涉及，

1　周一良：《魏收之史学》，《魏晋南北朝史论集》，第266页。
2　陶新华：《〈晋书·载记〉略论》，《杭州师范学院学报》1996年第2期。
3　以上著作见《二十五史补编》第3册，开明书店，1936。

是中国传统史学研究后秦史成果的集中呈现。

按照现代学术范式研究后秦史，早期主要出现在章节体的断代史著作中。吕思勉先生《两晋南北朝史》第六章"东晋中叶形势下"中，对前秦以降的北方诸五胡政权的兴衰进行了简单的阐述。其中第五节"后燕后秦之兴"、第六节"秦凉分裂"、第九节"秦夏相攻"分别叙述了淝水之战后，后燕、后秦乘势而起的过程；后秦与后凉、南凉、西秦等政权对陇西、河西东部地区的反复争夺以及新兴的赫连夏与后秦在渭北、陇东地区的相互攻伐。第七章"东晋末叶形势"第七节"宋武暂平关中"叙述了刘裕率军灭亡后秦的过程。[1] 王仲荦先生《魏晋南北朝史》第四章"十六国"第四节"淝水战后北方的再分裂"第三小节"后秦、大夏与西秦"，对后秦政权的兴衰进行了简单叙述。[2] 韩国磐先生《魏晋南北朝史纲》第四章"中国北方的割据诸王国"第二节"苻坚的统一北方及其再分裂"第三小节"肥（淝）水之战和北方的再分裂"中有"后秦姚氏的兴亡"一项，勾勒了后秦政权兴亡的大致过程。[3] 上述三种章节体魏晋南北朝断代史

1　吕思勉：《两晋南北朝史》，开明书店，1948，第 232~242、243~253、271~276、312~322 页。

2　王仲荦：《魏晋南北朝史》，上海人民出版社，1979，第 300~302 页。

3　韩国磐：《魏晋南北朝史纲》，人民出版社，1983，第 271~276 页。

的论著中，后秦政权都是作为淝水之战后北方再次陷入分裂状态的一部分被述及。

由于后秦的王室姚氏是羌人，因此在一些民族史著作中也有论及后秦政权历史的内容。冉光荣等先生《羌族史》第四章"魏晋南北朝时期的羌人"第二节"南安羌姚氏建立的后秦政权"论述了后秦政权的兴衰过程，并对其统治措施进行了简单的概括。[1] 白翠琴先生《魏晋南北朝民族史》第六章"氐羌的兴起和建国"第四节"羌族的兴起及其建国"对后秦姚氏的兴起、建国及姚兴时期的统治措施进行了简单勾勒。[2]

此外，还有洪涛先生《三秦史》。所谓"三秦"，是作者对五胡十六国时期的前秦、后秦、西秦三个政权的简称。其中，洪氏分别用一章来论述前述三者的历史，在专论后秦史的章节中，他勾勒了后秦政权的兴衰史，并对姚兴统治时期在政治军事等方面的措施进行了论述。[3]

近年来，通论后秦历史的学位论文开始出现。首先是许涛先生《十六国时期羌族姚秦的兴起与建国》，该论文共有五章：第一章"魏晋以前的羌族入塞与'羌祸'"，

1 冉光荣、李绍明、周锡银：《羌族史》，四川民族出版社，1984，第118~125页。
2 白翠琴：《魏晋南北朝民族史》，四川民族出版社，1996，第259~265页。
3 洪涛：《三秦史》，复旦大学出版社，1992，第95~128页。

勾勒先秦秦汉时期的羌人与华夏政权的关系；第二章
"魏晋十六国时期姚氏的动向"，考察姚氏集团的兴起及
其在十六国时期的活动和发展轨迹；第三章"姚氏与后
秦政权的建立"，研究姚苌在淝水之战后建国的过程，强
调"大营"和占据岭北的重要作用；第四章"姚秦中央
与地方统治体系的确立"，梳理后秦的政治、经济、文
化、军事和外交等政策的基本面向；第五章"姚秦政权
的历史影响"，从军镇制度、宗教和民族融合三个方面阐
述其历史影响和地位。[1] 其次是周平先生《后秦史初探》，
该论文分为六章，内容分别为：第一章"羌族及后秦历
史概述"、第二章"后秦的政治、军事制度"、第三章
"后秦的疆域和人口"、第四章"后秦时期的民族融合"、
第五章"后秦的经济发展状况"、第六章"后秦的思想
文化"。[2]

俄琼卓玛先生《后秦史》是目前所见唯一一部通
论后秦历史的专著。该书共分为四章，分别是：第一
章"后秦政权的建立"，主要论述了羌族自先秦至魏晋
的变迁，姚氏集团的兴起和其在姚弋仲、姚襄父子时
期的发展，以及姚苌时期的蛰伏和建国。第二章"后

1　许涛：《十六国时期羌族姚秦的兴起与建国》，陕西师范大学硕士学位论
文，2009。
2　周平：《后秦史初探》，西北大学硕士学位论文，2010。

秦的兴盛与衰亡”，首先描述了后秦灭亡前秦及其西向
河陇、东向河洛扩张的兴盛过程，然后勾勒了在姚兴
诸子相争和刘裕北伐夹击下后秦衰亡的过程。第三章
“后秦的社会制度”，其一，从中央、地方和军事三个
方面归纳了职官建置；其二，考察了后秦的司法和仕
进制度及特点。第四章“后秦的社会经济与文化”，其
一，考察后秦的社会形态，农业、手工业和商业生产
状况；其二，指出后秦的思想文化具有兴盛儒学和尊
崇佛教两个特点。[1]

　　上述有关后秦史的通论性论著虽然极大地推动了对
后秦历史的研究，但是依然存在明显的问题，有继续推
进的必要和可能。首先，上述研究基本以叙事为主，缺
乏分析。其次，只是勾勒了历史发展的基本线索和概貌，
缺乏对时地和细节的考证。例如，史书记载，皇初四年
（397）九月，“鲜卑薛勃奔岭北，上郡、贰川杂胡皆应
之，遂围安远将军姚详于金城。（姚兴）遣姚崇、尹纬讨
之”[2]。俄琼卓玛先生认为，其中的金城今址是甘肃兰州市
西固区西固城。[3]众所周知，治所位于今兰州市的金城郡

1　俄琼卓玛:《后秦史》，上海古籍出版社，2018。
2　《晋书》卷117《姚兴载记上》，中华书局，1974，第2978页；参见《资
治通鉴》卷109，晋安帝隆安元年九月条，中华书局，1956，第3458页。
3　俄琼卓玛:《后秦史》，第76页。

是西秦的统治中心。弘始二年（400），后秦通过战争灭亡西秦，在此之前，西秦一直牢牢掌握着金城郡。此外，皇初四年元月，后凉进攻西秦占据的金城，西秦通过使用羸师诱敌之计战胜后凉。[1]因此，很难想象，当年九月，薛勃包围姚详事件的发生地金城是治所位于今兰州市的金城郡。其实，这里的金城指后秦侨置的金城郡，洪亮吉已指出，"疑是时后秦、西秦并有金城郡"[2]。再次，对于与后秦史相关的专题研究（详见下文）缺乏关注，未能吸收相关的研究成果，进而展开对话。最后，忽视了后秦在制度等方面与五胡十六国其他政权之间存在的复杂关系，没有把握好后秦作为这一时期的政权之一所体现出来的时代共性与其自身特性之间的平衡。

关于后秦史相关的专题研究，主要集中在以下三个议题：其一，建国前史，即姚弋仲、姚襄时期和姚苌马牧起兵之前姚氏集团的经历及发展。其二，营户和军镇等军事制度。其三，后秦皇初五年（398）姚兴由皇帝改称天王的原因和意义。详述如次。

关于后秦建国前史，主要有町田隆吉、雷家骥、罗

1　《资治通鉴》卷109，晋安帝隆安元年元月条，第3438~3439页。

2　洪亮吉:《十六国疆域志》卷15《西秦》,《二十五史补编》第3册，第4203页。

新和董刚等先生的研究。[1]前三位学者均注意到汉赵时期的东迁对姚氏集团的发展壮大及特点具有极为重要的形塑作用：其一，对华夏和其他"五胡"人士的吸纳，使其具有了地缘集团的特点，且具有更为强大的凝聚力；其二，借鉴学习华夏和"五胡"政权的文化与制度，使其在西还建国后出现了一些颇具特色的制度和政策，如营户制和崇佛政策。罗、董二氏将苻、姚两集团进行比较研究，对二者的实力及升降，东迁后在后赵政权中的立场和际遇等问题进行了细密的考证。

不过，自东晋升平元年（357）五月姚襄兵败身死、姚苌率众投降前秦至白雀元年（384）四月姚苌在渭北马牧起兵，姚氏集团有 25 年处于前秦治下，这是后秦建国前史的重要组成部分。可惜的是，上述研究对此几乎未曾论及。此外，对于姚氏集团东迁和西还相关记述的讨

1　町田隆吉：《後秦政権の成立－羌族の国家形成（その一）》，《东京学芸大学附属高校大泉校舎研究纪要》第 7 集，1983；《後秦政権の成立－羌族の国家形成（その二）》，《东京学芸大学附属高校大泉校舎研究纪要》第 9 集，1985。雷家骥：《汉赵时期氐羌的东迁与返还建国》，《"国立"中正大学学报》（人文分册）第 7 卷第 1 期，1996。罗新：《枋头、滠头两集团的凝成与前秦、后秦的建立》（初刊《原学》第 6 辑，中国广播电视出版社，1998，第 147~164 页），《王化与山险：中古边裔论集》，北京大学出版社，2019，第 131~144 页。董刚：《十六国时代苻、姚部族集团的历史变迁——以叛乱史为线索的考察》，《社会科学》2017 年第 11 期。

论，亦个别存在过度解读的问题，如董刚先生根据姚弋仲和蒲洪二人官职的升迁考察滠头、枋头二集团在后赵政权内的地位起伏。

关于后秦军事制度，主要有唐长孺、牟发松、关尾史郎和高敏等先生的研究。[1]

唐长孺先生首先指出，与州郡制不同，姚秦时期的营户和镇户都是以军事组织管理和占有人口的封建制。[2]关于军镇和镇户，牟发松先生指出，十六国时期出现了地方行政机构军镇化的趋势，且这种趋势在后秦政权中有比较明显的表现，"后秦的政区体系虽然名义上仍以州郡县系统（'郡县制政区'）为主"，但"同时也存在着大量名目繁多的军镇化政区（'特殊政区'），它们大抵可以

1　唐长孺:《晋代北境各族"变乱"的性质及五胡政权在中国的统治》，《魏晋南北朝史论丛》，生活·读书·新知三联书店，1955，第 127~192 页。牟发松:《十六国时期地方行政机构的军镇化》，《晋阳学刊》1985 年第 6 期;《北魏军镇起源新探》，《社会科学》2017 年第 11 期;《十六国北朝政区演变的背景、特征及趋势略论——以特殊政区为中心》，《华中师范大学学报》（人文社会科学版）2017 年第 5 期。关尾史郎:《"大营"小论——後秦政権（三八四～四一七）軍事力と徙民措置》，栗原益男先生古稀記念論集編纂委員会編《中国古代の法と社会：栗原益男先生古稀記念論集》，汲古書院，1988，第 181~199 页;《後秦政権の鎮人·鎮戸制と徙民措置》，《東アジア歴史と文化》，第 21 号，2012。高敏:《魏晋南北朝兵制研究》，大象出版社，1998，第 170~273 页。
2　唐长孺:《晋代北境各族"变乱"的性质及五胡政权在中国的统治》，《魏晋南北朝史论丛》，第 165~167 页。

分为镇、护军及城（堡、垒、壁、坞、固、屯等）三类。其名目虽各异，以军统民、政军合一的性质则相同。这些军镇化政区的长官，往往以军号统兵，或兼任郡守县令"。"当时后秦的地方行政机构，实为诸如匈奴堡之类大大小小的军镇城堡所组成。大的镇、城和小的镇、城之间，有一种比较松散的隶属关系"，"但实际上并没有州郡之间那种严格的行政隶属关系，有之，则是军事上基于武力的从属关系而已"。"各镇都拥有为数众多的通常出自少数族的镇户，他们实为姚秦军事力量所从出"。[1] 关于镇户，他认为，镇户不属州郡，直接为军将所统；既是兵又是民，户为兵籍，人皆军贯；凡迁徙流动则合家相随，凡镇守征战则老幼皆兵；征战时或由政府供给粮廪，平时则从事生产。"《晋书·姚苌载记》所记载的那种既从事征战镇守又'供继军粮'的军营，以及以营领户、以户出兵的制度，正是姚兴时军镇与镇户的前身。但镇户并不等于营户，它毕竟原则上不属于某个将领，而隶属于姚秦国家的某个军镇；原则上不随镇将的调动而移徙。"[2]

高敏先生从十六国时期的部落兵制、兵户制及军镇制等对十六国时期的军事制度进行了比较全面的研究。

1　牟发松：《北魏军镇起源新探》，《社会科学》2017 年第 11 期。
2　牟发松：《十六国时期地方行政机构的军镇化》，《晋阳学刊》1985 年第 6 期。

关于营户、镇户等出现的原因，他指出，十六国时期统治者大量地驱掠人口和强制徙民，为了有效地控制和管理被徙人口，防止他们逃亡，"或设护军以统治之，或立军镇、堡壁以居之，或设军营以处之"，"这些被掠、被徙人口，就成了军营之户、堡壁之户或军镇之户，被简称为'营户'、'堡户'或'镇户'"。[1]

关于大营和诸营，关尾史郎先生认为，大营指后秦君主姚苌直属的军营，是为了区别其他的军营（诸营）而被赋予的名称；诸营是指姚氏一族，即宗室诸王们所控制的军营。大营具有以下三个方面的特征：其一，"关西雄杰"的"子弟"——宗室以外的异姓将军们送到后秦的人质，是大营的成员。其二，这些"子弟"在大营里从事军事生产和输送。其三，异姓将军们自己统率军队，跟随姚苌转战各地。[2]此外，他还认为，镇人、镇户的源头很有可能是徙民政策下的迁居民众。他们既不是从各地的土著民中选拔出来的，也不是由保持着部族制的非汉族组成的。在各州部署的镇人、镇户的规模并不小，

1　高敏:《魏晋南北朝兵制研究》，第 236 页。
2　关尾史郎:《"大营"小论——後秦政権（三八四～四一七）軍事力と徙民措置》，栗原益男先生古稀記念論集編纂委員会編《中国古代の法と社会：栗原益男先生古稀記念論集》，第 183~184 页。

毫无疑问，他们才是被寄予厚望的、重要的军事力量。[1]

上述研究极大地推进了后秦军事制度的研究，不过，仍然有进一步推进的可能和空间。首先，关尾史郎先生对大营相关史料的解读有误，这严重影响了他对后秦大营的研究。其次，需要进一步将堡壁、大营、诸营和军镇作整体的研究，一方面，要注意它们相互之间的异同；另一方面，亦要研究它们之间的相互关系。

关于姚兴改称天王的原因和意义，主要有谷川道雄、雷家骥、松下洋巳、周伯戡、古正美和内田昌功等先生的研究。[2]

谷川道雄先生认为，五胡十六国时期的天王是一种既承认宗室分权，又体现君主至高无上权威的称号。由于宗室的军事封建制对君权的抑制，君主无法称帝，故

1　关尾史郎：《後秦政権の鎮人・鎮戸制と徙民措置》，《東アジア歴史と文化》，第 21 号，2012。

2　谷川道雄：《五胡十六国、北周的天王称号》，李济沧译，《隋唐帝国形成史论》，上海古籍出版社，2011，第 239~253 页；雷家骥：《前后秦的文化、国体、政策与其兴亡关系》，"国立"中山大学学报（高雄）1996 年第 7 卷第 1 期；松下洋巳：《五胡十六国の天王号について》，《学習院大学東洋文化研究所調査研究報告》第 44 号，1999；周伯戡：《姚兴与佛教天王》，《台大历史学报》第 30 期，2000；古正美：《东南亚的天王传统与后赵石虎时代的天王传统》，《从天王传统到佛王传统：中国中世佛教治国意识形态研究》，商周出版，2003，第 96~98 页；内田昌功：《東晋十六国における皇帝と天王》，《史朋》第 21 卷，2008。

称天王。五胡君主托《春秋》称天王，一方面表示他们的地位不及于皇帝，另一方面自称天王以凸显其比族内的权臣有更高更大的权力。[1]雷家骥先生认为，胡人君主因在道德、文化和种族等方面深感不如汉人，有强烈的自卑情绪，因此不敢称皇帝而称天王。[2]松下洋巳先生根据五胡十六国时期君主名号上的混乱与模糊，指出天王号的意义在于其不固定的地位以及针对局势易于调整的灵活性。五胡诸国君主将王号、单于号并称，统治汉、非汉族群世界，自称天王，象征着其对汉族、非汉族世界的整合。此外，松下氏认为，天王号是能够在政治领域向汉、非汉族群，在精神领域向儒、道、佛显示正当性的一种名号。[3]内田昌功先生通过对五胡十六国时期20个称天王的事例进行分析，发现：其一，以石虎自称"大赵天王"（337）为界，天王号的性质产生了变化。大赵天王以前及前秦苻健、后燕慕容熙和慕容盛所称的天王号，都以皇帝的存在为前提，是与皇帝相对、地位稍低的一种名号，此外的天王号则效仿周制，其与皇帝

1　谷川道雄：《五胡十六国、北周的天王称号》，李济沧译，《隋唐帝国形成史论》，第245~249页。

2　雷家骥：《前后秦的文化、国体、政策与其兴亡关系》，《"国立"中正大学学报》（人文分册）第7卷第1期，1996。

3　松下洋巳：《五胡十六国の天王号について》，《学習院大学東洋文化研究所調査研究報告》第44号，1999。

号无法并存。其二，天王是出身非汉族群且与汉晋王朝
没有直接联系的君主所使用的名号，这些君主因为上述
两方面的原因难以称帝，因此使用周代君主名号——天王
来宣示统治的合法性。其三，在五胡十六国初期，非汉
政权的君主虽然有强烈的称帝意愿，但至前秦苻坚时代
天王号的使用却被确立了下来。不过，随着苻坚淝水之
战失败，天王号的使用也趋于衰落。总之，天王称号的
意义在于赋予非汉族群出身的君主统治中原的合法性以
及总统汉与非汉族群的可能。[1]古正美先生认为，五胡国
家的天王传统是密教化的转轮王传统。在佛图澄、道安
和鸠摩罗什三代天王制专家的努力下，石虎、苻坚、后
凉吕氏及姚兴都施行了天王制，将天王作为君主的称号。[2]
周伯戡先生则认为，姚兴称天王是受佛教帝释天王的启
发，而非来自中国古典《春秋》的天王说。[3]

　　显然，关于五胡十六国时期的天王名号，目前的研
究主要存在两个方面的分歧：其一，五胡十六国时期的天
王名号来源于周代君主名号还是佛教的天王信仰？如果

1　内田昌功：《東晋十六国における皇帝と天王》，《史朋》第21卷，2008。
2　古正美：《东南亚的天王传统与后赵石虎时代的天王传统》，《从天王传
统到佛王传统：中国中世佛教治国意识形态研究》，商周出版，2003，第
96~98页。
3　周伯戡：《姚兴与佛教天王》，《台大历史学报》第30期，2002。

是后者，佛教内天王众多，具体是受哪一个天王信仰的影响？其二，"天王"是比"皇帝"低一级的名号还是与"皇帝"一样的君主名号？进而言之，天王名号的意义是什么？是介于普通的王号与皇帝号之间的一个名号，还是一种新的总统汉与非汉族群的新名号？现行的研究多把五胡十六国时期的天王称号作为一个整体而忽视了它们之间存在的差异，可能是导致上述分歧出现的主要原因。因此，在适当重视这一时期五胡君主称天王的相互关系的基础上，考察每一称天王事例的具体背景和过程是推进这一研究比较可行的路径。

综上所述，考虑到目前后秦史的研究现状，笔者在本书中将着力于以下几点：其一，将叙事与分析相结合。既呈现历史发展的过程，亦阐释历史事件之间可能存在的相互关系，分析历史发展的脉络与趋势，让读者在知其然的同时亦知其所以然。其二，将通论与专论相结合。在勾勒后秦历史的基本面貌的同时，就一些问题进行专题讨论。"事不孤起，必有其邻"，在这些专论中，笔者希望将后秦历史中出现并在同时代其他政权中亦存在的一些事例或制度进行比较研究，从而展现作为五胡十六国政权之一的后秦所具有的共性和特性。其三，罗志田先生注意到，受后现代主义的影响，"今日史家所重视的早已不仅是材料的真伪和完整，而是要考察材料在何种情形下因何目的并经何途径怎样留存下来，以及这样留存下来的材料在多大程度上能使后人了解或认识到历史事物的'真实'发生发展过程"[1]。在处理与后秦相关的史料时，笔者希望能够遵循这一原则，在关注史料叙事的真实性的同时，重视史料的制作过程及目的。

---

[1]　罗志田:《学术与社会视野下的二十世纪中国史学——编书之余的一些反思》,《近代中国史学述论》, 北京师范大学出版社, 2015, 第 97 页。

第一章
后秦建国前史

　　白雀元年（384）四月，姚苌在渭北马牧起兵，此为后秦建国之始。不过，作为一股政治势力，姚氏集团在永嘉末年即已出现在历史舞台上。《资治通鉴》记载，永嘉六年（312），"南安赤亭羌姚弋仲东徙榆眉，戎、夏襁负随之者数万，自称护羌校尉、雍州刺史、扶风公"[1]。这标志着姚氏集团开始出现在历史舞台上。此后，姚氏集团的活动不绝于书。易言之，后秦统治集团有一段相当漫长的建国前史。此外，如前所述，学者们已经指出姚氏集团在后赵时期的东迁经历对其之后的历史具有十分重大的影响。由此可知，姚秦的建国前史是其历史中必不可少的重要组成部分。

1　《资治通鉴》卷88，晋怀帝永嘉六年条，第2790页。

第一节　姚氏的祖先记忆

关于姚氏的祖先谱系和事迹，《太平御览》引《十六国春秋·后秦录》曰：

> 姚弋仲，南安赤亭羌人也。其先有虞氏之苗裔。昔禹封舜少子于西戎，世为羌长。其后烧当雄于洮、罕之间，当七世孙填虞。虞九世孙迁郍率种人内附，汉朝嘉之，假西羌校尉、归顺王，处之赤亭。郍玄孙柯迴，魏假绥戎校尉、西羌都督。迴生弋仲。[1]

《魏书·羌姚苌传》云：

> 羌姚苌，字景茂，出于南安赤亭，烧当之后也。祖柯回，助魏将绊姜维于沓中，以功假绥戎校尉、西羌都督。父弋仲，晋永嘉之乱，东徙榆眉。[2]

《晋书·姚弋仲载记》曰：

1　《太平御览》卷 123《偏霸部七·后秦姚弋仲》引崔鸿《十六国春秋·后秦录》，中华书局影印本，1960，第 594 页。
2　《魏书》卷 95《羌姚苌传》，中华书局，2018，第 2252 页。

姚弋仲，南安赤亭羌人也。其先有虞氏之苗裔。禹封舜少子于西戎，世为羌酋。其后烧当雄于洮、罕之间，七世孙填虞，汉中元末寇扰西州，为杨虚侯马武所败，徙出塞。虞九世孙迁那率种人内附，汉朝嘉之，假冠军将军、西羌校尉、归顺王，处之于南安之赤亭。那玄孙柯迥为魏镇西将军、绥戎校尉、西羌都督。迥生弋仲。[1]

三相比较，《十六国春秋》和《晋书》的内容基本相同，而《魏书》的内容则较为简略。如前所述，《十六国春秋·后秦录》是《魏书·羌姚苌传》和《晋书》诸姚载记的主要史源。而之所以出现这种差异，应是因为史书的体例不同。

一　史书体例与纪事方式

关于《十六国春秋》的撰述体例，《魏书·崔鸿传》中云："以刘渊、石勒、慕容儁、苻健、慕容垂、姚苌、慕容德、赫连屈子、张轨、李雄、吕光、乞伏国仁、秃发乌孤、李暠、沮渠蒙逊、冯跋等，并因世故，跨僭一方，各有国书，未有统一，鸿乃撰为《十六国春秋》，勒

---

1 《晋书》卷116《姚弋仲载记》，第2959页。

成百卷，因其旧记，时有增损褒贬焉。"[1]《史通·探颐》中亦云："观鸿书之纪纲，皆以晋为主，亦犹班书之载吴、项，必系汉年，陈志之述孙、刘，皆宗魏世。"[2] 简言之，崔鸿认为五胡十六国是"跨僭一方"的僭伪政权。犹如《汉书》《三国志》中记载吴广、项羽和孙权、刘备事迹时以汉、魏为正统，他在《十六国春秋》中记述五胡十六国史事时亦是以晋为正统。换言之，他既承认他们"各有国家，实同王者"的历史事实，因此在纪事详略上比照皇帝的规格，又遵循他所处时代确定的正统王朝序列，在体例上将它们视为"假名窃号"的僭伪政权，采用当时的正统王朝——晋的纪年。关于崔鸿《十六国春秋》，《北史·崔肇师传》中记述了一个有趣的事情：

> 齐文襄尝言肇师合诛，左右问其故，曰："崔鸿《十六国春秋》述诸僭伪而不及江东。"左右曰："肇师与鸿别族。"乃止。[3]

其中，齐文襄即高欢长子高澄，在其弟高洋建立北齐之后，他被追谥为文襄皇帝。崔鸿《十六国春秋》没有将

1　《魏书》卷67《崔鸿传》，第1632~1633页。
2　刘知幾著，浦起龙释《史通通释》卷7《探颐》，第198页。
3　《北史》卷44《崔亮传附崔肇师传》，中华书局，1974，第1635页。

东晋政权视为僭伪而述及，以此为由，高澄认为应该诛杀崔鸿的后人崔肇师，在他的亲随告知他崔肇师并非崔鸿的后裔才罢手。由此可知，在时人的观念中，"假名窃号"的僭伪政权是《十六国春秋》的记述对象。

关于"载记"，刘知幾认为，"夫战争方殷，雄雌未决，则有不奉正朔，自相君长，必国史为传，宜别立科条。至于陈、项诸雄，寄编汉籍；董、袁群贼，附列《魏志》。既同臣子之例，孰辨彼此之殊？唯《东观》以平林、下江诸人列为载记。顾后来作者，莫之遵效。逮《新晋》始以十六国主持载记表名，可谓择善而行，巧于师古者矣"[1]。其中陈、项指秦末的陈胜和项羽，董、袁指东汉末年的董卓和袁绍、袁术，平林、下江分别指新莽末年绿林农民起义军中的平林兵和下江兵。这些势力的共同特点是出现在王朝更迭时期，而且是新王朝统一战争中的失败方，因此不能纳入正统王朝序列。显然，刘知幾认为相对于列传，载记这一体例更适合用来记述上述势力。至唐修《晋书》时，载记体例的适用对象有了更清晰明确的限定。《十六国春秋》述及的前凉和西凉政权，其统治者在唐修《晋书》中入列传而未入载记。对此，王鸣盛曾指出：

1　刘知幾著，浦起龙释《史通通释》卷4《题目》，第85~86页。

> 张轨、李暠皆应入《载记》，因暠乃唐之先祖，
> 不称名，改称其字，升入列传，于是聊援轨而进之，
> 以配暠耳。轨书称藩于晋，暠亦遣使奉表建康，然彼
> 皆已割据一方，改元建号，尚得为晋臣乎？[1]

张轨和李暠分别是十六国时期前凉和西凉政权的创立者，他们之所以由具有贬斥色彩的载记"升入列传"，王鸣盛认为是因为"轨书称藩于晋，暠亦遣使奉表建康"，即他们奉东晋为正朔。这在《晋书》的论赞中得到了印证，在其中他们分别得到了"归诚晋室，美矣张君"和"王室虽微，乃诚无替"的肯定。[2]简言之，唐修《晋书》中"载记"体例的适用对象是那些称帝建元且不承认东晋正统王朝地位的僭伪政权。在叙事体例上，载记似本纪而仍黜之以僭伪，似列传而仍以国君为纲编年记事。

综上所述，《十六国春秋》和《晋书》载记的记述对象和叙事体例比较类似。因此，今存《十六国春秋·后秦录》和《晋书·姚弋仲载记》关于姚氏祖先的纪事方式基本相同，且较《魏书·羌姚苌传》详细。

1　王鸣盛：《十七史商榷》卷51"张李不入载记"条，上海书店，2005，第375页。
2　《晋书》卷86《张轨传》，第2253页；《晋书》卷87《凉武昭王李玄盛传》，第2271页。

二 历史记忆视角下的姚氏祖先谱系

今存《十六国春秋·后秦录》和《晋书·姚弋仲载记》关于姚氏祖先的记述依然存在一些差异。《晋书》中填虞的事迹不见于今存《十六国春秋》，且前者对迁那（郍）和柯迴（迴）的职官记述更为详细。[1]《十六国春秋》原书已佚，部分内容保存在唐宋类书中，而唐宋类书在引书时多有节略，这可能是出现上述现象的原因。

关于自烧当以下，经填虞、迁那、柯迴至姚弋仲的祖先谱系，学者们多将其名字及事迹与其他文献中的人物进行勘同，从而确定这一谱系的真实性。董刚和俄琼卓玛都将填虞和永平元年（58）被窦固和马武击破的滇吾相勘同，后者更是将迁那与永和元年（136）寇金城塞的那离相勘同。[2] 然而，这种研究思路更关注两者名字、事迹等相一致的部分，对相互歧异的部分则有意无意地淡化或忽略了。例如，据《后汉书》中的记载，滇吾是烧当的五世孙，窦固和马武击破滇吾是在永平元年七月，永平二年滇吾降于护羌校尉窦林，窦林为此专门上奏，

1　考虑到"郍"同"那"，"回"同"迴"，"迴"与"迴"形近易讹，这两个人名原应相同。为行文方便，在后文中统一写作迁那和柯迴。

2　董刚：《十六国时代符、姚部族集团的历史变迁——以叛乱史为线索的考察》，《社会科学》2017年第11期；俄琼卓玛：《后秦史》，第30~31页。

并与滇吾一起"诣阙献见";[1]而《十六国春秋》和《晋书》中均记述填虞是烧当的七世孙；窦固和马武击破滇吾是在中元（56~57）年间，滇吾战败后"徙出塞"。更为明显的是，永平元年与永和元年之间仅相差约80年，而迁那为填虞九世孙，将迁那与那离相勘同，其间显然存在扞格之处。

笔者认为，暂时搁置对这一祖先谱系真伪的考证，而将其视为姚氏集团的关于祖先的集体记忆进行研究，或能推进对这一材料的认知和理解。王明珂先生曾将集体记忆研究者的主要论点总结为：（1）记忆是一种集体社会行为，人们从社会中得到记忆，也在社会中拾回、重组这些记忆。（2）每一种社会群体皆有其对应的集体记忆，借此该群体得以凝聚及延续。（3）对过去发生的事，记忆常常是选择性的、扭曲的或是错误的。因为每个社会群体都有一些特别的心理倾向，或是心灵的社会历史结构。回忆是基于此心理倾向上，使当前的经验印象合理化的一种对过去的建构。（4）集体记忆有赖于某种媒介，如实质文物及图像、文献，或各种集体活动来保存、强化或重温。[2]按照这种思路，我们需要关注和解决的问题是：其一，为什么选

---

1 《后汉书》卷87《西羌传》，中华书局，1965，第2879~2881页。
2 王明珂：《华夏边缘——历史记忆与族群认同》，社会科学文献出版社，2006，第27页。

择烧当、填虞、迁那和柯迥进入姚氏的祖先记忆，而其他的祖先则在记忆中消失？其二，姚氏希望通过这一祖先记忆号召和凝聚哪些人群？其三，姚氏建构这一祖先记忆面对的资源竞争与分配环境是什么？

首先，选择烧当、填虞、迁那和柯迥进入姚氏的祖先记忆与十六国时人对两汉时期羌人的历史记忆密切相关。关于烧当，《后汉书·西羌传》中有云："从爱剑种五世至研，研最豪健，自后以研为种号。十三世至烧当，复豪健，其子孙更以烧当为种号。"[1]烧当是羌人历史上承前启后的人物。首先，他与河湟羌人的始祖无弋爱剑之间有明确的世系传承关系，这意味着从血统的角度而言他是地位最显赫的羌人。其次，因其为人豪健，他的子孙以他的名字为本部落的名号，即他是羌人烧当部的始祖。关于烧当部，东汉和帝永元十四年（102），隃麋相曹凤在其上言中指出：

> 自建武以来，其犯法者，常从烧当种起。所以然者，以其居大、小榆谷，土地肥美，又近塞内，诸种易以为非，难以攻伐。南得钟存以广其众，北阻大河因以为固，又有西海鱼盐之利，缘山滨水，以广田

---

1 《后汉书》卷87《西羌传》，第2877页。

蓄，故能强大，常雄诸种，恃其权勇，招诱羌胡。[1]

据此可知，东汉前期，烧当种是羌人部落中势力最强的部落。而在羌汉关系中，烧当种经常是冲突的发起者，处于主动地位。简言之，烧当在河湟羌人中血统最纯正，且以其名字命名的子孙部落在东汉前期最为强盛，这些或是姚氏选择烧当为其羌人始祖的缘由。

填虞或即是滇吾，但是姚氏对其人生事迹进行了重新建构。易言之，填虞可能是经过形象改造后符合姚氏需求的滇吾。东汉前期，烧当部势力强盛且不时寇扰东汉边地，填虞是这一时期烧当部的部酋。如前所述，和滇吾不同，他在战败后并没有归降，而是迁徙出塞。总而言之，在姚氏的祖先记忆中，填虞是其家族及部落独立于华夏政权之外且势力强盛时期的代表和象征。

据黄烈先生研究，东汉时期，羌人内徙主要有三种情况：其一，西羌豪酋主动请求内属；其二，西羌豪酋率众犯塞，经过战斗，或俘或降；其三，汉军出塞击羌，羌人或俘或降。[2] 这些不同来源的羌人，内徙后所得到的待遇并不完全相同，他们本身的组织结构也有不同的变

1　《后汉书》卷87《西羌传》，第2885页。
2　黄烈：《中国古代民族史研究》，人民出版社，1987，第92页。

化。对于主动内附的羌人豪帅，东汉政府经常授以职官爵位，承认他们对所部羌民的统帅地位。易言之，相比于战败被俘或迫降的羌酋，主动内附的羌酋具有较高的政治地位和经济待遇。这或是姚氏祖先记忆中填虞战败后出塞而非归降的原因。基于同样的原因，迁那是姚氏家族及部落内附经历的代表和象征。东汉政府嘉赏迁那率众内附的行为，对其拜官赐爵，并将他及所属部民安置在南安赤亭。

迁那的玄孙柯迴是姚氏家族内附之后积极融入华夏社会的代表和象征。在姚氏家族的记忆中，其家族在汉魏易代中似乎并未受到影响，依然官宦不坠，并在魏蜀对峙中，参与了曹魏把姜维牵制在沓中的军事行动。

综上所述，烧当、填虞、迁那和柯迴是姚氏记忆中其家族在不同时期的代表和象征，是精心挑选和细致改造的产物。其记忆中的家族历史具有以下特征：其一，世袭羌人部酋，且血统最为高贵纯正；其二，所属部落势力强盛；其三，主动内附并获封官爵；其四，世代簪缨，且立有军功。

虽然具体细节和过程或有不同，但内迁至陇西、关中地区的氐羌部众都拥有大致与姚氏家族类似的家族记忆。即起初以部落的形式独立于华夏政权之外；之后开始与华夏政权接触，或战或和；随着接触日益频密，逐渐内迁并开始融入华夏。姚氏家族记忆中的祖先在这个过程中一直处于优势地位。那么，内迁至陇西、关中地区的氐羌部众显然是他们希望通过这一祖先记忆号召和凝聚的主要对象。此外，官宦不坠是魏晋时期华夏士族的主要特征，姚氏凸显其家族内附之后世代簪缨的形象当是为了拉近其与关陇地区的华夏士族之间的关系，淡化相互之间的夷夏之别。

第二节　姚氏集团的东迁及西还

永嘉之乱后，司马邺的长安政权无暇顾及内徙陇西、三辅地区的氐羌部众，甚或需要这些氐羌部众的支持来抵抗匈奴汉政权的军事打击。[1]在这种情况下，生活在秦州南安郡赤亭（今甘肃省陇西县西）、以姚弋仲为首领的羌人部落乘机向东迁徙至雍州扶风郡榆眉（今陕西省千阳县东），并拥众自立，自称雍州刺史、护羌校尉、扶风公。[2]

光初二年（319）四月，前赵刘曜都于长安。此时，

1　罗新:《枋头、滠头两集团的凝成与前秦、后秦的建立》，《王化与山险：中古边裔论集》，第 131~132 页。

2　《太平御览》卷 123《偏霸部七・后秦姚弋仲》引崔鸿《十六国春秋・后秦录》，第 594 页。"护羌校尉"在《晋书》中作"护西羌校尉"，见《晋书》卷 116《姚弋仲载记》，第 2959 页。

晋南阳王司马保自称晋王，占据秦州略阳（治临渭，今甘肃省天水市麦积区东）、天水（治上邽，今甘肃省天水市秦州区）和南安（治豲道，今甘肃省陇西县东南渭水东岸）三郡，与前赵东西对峙。不久，"黄石屠各路松多起兵于新平、扶风，聚众数千，附于南阳王保。保以其将杨曼为雍州刺史，王连为扶风太守，据陈仓；张颙为新平太守，周庸为安定太守，据阴密。松多下草壁，秦陇氐羌多归之"[1]。陈仓即今陕西省宝鸡市陈仓区，新平治今陕西省彬县，阴密在今甘肃省灵台县西，草壁即今陕西省千阳县西北草壁镇。姚弋仲占据的榆眉位于草壁附近，极有可能是归附路松多的"秦陇氐羌"之一部。光初三年正月，刘曜攻陈仓，"王连死之，杨曼奔于南氐。曜进攻草壁，又陷之，松多奔陇城，进陷安定。保惧，迁于桑城。氐羌悉从之"[2]。南氐指仇池杨氏，陇城在今甘肃省张家川回族自治县，桑城在今甘肃省岷县东北，姚弋仲及其所部极有可能在随司马保迁于桑城的氐羌中。

不久，司马保所部内讧，司马保被杀，其部将陈安占据天水等郡，自称秦州刺史，在名义上臣属于前赵。光初六年（323）二月，刘曜疾笃，陈安以为其已死，起

---

1 《晋书》卷103《刘曜载记》，第2685页。
2 《晋书》卷103《刘曜载记》，第2685页。亦参见《资治通鉴》卷91，晋元帝太兴三年条，第2875~2876页。

兵攻赵。史载："安乃还上邽，遣将袭汧城，拔之。陇上氐、羌皆附于安，有众十余万，自称大都督、假黄钺、大将军、雍凉秦梁四州牧、凉王。"[1] 次年，刘曜平定陈安势力，将陇右纳入治下。此外，他顺势"徙秦州大姓杨、姜诸族二千余户于长安。氐、羌皆送任请降"[2]，以加强其对陇右地区氐、羌的控制。

在这种背景下，姚弋仲及其所部也得到了安置，"曜之平陈安也，以弋仲为平西将军，封平襄公，邑之于陇上"[3]。平西将军是四平（东、南、西、北）将军之一，为魏晋时期的重号将军。可能的情况是，姚弋仲部并未站在陈安一方参与对前赵的战争，因此在战争结束后得到了刘曜的优待，被拜为平西将军。罗新先生认为，姚弋仲受封为平襄公，而平襄县（今甘肃省通渭县西北）是略阳郡的属县，所以他应该是被安置在略阳郡。且略阳郡非华夏部族极多，以氐人为最众，姚氏集团被安插进略阳，也许正是为了对族群问题复杂的略阳进行分化管理。[4] 其说颇有理据，可从。

---

1 《资治通鉴》卷 92，晋元帝永昌二年条，第 2899 页。
2 《资治通鉴》卷 92，晋明帝太宁元年条，第 2913 页。
3 《晋书》卷 116《姚弋仲载记》，第 2959 页。
4 罗新：《枋头、滠头两集团的凝成与前秦、后秦的建立》，《王化与山险：中古边裔论集》，第 133 页。

一　姚氏集团东迁及其在后赵治下的活动

前赵光初十一年（328）十一月至十二月，刘曜驱大众与石勒在洛阳一带决战。结果是刘曜被俘，前赵军队全线崩溃。光初十二年九月，石虎占领上邽（今甘肃省天水市秦州区），俘前赵太子刘熙及诸王、将相、卿校公侯以下三千余人，皆杀之，"徙其台省文武、关东流人、秦雍大族九千余人于襄国，又坑其王公等及五郡屠各五千余人于洛阳"，前赵灭亡。[1]

或许是采取了与之前刘曜征伐陈安时相同的策略，在后赵占领关陇地区后，姚弋仲部并未受到明显的影响。《晋书·姚弋仲载记》中云：

> 石季龙克上邽，弋仲说之曰："明公握兵十万，功高一时，正是行权立策之日。陇上多豪，秦风猛劲，道隆后服，道洿先叛，宜徙陇上豪强，虚其心腹，以实畿甸。"季龙纳之，启勒以弋仲行安西将军、六夷左都督。[2]

1　《晋书》卷103《刘曜载记》，第2701~2702页。

2　《晋书》卷116《姚弋仲载记》，第2959~2960页。

魏晋重号将军中，四安将军排位在四平将军前，石虎向石勒启奏将姚弋仲由平西将军迁转为行安西将军，或有因其新附而给予安抚之意。对于姚弋仲徙陇上豪强，以实畿甸的建议，石虎虽然"纳之"，但并未付诸实践。

后赵建平四年（333），石勒死，子弘立。石虎迫弘封其为魏王、丞相、大单于，总揽朝政。这导致分镇关中、洛阳的宗室石生、石朗起兵进讨，石虎迅速平定了这些叛乱，并派兵征讨此时投附张骏的蒲洪，蒲洪率户二万投降，并建议"徙关中豪杰及氐、羌以实东方"。石虎接受了这一建议并付诸实践，"徙秦、雍民及氐、羌十余万户于关东。以洪为龙骧将军、流民都督，使居枋头；以羌帅姚弋仲为奋武将军、西羌大都督，使帅其众数万徙居清河之滠头"[1]。据此可知，石虎是接受了蒲洪的建议才将秦、雍民及氐、羌徙于关东。然而，《晋书·姚弋仲载记》中却记载："勒既死，季龙执权，思弋仲之言，遂徙秦、雍豪杰于关东"[2]，似乎是姚弋仲四年前的建议是石虎做出这一决定的主要原因。笔者认为，当时向石虎建议东迁秦雍氐羌及民众的人或不止姚弋仲、蒲洪二人，

1　《资治通鉴》卷95，晋成帝咸和八年条，第2989页。参见《晋书》卷112《苻洪载记》，第2867页。

2　《晋书》卷116《姚弋仲载记》，第2960页。

但是石生等人的叛乱和蒲洪等人的依违不定，让石虎决定通过东迁陇右关中地区的民众和氐羌来削弱这一地区的离心力量。

漤头，属后赵冀州清河郡广川县。《水经注》云："清河北迳广川县故城南。阚骃曰：县中有长河为流，故曰广川也。水侧有羌垒，姚氏之故居也，今广川县治。"熊会贞认为其地在今河北省枣强县东南。[1] 罗新先生认为，漤头处在农业区，有良好的农耕条件，对姚氏集团经济形态的变化是有重要作用的。[2] 姚弋仲在东迁前后被拜为奋武将军、西羌大都督，封襄平县公。襄平县为辽东郡治，即今辽宁省辽阳市，当时处于鲜卑慕容氏的治下。董刚先生认为，石虎封姚弋仲为襄平县公，或有鼓励其为后赵拓土幽、平之意。[3] 不过，更可能的情况是，此处的襄平为平襄的讹写。如前所述，刘曜可能将姚弋仲及其所部安置于略阳郡平襄县，姚弋仲此次被封为平襄县公，或与此有关。与姚弋仲同时东迁的蒲洪此

1　郦道元注，杨守敬、熊会贞疏《水经注疏》卷9《淇水》"清河"条，江苏古籍出版社，1989，第875页。

2　罗新：《枋头、漤头两集团的凝成与前秦、后秦的建立》，《王化与山险：中古边裔论集》，第135页。

3　董刚：《十六国时代符、姚部族集团的历史变迁》，《社会科学》2017年第11期。

时被封为泾阳伯，[1] 泾阳在今甘肃省平凉市西北，属于岭北地区。这可作为姚弋仲被封为平襄县公的佐证。如前所述，姚弋仲获拜行安西将军，因其新附，有安抚之意。此时其左迁为地位不及安西将军的奋武将军，或因后赵趁其东迁进行调整，给予与其地位及实力相符的将军号。

关于姚弋仲及其所部在滠头的生活及其内部组织形式，文献阙载，所知不多。《晋书·姚弋仲载记》中记载了一件事，其文曰：

> 武城左尉，季龙宠姬之弟也，曾扰其部，弋仲执尉，数以迫胁之状，命左右斩之。尉叩头流血，左右谏，乃止。[2]

武城即今山东省武城县，位于枣强县东南，且与后者相距不远。唐长孺先生指出，"武城为清河属县，其地亦即弋仲所部徙居处，而武城的尉并不能干涉迁民的事，由上述情况已可知之"。据此，唐先生认为，东迁的姚弋仲部是完全军事化与部落化的封建组织，与地方州郡无

1　《太平御览》卷 121《偏霸部五·前秦苻洪》，第 585 页。

2　《晋书》卷 116《姚弋仲载记》，第 2960 页。

关；易言之，其内部采取的是以军事管理并占有人口的封建制。[1] 雷家骥先生亦指出，氐、羌的蒲、姚二部迁至关东后，大抵效法当时河、淮一带汉人版筑垒壁，并且以军屯形态，从事农垦。这时蒲、姚二部可能已从其本部族的部落结构，改编为部司之军事部曲组织。[2] 其与唐先生所论略同。需要补充的是，这在一定程度上是后秦政权以营领户、以镇统户的雏形。这种完全军事化与部落化的封建组织对中央政府主要承担的义务即是服从征发，出兵参加战争。姚弋仲部即多次参加了后赵对外征伐、对内镇压的战争。

建武四年（338）正月，石虎"以桃豹为横海将军，王华为渡辽将军，统舟师十万出漂渝津，支雄为龙骧大将军，姚弋仲为冠军将军，统步骑十万为前锋，以伐段辽"，此役大获全胜，石虎"入辽宫，论功封赏各有差"。[3] 姚弋仲或是因此次军功，"迁持节、十郡六夷大

1　唐长孺：《晋代北境各族"变乱"的性质及五胡政权在中国的统治》，《魏晋南北朝史论丛》，第 161~163 页。

2　雷家骥：《汉赵时期氐羌的东迁与返还建国》，《"国立"中正大学学报》（人文分册）第 7 卷第 1 期，1996。

3　《晋书》卷 106《石季龙载记上》，第 2767~2768 页。参见《资治通鉴》卷 96，晋成帝咸康四年条，第 3014~3016 页。

都督、冠军大将军"[1]。总而言之，在征伐段辽的战争开始时，姚弋仲由奋武将军转为冠军将军，西羌大都督或如故，战争结束后，加持节，再转为冠军大将军，西羌大都督亦迁为十郡六夷大都督。

后赵建武十四年（348），石虎已经步入暮年，诸子之间对皇位的争夺更趋激烈。当年八月，太子石宣暗杀石韬，并图谋趁石虎临丧之机弑之，但行迹败露，旋即被处死。此次事件使石宣的官属、故旧受牵连者甚众，包括"东宫卫士十余万人皆谪戍凉州"[2]。次年，季龙即皇帝位，大赦境内。但谪戍凉州的东宫卫士不在赦例，于是发生了声势浩大的梁犊之乱。关于此次叛乱，《晋书·石季龙载记》中记述：

> 故东宫谪卒高力等万余人当戍凉州，行达雍城，既不在赦例，又敕雍州刺史张茂送之，茂皆夺其马，令步推鹿车，致粮戍所。高力督定阳梁犊等因众心之怨，谋起兵东还，阴令胡人颉独鹿微告戍者，戍

1　《晋书》卷116《姚弋仲载记》，第2960页。据《资治通鉴》记载，姚弋仲迁为持节、十郡六夷大都督、冠军大将军是在晋穆帝永和元年（345）十二月，但在此前后姚弋仲并未有立军功或进谏等活动，使此时升迁似乎毫无缘由，《晋书》记此事于石虎废石弘自立事（335）之后，与其伐段辽时间接近，因此推测姚弋仲有可能因参与对段辽的战争而获得了此次升迁。
2　《晋书》卷107《石季龙载记上》，第2783~2785页。

者皆踊抃大呼。梁犊乃自称晋征东大将军，率众攻陷下辩，逼张茂为大都督、大司马，载以辎车。安西刘宁自安定击之，大败而还。秦、雍间城戍无不摧陷，斩二千石长史（吏），长驱而东。高力等皆多力善射，一当十余人，虽无兵甲，所在掠百姓大斧，施一丈柯，攻战若神，所向崩溃，戍卒皆随之，比至长安，众已十万。其乐平王石苞时镇长安，尽锐距之，一战而败。犊遂东出潼关，进如洛川。季龙以李农为大都督，行大将军事，统卫军张贺度、征西张良、征虏石闵等，率步骑十万讨之。战于新安，农师不利。又战于洛阳，农师又败，乃退壁成皋。犊东掠荥阳、陈留诸郡，季龙大惧，以燕王石斌为大都督中外诸军事，率精骑一万，统姚弋仲、苻洪等击犊于荥阳东，大败之，斩犊首而还，讨其余党，尽灭之。[1]

此次叛乱由故东宫卫士发动，且饱含怨气及思归之心，因而势如破竹，从雍城沿渭河一路东下，如入无人之境，后赵关陇地区的驻军根本无法阻挡，李农等率领的中央军亦同样多次遭到失败，以梁犊为首的叛军沿黄河进至

---

1 《晋书》卷 107《石季龙载记下》，第 2786 页。

荥阳（治荥阳，今河南省荥阳市东北）、陈留（治苍垣，今河南省开封市城区东北），向北 200 公里即可达后赵都城邺城（今河北省临漳县西南）。在如此危急的情况下，石虎命石斌统姚弋仲、蒲洪所部平叛，最终取得了胜利。在平叛之前，姚弋仲由冠军大将军升迁为征西大将军，持节如故，加侍中；平叛之后，进封爵西平郡公，并获得"剑履上殿，入朝不趋"的特许。

太宁元年（349）四月，石虎去世，幼子石世继位。姚弋仲、蒲洪、刘宁及征虏将军石闵、武卫将军王鸾等讨梁犊还，在李城（今河南省温县）与石遵（石虎儿子）相遇，他们劝说石遵："殿下长且贤，先帝亦有意以殿下为嗣；正以末年惛惑，为张豺所误。今女主临朝，奸臣用事，上白相持未下，京师宿卫空虚，殿下若声张豺之罪，鼓行而讨之，其谁不开门倒戈而迎殿下者！"石遵听从了他们的建议，举兵向邺，入邺后废石世自立。[1]

综上所述，后赵时期，姚弋仲率部东迁滠头后，对内以军事管理并占有人口，对外参加了后赵讨伐段辽、平定梁犊之乱等军事行动。姚弋仲的官爵随着其在这些战争中建立的军功而节节高升，其在后赵政权中的地位

---

1 《资治通鉴》卷98，晋穆帝永和五年条，第3089~3090页。参见《晋书》卷107《石季龙载记下》，第2787~2788页。

亦日益攀升。在石虎死后诸子争位的斗争中，姚弋仲支持石遵继位，是其政治地位攀升的明证。

此外，正如罗新先生所言，在关东地区的生活，给姚氏集团提供了新的机会，使得其在不长的时间内迅速完成了内部的社会进步与整合，部族素质有了很大的提高，为后来回到关西建国准备了必要的条件。具体而言，其一，在关东的社会条件下，姚氏集团青年一代有机会受到更好的教育，开阔眼界，因而文化教养和政治水平远远超过了父辈。其二，共同的利益关系、长期聚居一地，很大程度上消弭了民族、地域的差异，使集团内部的聚合力变得相当强大。[1]自后赵建平四年（333）姚弋仲东迁滠头，至永和八年（352）姚襄自滠头南下，姚氏集团在滠头生活了 20 年。这一经历对姚氏集团具有非常重要的意义，后秦政权的中坚力量即是随姚弋仲东迁的秦陇氐羌部酋、汉人大族及其子孙。

二 冉闵之乱与姚氏集团的流亡

太宁元年（349）十一月，冉（石）闵杀石遵立石鉴（石虎儿子），并在实际上掌控了后赵中央政权。十二

---

1 罗新：《枋头、滠头两集团的凝成与前秦、后秦的建立》，《王化与山险：中古边裔论集》，第 134~138 页。

月，镇守襄国（今河北省邢台市）的石虎儿子新兴王石
祇"与姚弋仲、蒲洪等连兵，移檄中外，欲共诛（冉）
闵、（李）农"[1]。得到了很多人的响应，"太宰赵鹿、太尉
张举、中军张春、光禄石岳、抚军石宁、武卫张季及诸
公侯、卿校、龙腾等万余人出奔襄国。（汝阴王）石琨奔
据冀州，抚军张沈屯滏口，张贺度据石渎，建义段勤据
黎阳，宁南杨群屯桑壁，刘国据阳城，段龛据陈留，姚
弋仲据混桥，苻洪据枋头，众各数万"[2]，皆不附于闵。与
此不同，《资治通鉴》此条"姚弋仲据混桥"作"姚弋
仲据滠头"[3]。青龙元年（350）三月，石祇在襄国即位
后，姚弋仲进据混桥以讨冉闵（详后文）。混桥位于今
河北省临漳县西南故邺城东北，一说即故邺城东五里处
跨漳水之石桥。揆诸当时双方的攻守形势——冉闵一方
处于攻势，石祇等人一方处于守势，姚弋仲屯兵于邺城
附近的可能性极小。因此，姚弋仲此时当还在其根据地
滠头。

后赵青龙元年闰二月，冉闵废杀石鉴自立，改国号
为魏，建元永兴。"姚弋仲子曜武将军益、武卫将军若帅

1 《资治通鉴》卷 98，晋穆帝永和五年十二月条，第 3098 页。参见《晋
书》卷 107《石季龙载记下》，第 2791 页。
2 《晋书》卷 107《石季龙载记下》，第 2792 页。
3 《资治通鉴》卷 98，晋穆帝永和六年正月条，第 3100 页。

禁兵数千斩关奔滠头。弋仲帅众讨闵，军于混桥。"[1]曜武
将军姚益、武卫将军姚若或为姚弋仲在邺城的质子，他
们逃归滠头后，解除了姚弋仲出兵的后顾之忧。三月，
石祇在襄国即位，"以姚弋仲为右丞相、亲赵王，待以殊
礼"，"以（姚）襄为骠骑将军、豫州刺史、新昌公"，[2]
姚襄字景国，是姚弋仲第五子。考虑到此时姚弋仲已经
七十一岁了，年逾古稀，姚氏集团的继承人和权力交接
问题被提上了日程，通过此次封赐，姚襄作为姚氏集团
继承人的身份得到了各方面的承认。此后，亲石祇势力
分兵多路攻邺。姚弋仲进据混桥当是此次军事行动中的
组成部分。然而，其他攻邺的军队均大败，死伤甚众。[3]
史书虽未载姚弋仲军具体的战斗情形，然揆诸当时双方
的对峙局势，其即使未战败，亦当从混桥撤军返回滠头。
此后，攻守之势发生了变化，十一月，冉闵率步骑十万
攻襄国。次年二月，面对襄国被围的危急情势，石祇去
皇帝之号，称赵王，并向各方求援：

> 遣使诣慕容儁、姚弋仲以乞师。会石琨自冀州
> 援祇，弋仲复遣其子襄率骑三万八千至自漏（滠？）

1 《资治通鉴》卷98，晋穆帝永和六年闰二月条，第3101页。
2 《资治通鉴》卷98，晋穆帝永和六年三月条，第3105~3106页。
3 《晋书》卷107《石季龙载记下》，第2794页。

头，儁遣将军悦绾率甲卒三万自龙城，三方劲卒合十余万。[1]

《资治通鉴》记此事曰：

> 遣太尉张举乞师于燕，许送传国玺；中军将军张春乞师于姚弋仲。弋仲遣其子襄帅骑二万八千救赵，……弋仲亦遣使告于燕；燕主儁遣御难将军悦绾将兵三万往会之。[2]

三月，冉闵倾巢而出，姚襄、石琨与悦绾三面攻之，石祇自其后冲之，魏军大败，冉闵率十余骑还邺。之后，刘显叛杀石祇以下十余人以降冉闵，后赵灭亡。

永和七年（351）十一月，姚弋仲向东晋遣使请降。东晋"以弋仲为车骑将军、大单于，封高陵郡公；弋仲子襄为平北将军、都督并州诸军事、并州刺史、平乡县公"[3]。关于姚弋仲、姚襄的官爵，《资治通鉴》中云："以弋仲为使持节、六夷大都督、督江北诸军事、车骑大将军、开府仪同三司、大单于、高陵郡公；又以其子襄为

1　《晋书》卷107《石季龙载记下》，第2794页。
2　《资治通鉴》卷99，晋穆帝永和七年二月条，第3112页。
3　《晋书》卷8《穆帝纪》，第197页。

持节、平北将军、都督并州诸军事、并州刺史、平乡县
公。"[1]《十六国春秋》曰:"拜(姚弋)仲使持节、六夷
大都督、督江北诸军事、仪同三司、大单于,封高陵郡
公","拜襄持节、平北将军、并州刺史、即丘县公"。[2]
《晋书》姚弋仲、姚襄载记曰:"拜弋仲使持节、六夷大都
督、都督江淮诸军事、车骑大将军、仪同三司、大单于,
封高陵郡公","拜襄持节、平北将军、并州刺史、即丘
县公"。[3] 四相比较,略有差别,姚弋仲主要是"都督江
淮诸军事"和"督江北诸军事"的不同,姚襄主要是有
无"都督并州诸军事"及"平乡县公"与"即丘县公"
的区别。关于前者,《晋书·穆帝纪》或有缺略,中华书
局本《晋书·姚弋仲载记》的整理者同意胡三省《资治
通鉴》注中"'江北'恐当作'河北'"的看法,并指出,
"江淮为东晋根本重地,地域甚广,岂能以都督授弋仲。
弋仲时在清河,亦未必使其都督江北"。[4] 其说甚是,可从。
关于后者,《晋书·穆帝纪》的记述源于东晋官方的记

<hr>

1 《资治通鉴》卷99,晋穆帝永和七年十一月条,第3119页。

2 分见《太平御览》卷123《偏霸部七·后秦姚弋仲》引崔鸿《十六国春
秋·后秦录》,第594页;卷123《偏霸部七·后秦姚襄》引崔鸿《十六国
春秋·后秦录》,第594页。

3 分见《晋书》卷116《姚弋仲载记》,第2961页;卷116《姚襄载记》,
第2962页。

4 《晋书》卷116《姚弋仲载记》校勘记〔二〕,第2973页。

载，《十六国春秋》和《晋书·姚襄载记》的记述可溯源至姚和都《秦纪》，根据现有史料难以判断，姑两存之。此外，需要指出的是，东晋对姚弋仲父子的封拜只是遥授和虚封，对姚氏集团亦只是羁縻，而不能实际控制。

永和八年（352）三月，姚弋仲卒，终年七十三岁。姚襄"秘不发丧，率户六万南攻阳平、元城、发干，皆破之，杀掠三千余家，屯于碻磝津。以太原王亮为长史，天水尹赤为司马，略阳伏子成为左部帅，南安敛岐为右部帅，略阳王黑那为前部帅，强白为后部帅，太原薛瓒、略阳权翼为参军"[1]。易言之，姚襄自滠头南下，攻下阳平（今山东省莘县）、元城（今河北省大名县）和发干（今山东省冠县东南），屯兵于碻磝津（今山东省茌平县西南古黄河南岸）。此四地均在今相接壤的河南省濮阳市和山东省聊城市，且位于古黄河河道南北两岸。在这里，他选任了自己平北将军府的僚佐。除了王亮和薛瓒外，其他均为与姚氏一起从陇右迁至河北的陇上豪强和氏、羌部酋。

此后，他沿黄河南岸西进，与前秦的地方守军发生了战斗，战败并损失了三万余户，之后进入荥阳（今河南省荥阳市东北），为姚弋仲发丧。在麻田（今河南省洛

1　《晋书》卷116《姚襄载记》，第2962页。参见《资治通鉴》卷99，晋穆帝永和八年三月条，第3123~3124页。

阳市东）又与前秦将领高昌、李历开战，姚襄所部非常狼狈，姚襄的战马因被流矢击中而毙命，弟姚苌不得已打算将自己的战马让给姚襄，幸运的是，兄弟二人因为援兵及时赶到而获救。在西进受阻的情况下，他率众归晋，被安置在谯城（今河南省夏邑县北）。[1]《十六国春秋》中记载："时姚弋仲亦图据关中，恐洪先之，遣子襄帅众五万来伐洪，洪逆击，破之。"[2]《资治通鉴》亦记此事，其文云："姚弋仲、蒲洪各有据关右之志。弋仲遣其子襄帅众五万击洪，洪迎击，破之，斩获三万余级。"并将其系于永和六年闰二月。[3]此条记载殊为可疑。据《资治通鉴》记述，蒲洪在战胜姚襄后即自称大都督、大将军、大单于、三秦王；但其并未西返关中，而是滞留枋头。三月，蒲洪遭麻秋投毒，弥留之际，给其子苻健的遗言中有云："吾所以未入关者，以为中州可定。"[4]显然，他当时经略的重心是关东地区，占据关中并非其当务之急。同时，姚弋仲当时正率众讨冉闵于混桥，未有证据证明他有西向关陇的计划。相反，永和七年（351）十一月，姚弋仲主

1 《资治通鉴》卷99，晋穆帝永和八年三月条，第3124页。参见《晋书》卷116《姚襄载记》，第2962页。

2 《太平御览》卷121《偏霸部五·前秦苻洪》引崔鸿《十六国春秋·前秦录》，第585页。

3 《资治通鉴》卷98，晋穆帝永和六年闰二月条，第3102页。

4 《资治通鉴》卷98，晋穆帝永和六年三月条，第3105页。

动向东晋遣使请降。在去世前夕，他亦明确指示姚襄率众归晋。因此，笔者认为，《资治通鉴》此条记述有误，姚襄与苻氏集团发生冲突的时间并非永和六年闰二月，而是永和八年三月姚弋仲去世之后，此时蒲洪已经去世，前秦政权已经建立；战争的双方分别是姚襄和前秦荥阳、洛阳等地的守将；战事主要发生在荥阳和洛阳之间的黄河南岸。据此可知，姚弋仲去世后，姚氏集团放弃了姚弋仲南下附晋的策略，试图西还关陇，姚襄此次沿黄河南岸西进，其目的地应是关中。归晋只是其在西进受阻的情况下被迫做出的选择。

永和年间（345~356），东晋政局是以中枢司马昱、殷浩为一方，以长江上游方镇桓温为另一方的实力相持。石虎死后，北方陷入混乱。双方借以自重的主要手段，都是抢夺北伐旗帜，企图在声势上压倒对方，以图巩固自己在江左的地位，扩大自己的影响力。永和五年（349）十二月褚裒北伐失败惭愤而卒。此后，殷浩亲自经营北伐。联络北方降人，并借重他们的力量是殷浩北伐的一项重要策略。姚襄归晋后，"遣五弟为任，单骑度淮，见豫州刺史谢尚于寿春。尚命去仗卫，幅巾以待之，一面交款，便若平生"[1]。双方均展示了相当的诚意，建立

---

1 《晋书》卷116《姚襄载记》，第2962页。

了相对友好的关系。

姚襄此时的处境，与东晋初年的流民帅颇多相似之处。田余庆先生指出，"他们（流民帅）所统的武装力量长期相随，多少具有私兵性质。东晋朝廷不得不重视他们，又不敢放心大胆地使用他们"，东晋一面给他们封官拜爵、划分地盘，希望他们能够阻滞刘、石势力南下，一面将他们羁縻于长江之外，拒绝他们过江，以防其恃功反噬。南来附晋的流民帅在东晋门阀政治中无所依傍，他们首先要站稳脚跟，保全势力，因此在政治上保留有相当大的独立性。但他们又需要东晋提供立足之地，并通过给予名号为其存在提供正当性。[1] 简言之，流民帅与东晋朝廷之间既相互依存，又相互猜忌，姚襄与东晋中枢一方的关系与此类似。一方面，姚襄需要东晋朝廷为其提供立足之地和名号，而东晋中枢一方则希望借重姚襄所部进行北伐；另一方面，姚襄所部具有很强的独立性，而殷浩对其颇多防制。

永和八年（352）二月，由于谢尚绥怀不力，降晋的冉魏豫州牧张遇据许昌叛晋。[2] 三月，姚襄率部归晋。四月，前秦以张遇为征东大将军、豫州牧。[3] 六月，"谢尚、

1　田余庆：《东晋门阀政治》，北京大学出版社，2005，第40~42页。

2　《资治通鉴》卷99，晋穆帝永和八年二月条，第3102页。

3　《资治通鉴》卷99，晋穆帝永和八年四月条，第3126页。

姚襄共攻张遇于许昌。秦主健遣丞相东海王雄、卫大将军平昌王菁略地关东，帅步骑二万救之。丁亥，战于颍水之诫桥，尚等大败，死者万五千人。尚奔还淮南，襄弃辎重，送尚于苟陂；尚悉以后事付襄"[1]。许昌在今河南省许昌市东，在颍水上游，据胡三省注，诫桥在许昌；苟陂在今安徽省寿县南，位于淮河南岸，和颍水入淮口相距不远。谢尚、姚襄极有可能是沿颍水南奔。

在送谢尚于苟陂后，姚襄并未北返，而是继续南下至江淮之间的历阳郡（治历阳，今安徽省和县）。显然，他希望从东晋的北伐中脱身，这使得他不可避免地与殷浩之间产生了矛盾。《资治通鉴》中记述：

> 姚襄屯历阳，以燕、秦方强，未有北伐之志，乃夹淮广兴屯田，训厉将士。殷浩在寿春，恶其强盛，囚襄诸弟，屡遣刺客刺之，刺客皆以情告襄。安北将军魏统卒，弟憬代领部曲。浩潜遣憬帅众五千袭之，襄斩憬，并其众。浩愈恶之，使龙骧将军刘启守谯，迁襄于梁国蠡台，表授梁国内史。[2]

---

1 《资治通鉴》卷 99，晋穆帝永和八年六月条，第 3127~3128 页。
2 《资治通鉴》卷 99，晋穆帝永和九年九月条，第 3133~3134 页。

蠡台即今河南省商丘市睢阳区，位于睢水北岸、谯城西北。显然，殷浩欲将姚襄安置在北伐前线，以使其无法从中抽身。之后，姚襄遣参军权翼面见殷浩，希望缓解他们之间存在的矛盾，但收效甚微。

永和九年（353）十月，殷浩自寿春（今安徽省寿县）率众七万北伐，希望光复洛阳。"浩以姚襄为前驱。襄引兵北行，度浩将至，诈令部众夜遁，阴伏甲以邀之。浩闻而追襄至山桑；襄纵兵击之，浩大败，弃辎重，走保谯城。襄俘斩万余，悉收其资仗，使兄益守山桑，襄复如淮南。"[1]山桑在今安徽省蒙城县北，位于寿春北、谯城南。在遭到姚襄袭击后，殷浩并未南返寿春，而是北逃谯城。据此可知，之前姚襄虽然被要求北迁蠡台，但并未实行。在占据山桑后，他又返回了淮河以南地区。十一月，"殷浩使部将刘启、王彬之攻姚益于山桑，姚襄自淮南击之，启、彬之皆败死。襄进据芍陂"[2]。在打败殷浩派出进犯山桑的军队后，姚襄顺势占据了寿春以南的芍陂。十二月，姚襄渡过淮河，东行至盱眙（今江苏省盱眙县东北），招掠流民，分置守宰，劝课农桑。并遣使建康陈情，控诉殷浩的罪状。或是为了安抚姚襄，东晋

1 《资治通鉴》卷99，晋穆帝永和九年十月条，第3135页。
2 《资治通鉴》卷99，晋穆帝永和九年十一月条，第3136页。

朝廷任命与姚襄有旧的谢尚为都督江西淮南诸军事、豫州刺史，镇历阳。[1]

永和十年（354）正月，桓温以殷浩北伐败绩，逼东晋朝廷废殷浩为庶人，东晋朝局发生了剧烈变化。[2]在这种情况下，姚襄为求自保，于当年三月遣使前燕，希望借靠前燕的力量制衡东晋以自存，然而，并未得到前燕的积极回应。[3]五月，"流人郭敞等千余人执晋堂邑内史刘仕降于襄，朝廷大震，以吏部尚书周闵为中军将军，缘江备守"[4]。堂邑国治堂邑县，在今江苏省南京市六合区北，与盱眙南北毗邻，和建康隔江相望。正是因为其位于这一敏感的地理位置，使得东晋中枢极为紧张，进行了相应的军事部署。《资治通鉴》记此事曰："江西流民郭敞等执陈留内史刘仕，降于姚襄。建康震骇，以吏部尚书周闵为中军将军，屯中堂，豫州刺史谢尚自历阳还卫京师，固江备守。"胡三省注曰："晋南渡后，陈留郡寄治谯郡长垣县界。"[5]胡氏此说不确，长垣县原属陈留郡，陈留郡侨

1　《资治通鉴》卷99，晋穆帝永和九年十二月条，第3136页。

2　《资治通鉴》卷99，晋穆帝永和十年正月条，第3138页。

3　《资治通鉴》卷99，晋穆帝永和十年三月条，第3139页。参见《晋书》卷110《慕容儁载记》，第2835页。

4　《晋书》卷116《姚襄载记》，第2963页。

5　《资治通鉴》卷99，晋穆帝永和十年五月条，第3141页。《晋书·穆帝纪》所记略同，见《晋书》卷8《穆帝纪》，第200页。

置于谯郡，长垣县亦随之侨寄于谯县，后经土断属谯郡。其位置在今安徽省亳州市谯城区，与姚襄所据盱眙和东晋都城建康距离甚远。中军将军统宿卫禁军，主管京师及宫廷警卫，不应缘江备守。简而言之，流人起事的地点当从《晋书·姚襄载记》，而东晋朝廷的军事部署应从《资治通鉴》。

于是，姚襄所部成为东晋朝廷的心腹之患，相应地，他们也承受了极大的政治军事压力。在这种情势下，姚襄听从了部属北还的建议，永和十一年（355）四月，"襄方轨北引，自称大将军、大单于，进攻外黄，为晋边将所败。襄收散卒而勤抚恤之，于是复振。乃据许昌"[1]。《晋书·穆帝纪》记此事曰："姚襄帅众寇外黄，冠军将军高季大破之。"[2] 外黄属陈留郡，其当与上述长垣县相同，为侨寄于谯郡境内的侨置县，今址已不可考。据此可知，此次北返由今盱眙西北向至谯郡，然后继续西北行至许昌。

永和十二年（356）二月，东晋拜桓温为征讨大都督，督司、冀二州诸军事，进讨姚襄。可能是知悉了这一消息，四月，姚襄自许昌攻降晋复叛之冉魏旧将周成

---

1 《晋书》卷116《姚襄载记》，第2963页。
2 《晋书》卷8《穆帝纪》，第200页。

于洛阳，但并不顺利，逾月不克。在这种情况下，长史王亮向姚襄进谏曰："公英略盖天下，士众思效力命，不可损威劳众，守此孤城。宜还河北，以弘远略。"姚襄并未采纳这一建议，他认为："洛阳虽小，山河四塞之固，亦是用武之地。吾欲先据洛阳，然后开建大业。"[1]显然，对姚襄而言，洛阳具有重要的地理优势，可以作为其事业的根据地，不能轻易放弃。然而，形势的发展对姚襄非常不利。八月初六日，桓温追至伊水，密迩洛阳。不得已，姚襄撤洛阳之围，与桓温据伊水而战。襄众大败，死者数千人。襄率麾下数千骑奔于洛阳北山，后又北渡黄河至阳乡，桓温追之不及。[2]阳乡在今河南省沁阳市西南，位于黄河北岸。姚襄为摆脱桓温的追击，自洛阳向东北方撤退，渡黄河至阳乡，才终于摆脱了桓温的追击。

可能是了解到其被迫归降前秦的旧部尹赤此时已出任前秦并州刺史，在阳乡稍事休整之后，又率部前往平阳郡（治平阳县，今山西省临汾市尧都区）。之后，尹赤归降，姚襄又南下至襄陵（今山西省襄汾县北）。前秦大

1　《晋书》卷116《姚襄载记》，第2963页；《资治通鉴》卷100，晋穆帝永和十二年五月、七月条，第3155、3156页。

2　《资治通鉴》卷100，晋穆帝永和十二年八月条，第3157页；《晋书》卷116《姚襄载记》，第2963页。

将军张平进攻姚襄，姚襄战败，与平约为兄弟，各自罢兵。[1]《晋书·苻生载记》记此事过程与《资治通鉴》详略互见，其文云：

> 姚襄帅众万余，攻其平阳太守苻产于匈奴堡，苻柳救之，为襄所败，引还蒲坂。襄遂攻堡，克之，杀苻产，尽坑其众，遣使从生假道，将还陇西。生将许之，苻坚谏曰："姚襄，人杰也，今还陇西，必为深害，不如诱以厚利，伺隙而击之。"生乃止。遣使拜襄官爵，襄不受，斩其使者，焚所送章策，寇掠河东。生怒，命其大将军张平讨之，襄乃卑辞厚币与平结为兄弟，平更与襄通和。[2]

其中关于姚襄借道西还陇西被苻坚谏止之事，对苻坚多有溢美，或为前秦史官在苻坚称帝后塑造苻坚英明睿智的形象而杜撰的史实。匈奴堡在今山西省临汾市西南七十里，是前、后秦在平阳郡内的重要军事据点。永和七年，张平由前燕归降前秦，后依违于燕、秦之间，因此可以无视苻生的命令，与姚襄结为兄弟。

1 《资治通鉴》卷100，晋穆帝永和十二年八月条，第3157~3158页。
2 《晋书》卷112《苻生载记》，第2876页。

或是从尹赤等人处了解到了苻生诛杀大臣等种种倒行逆施，导致前秦国内政局动荡的内情，姚襄心中又萌发了进据关中的想法。升平元年（357）四月，姚襄自北屈进屯杏城，遣其从兄辅国将军姚兰略地敷城，兄曜武将军姚益生、左将军王钦卢各将兵招纳诸羌胡。羌胡及秦民归之者五万余户。前秦将苻飞龙擒获姚兰。[1]《晋书·姚襄载记》记此事云："襄寻徙北屈，将图关中，进屯杏城，遣其从兄辅国姚兰略地鄜城，使其兄益及将军王钦卢招集北地戎夏，归附者五万余户。苻生遣其将苻飞拒战，兰败，为飞所执。"[2] 其中"益""苻飞"分别为上文姚益生、苻飞龙的讹写。《晋书·苻生载记》则曰："姚襄遣姚兰、王钦卢等招动鄜城、定阳、北地、芹川诸羌胡，皆应之，有众二万七千。"[3] 北屈在今山西省吉县东北，位于黄河西岸，与宜川县隔河相望。杏城在今陕西省黄陵县西南，敷城县在今陕西省洛川县东南，隋大业元年（605）改敷城县置鄜城县，易言之，鄜城县是敷城县大业元年以后的新名，此两地均位于洛河中游。北地治泥阳，在今陕西省铜川市耀州区南，位于石川河中游；定阳在今陕西省延安市宝塔区东南，位于汾川河上游。

---

[1] 《资治通鉴》卷100，晋穆帝升平元年四月条，第3161页。

[2] 《晋书》卷116《姚襄载记》，第2964页。

[3] 《晋书》卷112《苻生载记》，第2878页。

芹川无考。姚襄此次军事行动的路线大致是：自北屈附近西渡黄河，然后溯仕望河西进，进入洛河沿岸，然后南下杏城。[1]之后命将自杏城招集洛河沿岸及其附近地区的羌胡。北至敷城、定阳，南至北地，芹川当亦位于这一区域。

在招集了一些羌胡后，姚襄率众自杏城南下黄落（今陕西省铜川市王益区黄堡镇），其位于渭河平原的北部边缘，在长安的正北方向，与长安相距二百里左右。因此，姚襄占据此地对前秦首都长安具有极大的威胁性。于是，"秦主生遣卫大将军广平王黄眉、平北将军苻道、龙骧将军东海王坚、建节将军邓羌将步骑万五千以御之。襄坚壁不战"[2]，"五月，（邓）羌帅骑三千压其垒门而陈，襄怒，悉众出战。羌阳不胜而走，襄追之至于三原。羌回骑击之，黄眉等以大众继至，襄兵大败。襄所乘骏马曰黧眉骓，马倒，秦兵擒而斩之，弟苌帅其众降"[3]。《晋书·苻生载记》中记此事云：

1　廖幼华先生指出，汾川河与仕望河的沿河谷地是这一地区主要的联络孔道，也是沟通邻省山西的主要道路。而沿这两条河溯流西上，即可进入洛河沿岸地区。见廖幼华《丹州稽胡汉化之探讨——历史地理角度的研究》，《"国立"中正大学学报》（人文分册）第7卷第1期，1996。
2　《资治通鉴》卷100，晋穆帝升平元年四月条，第3161页。
3　《资治通鉴》卷100，晋穆帝升平元年五月条，第3161~3162页。

生遣苻黄眉、苻坚、邓羌率步骑万五千讨之。襄深沟高垒，固守不战。邓羌说黄眉曰："伤弓之鸟，落于虚发。襄频为桓温、张平所败，锐气丧矣。今谋固垒不战，是穷寇也。襄性刚很，易以刚动，若长驱鼓行，直压其垒，襄必忿而出师，可一战擒也。"黄眉从之，遣羌率骑三千军于垒门。襄怒，尽锐出战。羌伪不胜，引骑而退，襄追之于三原，羌回骑距襄。俄而黄眉与坚至，大战，斩之，尽俘其众，黄眉等振旅而归。[1]

三原即今陕西省三原县，在黄落与长安之间，距长安百里左右。可见，姚襄此次军事行动的目标就是前秦首都长安，妄图一举灭亡前秦，不幸落入了邓羌诱敌深入的圈套而被擒杀，其弟姚苌等被苻黄眉等俘虏后投降。

石虎去世后，北方重新陷入战乱，且呈愈演愈烈之势。在冉闵自立称帝后，姚弋仲遣使东晋，计划南下归晋。然而，还没来得及将这一计划付诸实施，姚弋仲就去世了。其子姚襄率众南下至黄河南岸碻磝津，在这里重组了该集团的组织框架。之后，他沿黄河南岸西进，打算占据关陇以自立，在荥阳附近与前秦的守军发生了

1　《晋书》卷112《苻生载记》，第2878页。

战斗，损失惨重，不得已南下归晋，被安置在河淮之间的谯城。然而，东晋朝廷一方面希望借助姚襄所部的力量北伐，另一方面又对其颇多猜忌。因此，姚襄与东晋领导北伐事宜的殷浩之间不可避免地产生了诸多矛盾。于是，在殷浩率军北伐时，被任命为先锋的姚襄倒戈，南下至淮南的苟陂。后更进军至盱眙，威胁东晋首都建康，成为东晋朝廷的心腹之患。为求自保，姚襄亦遣使前燕，但未得到积极回应。之后，姚襄接受了部下北返的建议，率众向西北行，试图攻占洛阳为根据地，但在桓温的步步紧逼之下逃至平阳。在此之时，姚襄又复萌了进据关中的想法，西渡黄河进入洛河中游地区，在招集了一些当地的羌胡势力之后迅速南下，进入关中平原北缘，威胁前秦首都长安。但在此时遭到了毁灭性打击，姚襄身亡，姚苌率众归降前秦。

总而言之，姚氏集团在北方陷入混乱后，或由于实力不济，或由于错估形势，一直处于流亡之中。当其因不见容于东晋而北返时，前燕和前秦已经结束了北方的混乱局面，东西对峙。此时，他或许了解到苻生治下的前秦内部君臣离心，认为有机可乘，于是渡河进入雍州北部招集羌胡，南下攻秦。但由于实力不济，姚襄战败身死，其弟姚苌率部投降前秦，从而结束了姚氏集团长达六年的流亡生涯。

第三节　前秦治下的姚氏集团——以姚苌为中心

姚襄战死后，姚苌成为姚氏集团的首领。姚苌，字景茂，是姚弋仲第二十四子。归降前秦后，或许是借着在投降时与苻坚之间建立的联系，姚苌逐渐获得苻坚的信任，被拜授官爵，并开始参与前秦对外征伐的战争。

前秦建元二年（366），在归降前秦九年后，姚苌以扬武将军的身份参与前秦南侵荆州之役。"秦辅国将军王猛、前将军杨安、扬武将军姚苌等帅众二万寇荆州，攻南乡郡；荆州刺史桓豁救之；八月，军于新野。秦兵掠安阳民万余户而还。"[1]《晋书·苻坚载记》中记此事云："使王猛、杨安等率众二万寇荆州北鄙诸郡，掠汉阳万余户而还。"[2]胡三省指出，"安阳县，汉属汉中郡。魏置魏兴郡，安阳属焉；晋省。秦攻南乡而退，安能深入山阻，掠安阳之民乎！《载记》作'汉阳'，谓汉水之北也。当从《载记》为是"[3]。东晋荆州治江陵县（今湖北省荆州市荆州区故江陵县城），位于长江北岸；南乡郡治南乡县（今河南省淅川县西南丹江水库内），位于汉水中游丹水

1　《资治通鉴》卷 101，晋海西公太和元年八月条，第 3202 页。

2　《晋书》卷 113《苻坚载记上》，第 2889 页。

3　《资治通鉴》卷 101，晋海西公太和元年八月条胡三省注，第 3202 页。

入汉水口附近；新野郡治新野县（今河南省新野县），位于汉水支流淯水（今白河）中游。前秦此次南侵，应是出武关，沿汉水支流丹水南下至南乡郡。在遭遇桓豁的抵抗后，向东移动至新野郡。安阳县是三国魏时所置，属魏兴郡，在今陕西省石泉县东南池河入汉水口之北，它位于南乡郡之西，和前秦军队的行军路线相距较远，因此，秦兵所掠之民当如胡三省所言，为汉水之北的民众。

十二月，略阳羌酋敛岐以四千余家叛秦，向占据陇西郡且依违于前秦和前凉之间的陇西人李俨称臣，李俨势力大盛，趁势任命地方州郡长官，终止了与前秦及前凉之间的政治联系。于是，前秦和前凉分别从东西两面对李俨、敛岐等进行了征讨。次年（建元三年，367）二月，前秦派遣"辅国将军王猛、陇西太守姜衡、南安太守南安邵羌、扬武将军姚苌等帅众万七千讨敛岐"[1]，敛岐是南安人，曾跟随姚弋仲东迁滠头，并在姚襄时期出任右部帅。[2]其属部是姚弋仲旧部，在听闻姚苌作为前秦的将领前来讨伐的消息后，纷纷投降，"王猛遂克略阳，敛岐奔白马。秦王坚以苌为陇东太守"[3]。略阳郡治临渭，在今甘肃省天水市麦积区东北渭水北岸；胡三省注云："白马，即武都白

1 《资治通鉴》卷101，晋海西公太和二年二月条，第3203~3204页。

2 《晋书》卷116《姚襄载记》，第2962页。

3 《资治通鉴》卷101，晋海西公太和二年三月条，第3204页。

马氏之地"[1]；陇东郡治泾阳，在今甘肃省平凉市崆峒区西北。简言之，由于姚苌与敛岐所部之间的特殊关系，前秦很顺利地攻克了敛岐占据的略阳郡，然而，或是忌惮姚苌与其父旧部横生枝节，在尚未完全平定李俨、敛岐等人的情况下，苻坚却任命姚苌为陇东太守，使其不再参与此次战事。

建元六年（370），前秦仇池公杨世去世，子纂继位，断绝了与前秦之间的臣属关系。与此同时，杨世弟武都太守统起兵，与杨纂争国。[2]次年（建元七年，371）三月，前秦命"西县侯（苻）雅、杨安、王统、徐成及羽林左监朱肜、扬武将军姚苌帅步骑七万伐仇池公杨纂"[3]。《晋书·苻坚载记》中记此事曰：

> 初，仇池氏杨世以地降于坚，坚署为平南将军、秦州刺史、仇池公。既而归顺于晋。世死，子纂代立，遂受天子爵命而绝于坚。世弟统骁武得众，起兵武都，与纂分争。坚遣其将苻雅、杨安与益州刺史王统率步骑七万，先取仇池，进图宁、益。[4]

1　《资治通鉴》卷 101，晋海西公太和二年三月条胡三省注，第 3204 页。

2　《资治通鉴》卷 102，晋海西公太和五年条，第 3241 页。

3　《资治通鉴》卷 103，晋简文帝咸安元年三月条，第 3244 页。

4　《晋书》卷 113《苻坚载记上》，第 2894 页。

由此可知，仇池杨氏周旋于前秦和东晋之间，在夹缝里求生存。杨纂因为处理不当，导致前秦大军讨伐，且其新继位，叔父杨统起兵相争，内忧外患接踵而来。四月，"秦兵至鹫峡，杨纂帅众五万拒之。（晋）梁州刺史弘农杨亮遣督护郭宝、卜靖帅千余骑助纂，与秦兵战于峡中；纂兵大败，死者十之三四，宝等亦没，纂收散兵遁还。（秦）西县侯雅进攻仇池，杨统帅武都之众降秦。纂惧，面缚出降，雅送纂于长安。以统为南秦州刺史；加杨安都督南秦州诸军事，镇仇池"[1]。鹫峡在今甘肃省西和县东南，在仇池北，仇池在今甘肃省西和县西南，在西汉水上游。前秦在平定仇池杨氏之后，以其地置南秦州，任命亲前秦的杨统为刺史，并任命同样出身仇池杨氏的杨安为都督南秦州诸军事，镇守仇池，希望能够借助他们在当地的声望和实力实现前秦的统治。据《晋书·姚苌载记》，姚苌曾出任前秦武都太守。[2] 武都郡为南秦州首郡，郡治与州治均为仇池。可能的情况是，前秦在平定仇池杨氏之后，任命参与此役的姚苌为武都太守，以加强对这一新附地区的控制。易言之，这极有可能是前秦平定仇池杨氏之后的善后之举。

---

1 《资治通鉴》卷 103，晋简文帝咸安元年四月条，第 3244 页。
2 《晋书》卷 116《姚苌载记》，第 2965 页。

　　前秦建元九年（373），桓温病逝，东晋政局重新稳定了下来。八月，晋梁州刺史杨亮派遣其子杨广袭取仇池，被前秦梁州刺史杨安战败，杨亮退守磬险（今陕西省洋县西），杨安遂攻入汉中。此时，前秦"进图宁、益"的计划获得了实现的机会。于是，在当年十月，前秦令益州刺史王统、秘书监朱肜率卒二万攻略汉中，前禁将军毛当、鹰扬将军徐成率卒三万出剑门（今四川省剑阁县北偏东），进攻东晋梁、益二州。杨亮率巴獠万余与朱肜等战于青谷（今陕西省洋县东北），兵败后奔西城（今陕西省安康市汉滨区西北汉水之北），肜遂拔汉中。徐成攻剑门，杨安攻梓潼（治涪县，今四川省绵阳市涪江东岸），相继攻克。东晋荆州刺史桓豁遣江夏相竺瑶救梁、益，瑶闻广汉太守赵长战死，遂退兵。东晋益州刺史周仲孙率兵在绵竹（今四川省德阳市北）抵抗朱肜，在听到毛当将至成都的消息后，率骑五千奔南中。于是，前秦顺利取得了梁、益二州。而且邛、莋、夜郎等都向前秦投附。秦王坚以杨安为益州牧，镇成都；毛当为梁州刺史，镇汉中；姚苌为宁州刺史、领西蛮校尉，屯垫江（今重庆市合川区）；王统为南秦州刺史，镇仇池。[1]

1　《资治通鉴》卷103，晋孝武帝宁康元年条，第3264~3265页。参见《晋书》卷113《符坚载记上》，第2896~2897页。

此役前秦兵分三路：东路由王统、朱肜率领，在击败杨亮，占领汉中郡后南下；中路由毛当、徐成率领，由剑门入蜀，直驱成都；西路由杨安率领，由南秦州沿涪江南攻梓潼、巴郡。据《晋书·姚苌载记》记述，姚苌随杨安伐蜀。[1] 易言之，姚苌所部由杨安统辖，参与了前秦伐蜀之役。战后，被任命为宁州刺史、领西蛮校尉，镇守垫江。

然而，前秦对蜀地的统治并不稳固，宁康二年（前秦建元十年，374）五月，张育、杨光拥众两万，在益州起兵反秦，与巴獠酋率张重、尹万相互呼应，并向东晋请援。东晋威远将军桓石虔、益州刺史竺瑶率众三万西攻垫江，姚苌兵败，沿涪江向西北退守五城（今四川省中江县东南）。桓石虔、竺瑶率军追击。七月，前秦派杨安、邓羌入蜀。八月，邓羌在涪江西岸击败晋军，桓石虔、竺瑶退守巴东（治鱼复，今重庆市奉节县东）。九月，前秦平定了此次叛乱。[2]

前秦皇始三年（353），张重华去世。此后十年之内，前凉内讧和动乱不断，四易其主。张天锡继位后，又荒

---

1 《晋书》卷 116《姚苌载记》，第 2965 页。

2 《资治通鉴》卷 103，晋孝武帝宁康二年五月条，第 3267 页；《晋书》卷 113《苻坚载记上》，第 2897 页。

于酒色，不亲庶务，且废长立幼，其统治摇摇欲坠。[1] 这为前秦发动对前凉的战争提供了可乘之机。建元十二年（376）五月，苻坚发布了伐凉的诏书：

> 张天锡虽称籓受位，然臣道未纯，可遣使持节武卫将军苟苌、左将军毛盛、中书令梁熙、步兵校尉姚苌等将兵临西河，尚书郎阎负、梁殊奉诏征天锡入朝，若有违王命，即进师扑讨。[2]

据此可知，姚苌此时任步兵校尉。步兵校尉领京城宿卫营兵，姚苌应在此之前已被调回前秦首都长安。这里的"西河"指黄河在甘肃省境内自南而北流向的河段。此外，苻坚还令秦州刺史苟池、河州刺史李辩、凉州刺史王统率三州之众为后继。七月，张天锡杀前秦使臣阎负、梁殊，并派龙骧将军马建率众两万抵御前秦入侵。八月，梁熙、姚苌、王统、李辩自青石津（在今甘肃省兰州市西北黄河滨）渡河，攻凉骁烈将军梁济于河会城（在今甘肃省兰州市西，湟水入黄河处），十七日，苟苌从石城津（在今甘肃省兰州市西北黄河滨）渡河，与梁熙等人

1　关于前凉后期的政局，参见赵向群著，贾小军修订《五凉史》，社会科学文献出版社，2019，第114~122页。

2　《资治通鉴》卷104，晋孝武帝太元元年五月条，第3273~3274页。

会合，攻占缠缩城（今甘肃省永登县南）。前秦军队顺利渡过黄河，马建畏惧，由杨非（在今甘肃省永登县西北，庄浪河西岸）退屯清塞（在今甘肃省古浪县境内）。在这种情况下，张天锡又派遣征东将军常据率众三万与马建共同驻守洪池（在今甘肃省天祝藏族自治县西北，属乌鞘岭西段），自己率众五万驻守金昌城（在今甘肃省武威市东南）。苟苌令姚苌率甲士三千为先锋，二十三日，马建迎降，苟苌等与常据战于洪池，后者兵败自杀。二十六日，前秦军队进入清塞，张天锡令司兵赵充哲拒之，双方在赤岸（今址不详）发生了激战，前凉大败，赵充哲阵亡。张天锡出金昌城迎战，城内又发生了叛乱，张天锡率数千骑奔回姑臧（今甘肃省武威市凉州区）。二十七日，前秦军队进至姑臧城下，张天锡出城投降，前凉亡。[1]此役，前秦军队由今兰州市西向北渡过黄河，攻占河会城，之后的进军路线是沿庄浪河向西北方越乌鞘岭直指姑臧，途经缠缩城、洪池、清塞等地后在姑臧东南的金昌城下与张天锡之间进行了决战，张天锡因为城内发生叛乱而逃归姑臧，在前秦军队进至姑臧城下时无奈投降。《晋书·姚苌载记》中记载，姚苌在前秦

---

1 《资治通鉴》卷104，晋孝武帝太元元年七月、八月条，第3274~3276页；《晋书》卷113《苻坚载记上》，第2898页。

时期曾担任武威太守。[1] 这项任命应是前秦在平定前凉之后的善后措施之一。易言之，姚苌极有可能是在平定前凉后出任前秦武威太守。

在平定巴蜀、统一北方后，南方的东晋成为前秦实现"天下一家"最后一个障碍。于是，对东晋的战争被提上了苻坚的日程。据蒋福亚先生研究，苻坚伐晋有效仿晋武帝灭吴之役的设想，即以巴蜀、荆襄和淮南作为进击基地，其中襄阳城（今湖北省襄阳市襄城区）最为关键。襄阳"北通汝、洛，西带秦、蜀，南遮湖、广，东瞰吴、越"，在地理形势上对晋武帝的灭吴成功与否具有举足轻重的地位，而正是因为羊祜和杜预对襄阳的苦心经营和建议，才促成了晋武帝灭吴的战略部署。[2] 因此，攻取襄阳成为前秦伐晋的起手式。建元十四年（378）二月，苻坚任命其子苻丕为征南大将军、都督征讨诸军事、守尚书令，总兵十二万，挥军南下，剑指襄阳。此役前秦兵分三路：苻丕与武卫将军苟苌、尚书慕容暐率步骑七万为中路，下辖京兆尹慕容垂、步兵校尉姚苌等，以荆州（治丰阳，今陕西省山阳县）刺史杨安率樊、邓之众为前锋，出南乡（今河南省淅川县西南，丹江南

---

1 《晋书》卷116《姚苌载记》，第2965页。
2 蒋福亚:《前秦史》，社会科学文献出版社，2020，第216~217页。

岸）沿丹江而下；征虏将军始平石越率精骑一万出鲁阳关（在今河南省南召县东、鲁山县西南，白河支流鸦河发源地），沿白河南下，为东路；领军将军苟池、右将军毛当、强弩将军王显率众四万出武当（今湖北省丹江口市西北），沿汉江北岸东南行，为西路；约期会师汉水北岸，合击襄阳。[1] 东晋对襄阳的战略地位有非常清晰的认知，庾翼在东晋建元元年（343）的上疏中即已指出："计襄阳，荆楚之旧，西接益梁，与关陇咫尺，北去洛河，不盈千里，土沃田良，方城险峻，水路流通，转运无滞，进可以扫荡秦赵，退可以保据上流。"[2] 因此，东晋守将朱序在襄阳进行了顽强的抵抗，双方进行了激烈的厮杀，均损失惨重。直至次年（379）二月，前秦才最终占领襄阳城。[3] 姚苌作为中路军的将领参与了此次战役。

建元十九年（383）五月，为缓解淮南战场的压力，东晋荆州刺史桓冲率众十万伐前秦，攻襄阳；遣前将军刘波、冠军将军桓石虔、振武将军桓石民攻沔北（汉江北岸）诸城；鹰扬将军郭铨攻武当（今湖北省丹江口市西北）；令辅国将军杨亮沿涪江西北攻蜀，在攻占五城

---

1 《资治通鉴》卷104，晋孝武帝太元三年二月条，第3285页；《晋书》卷113《苻坚载记上》，第2899页。
2 《晋书》卷73《庾翼传》，第1934页。
3 《资治通鉴》卷104，晋孝武帝太元四年二月条，第3288~3289页。

（今四川省中江县东南）后，继续进攻涪城（今四川省绵阳市涪城区）。六月，桓冲遣部将攻占了筑阳（今湖北省谷城县东北，南河入汉江处）。此役，东晋桓冲以主力进攻襄阳，同时攻占了襄阳西北汉江沿岸的城池，威胁到了襄阳和关中的交通线，使其有可能成为孤城，并以偏师进攻前秦益、宁二州，以分散前秦兵力。面对这一形势，前秦分别派遣征南将军苻叡、冠军将军慕容垂等率步骑五万沿白河南下救襄阳，兖州刺史张崇救武当，后将军张蚝、步兵校尉姚苌救涪城。张蚝、姚苌出斜谷，沿褒斜道直驱蜀中，杨亮无奈退兵。[1] 在占领襄阳后，姚苌可能并没有驻守襄阳及其附近地区，而是回到了长安。在东晋反击时，姚苌与张蚝沿褒斜道前往蜀中，救援涪城。

八月，前秦大举南伐，希图一举灭亡东晋。苻坚率军百万亲征，以苻融为征南大将军、前锋都督，督统骠骑将军张蚝、抚军将军苻方、卫军将军梁成、平南将军慕容晖、冠军将军慕容垂等率步骑二十五万为前锋，进攻淮南。同时，苻坚任命姚苌为龙骧将军、督益梁州诸军事，一方面防范东晋趁前秦倾全国之力于淮南战场时

---

1 《资治通鉴》卷105，晋孝武帝太元八年五月、六月条，第3307~3308页；《晋书》卷113《苻坚载记下》，第2916页。

进攻蜀地，另一方面在前秦襄阳战场进至长江沿线时能够顺流而下威胁建康。[1]以姚苌为龙骧将军，或即是期许其建立如晋灭吴之战中的王濬一样的功业。此役，姚苌终于独当一面，被任命为益、梁地区的军事长官。然而，十一月，前秦主力在淝水之战中溃败，此时，姚苌所部似乎并未与东晋的军队接战。

综上所述，姚苌在归降前秦九年后，才获得参与前秦对外征伐的机会，说明在相当长的时间内，前秦朝廷对其颇多猜忌和顾虑。此后，他一直活跃在前秦的南线和西线战场，几乎参与了所有的战事，并逐渐得到了苻坚的信任，以至于在前秦与东晋进行战略决战时成为前秦益、梁地区的军事长官。

此外，需要指出的是，因各种原因，姚氏集团成员在前秦的际遇并不相同，甚至有云泥之别。一些人出仕前秦，如原为姚襄参军的薛讚、权翼曾劝说苻坚废苻生而代之："今主上昏虐，天下离心。有德者昌，无德受殃，天之道也。神器业重，不可令他人取之，愿君王行汤武之事，以顺天人之心。"[2]此建议被苻坚采纳。政变成功后，苻坚以王猛、薛讚为中书侍郎，权翼为给事黄门侍郎，

1 《资治通鉴》卷105，晋孝武帝太元八年八月条，第3309页；《晋书》卷114《苻坚载记下》，第2917页。
2 《晋书》卷113《苻坚载记上》，第2884页。

三人共掌机密。此后，权翼更是成为苻坚身边重要谋士，并深得重用，累迁司隶校尉、侍中、左仆射，封安丘公。一些人则被禁锢，如天水尹氏，其家族成员尹赤在投降前秦出任并州刺史后又叛归姚襄，苻坚恨其反复，下令禁锢天水诸尹。[1] 一些人则在率部属投降前秦后得到安置，但因为种种原因又起兵反叛，如敛岐。虽然被拆散分解，但由于有共同的东迁及西还经历，姚氏集团内部依然有很强大的凝聚力，这是淝水之战后姚苌起兵建国的政治基础。

第二章
后秦的建立与兴盛

淝水之战后，前秦国力受损严重，统治摇摇欲坠。原被其灭亡或被迫归附的政权和政治集团的残余势力发现有机可乘，纷纷发动了复国或独立运动。前秦建元二十年（384）四月，在跟随苻叡征讨慕容泓失败后，姚苌逃奔渭北马牧，在姚氏集团旧人的拥戴下，起兵反秦。随后，姚苌制定了"先取岭北、再图关中"的战略。在这一战略的指导下，白雀二年（385）四月，后秦攻占新平，控制了岭北地区，并俘杀苻坚。建初元年（386），前秦残余势力苻丕、苻登相继即位，与后秦在岭北、关中等地展开鏖战。皇初元年（394），经过九年的战争，姚兴才最终执杀苻登，基本消灭了前秦残余势力。

在平定关中后，后秦开始了其在东、西方向上的扩张。皇初三年（396），后秦东西两线作战，进占陇西上邽和河东蒲坂。皇初五年（398）十月，后秦攻陷洛阳，声威大振，东晋淮、汉以北诸城，多请降送任。此后，后秦将目光转向西线，致力于经营陇右河西地区。弘始二年（400）八月，灭亡西秦。弘始三年（401）五月，后秦姚硕德伐后凉，七月，进围姑臧。西凉李暠、南凉秃发利鹿孤、北凉沮渠蒙逊闻讯均遣使入贡，在名义上归降后秦。九月，后凉吕隆降后秦。此后，因为与北魏关系日益恶化，后秦又将战略重心转至东线。弘始四年（402）五月，后秦与北魏在河东地区进行了战略决战——柴壁之战。后秦在此役中惨败，这使得其停止了对外扩张的步伐。

此外，伴随着姚苌称帝建国，后秦亦开始构建自己的正统身份。首先，重新排定五胡国家的五德历运：后赵承晋为水德，前秦承后赵为木德，后秦承前秦为火德。其次，将具有土德的华夏圣王舜作为自己祖源攀附的对象。最后，遵循积德累功者之后裔才能成为人君的观念，塑造姚弋仲为忠直耿介的纯臣，姚襄为"德洽百姓"的潜在王者。

第一节　立国关陇与灭亡前秦

前秦建元二十年（384）正月，前燕末帝慕容𬀩叔父慕容垂等先后在洛阳、列人（今河北省邯郸市肥乡区东北）起兵反秦复燕，随后，慕容垂进围前秦关东重镇邺城（今河北省临漳县西南邺镇一带）。[1] 慕容晖弟、时任前秦北地郡长史的慕容泓在得知这一消息后，于当年三月亡奔关东，招集数千鲜卑后进屯华阴（今陕西省华阴市东南），被逼迁关中的慕容旧部纷纷来归。在击败前来进讨的秦将强永后，慕容泓军势转盛，自称使持节、大都督陕西诸军事、大将军、雍州牧、济北王。华阴与长安近在咫尺，且位于由潼关进出关中的要道上，因此，慕容泓所部对前秦政权而言是肘腋之患。在这种情况下，苻坚以广平公苻熙为雍州刺史，镇蒲坂（今山西省永济市西南蒲州镇），以雍州牧、巨鹿公苻叡为都督中外诸军事、卫大将军、司隶校尉、录尚书事，配兵五万，以左将军窦冲为长史，龙骧将军姚苌为司马，进讨慕容泓。与此同时，慕容冲亦在平阳（今山西省临汾市尧都区西南）起兵，聚众两万，进攻蒲坂，苻坚又命窦冲分兵进讨。[2] 四月，在听闻前秦军队将至的消息后，慕容泓打算率众撤向关东避其锋芒，姚苌亦指出鲜卑作乱是为谋东归，建议苻叡放其归路，驱令出关，以免其做困兽之斗。

1　慕容垂等在关东起兵的过程，见蒋福亚《前秦史》，社会科学文献出版社，2020，第297~304页。

2　《资治通鉴》卷105，晋孝武帝太元九年三月条，第3326~3327页；《晋书》卷114《苻坚载记下》，第2919~2920页。

但苻叡因为求功心切而拒绝了这一建议，与慕容泓战于华泽（今陕西省华阴市西），兵败被杀。姚苌派遣龙骧长史赵都、参军姜协诣苻坚请罪，苻坚听闻苻叡的死讯后暴怒，杀死了赵、姜二人。姚苌闻讯逃奔渭北。[1]

一　渭北起兵

姚苌奔渭北后，西州豪族尹详、赵曜、王钦卢、牛双、狄广、张乾等人率五万余家归姚苌，并共推其为盟主，反秦自立。于是，姚苌自称大将军、大单于、万年秦王，大赦，改元白雀。此外，他初步建立了自己的中枢架构，以天水尹详、南安庞演为左、右长史，南安姚晃及尹纬为左、右司马，天水狄伯支、焦虔、梁希、庞魏、任谦为从事中郎，羌训、阎遵为掾属，王据、焦世、蒋秀、尹延年、牛双、张乾为参军，王钦卢、姚方成、王破虏、杨难、尹嵩、裴骑、赵曜、狄广、党删等为将帅。[2]这些拥戴姚苌并得到任用的西州豪族多为跟随姚弋仲、姚襄父子东迁及西返的姚氏集团的中坚力量。

后秦白雀元年（384）五月，姚苌进屯北地郡（治泥阳，今陕西省铜川市耀州区南），之前被苻坚徙至敷

1　《资治通鉴》卷105，晋孝武帝太元九年四月条，第3327页。

2　《晋书》卷116《姚苌载记》，第2965~2966页；《资治通鉴》卷105，晋孝武帝太元九年四月条，第3327~3328页。

陆（即敷城县，今陕西省洛川县东南）的晋人李详等数千户和北地、新平（治新平县，今陕西省彬县）、安定（治安定县，今甘肃省泾川县北）等地的羌胡十余万户归降，后秦实力大增。[1] 新平和安定二郡位于泾河中游，北地位于石川河中游，敷陆位于北洛河中游，这说明支持姚苌的势力主要分布在渭河北来支流的中游地区，即关中平原与黄土高原的交汇地带。六月，趁后秦初建，立足未稳，苻坚亲自率步骑二万征讨，企图一举歼灭后秦。苻坚率部驻扎于赵氏坞（在今陕西省铜川市耀州区内），一面令护军将军杨璧率骑兵三千在姚苌可能撤退的道路上巡逻，以截断后秦与外界的联系；一面命右军将军徐成、左军将军窦冲、镇军将军毛盛等轮番进攻。面对前秦如此周密的部署，后秦军队屡屡败北，加之又被前秦军队在同官水（石川河支流漆河）上筑堰截断水源，后秦处境十分艰难。盘踞频阳（今陕西省富平县东北）的冯翊人游钦遣军给姚苌运送粮、水，均被杨璧截获；姚苌弟镇军将军（《晋书·苻坚载记》中作"镇北将军"）姚尹买统领二万劲卒试图决堰放水，又被窦冲击败，损兵一万三千余，姚尹买阵亡。后秦军队士气低落，并出

---

1 《晋书》卷116《姚苌载记》，第2966页；《资治通鉴》卷105，晋孝武帝太元九年五月条，第3329页。

现了因缺水而渴死的现象，面临全军覆没的困境。幸运的是，姚苌营中突降大雨，水涨三尺，而营周百步之外却只有寸余，这使得双方均认为姚苌似乎受到上天眷顾，此时命不该亡，双方士气逆转，姚苌方面获得了喘息之机。与此同时，之前被窦冲打败的慕容冲从平阳逃奔华阴与慕容泓会合，但随后发生了内讧，慕容泓被杀，慕容冲继立。趁此机会，后秦姚苌以子姚嵩为质，与慕容冲通和，希望在战略上相互配合，牵制前秦兵力，使其不能并力于一处。之后，姚苌率众七万对前秦发动反击，一举俘获了杨璧、毛盛、徐成及前军将军齐午等将校数十人。然而，姚苌并未处置这些俘虏，而是将其遣返，避免过度刺激前秦。[1]经此一役，后秦政权才得以在北地稳固下来。

七月，慕容冲率部西进，企图迎还被幽禁的前燕末帝慕容暐复位。面对这一形势，苻坚只得从赵氏坞撤军，在长安迤东布置防线以阻止慕容冲进攻长安。然而，慕容冲迅速地突破了这些防线，进占阿房城（秦阿房宫遗址）。[2]自此至来年（建元二十一年，385）五月，西燕慕

1 《资治通鉴》卷105，晋孝武帝太元九年六月条，第3329~3330页；《晋书》卷114《苻坚载记下》，第2921~2922页。
2 《资治通鉴》卷105，晋孝武帝太元九年七月条，第3331页；《晋书》卷114《苻坚载记下》，第2922页。

容冲与前秦鏖战于长安城及其附近地区，各有胜负，最后以苻坚亡走五将山（在今陕西省岐山县东北），慕容冲入据长安告终。[1]对此，胡三省颇有后见之明地指出，"使（慕容）冲不逼长安，（苻）坚尚与（姚）苌相持，胜负之势，未有所定也。冲兵既逼，坚不容不还长安，苌得收岭北以为资；坚、冲血战而苌伺其敝；坚死而鲜卑东出，苌坐而取关中；真所谓鹬蚌相持，渔人之利也"[2]。易言之，西燕进攻长安，使前秦不得不全力以赴应对，后秦坐收渔利，对前秦从被动防御转为主动出击。

二 占据岭北

白雀元年十月，姚苌君臣对之后的行动方略进行商议，群臣建议："大王宜先取长安，建立根本，然后经营四方。"[3]姚苌则认为："燕因怀旧之士而起兵，若功成事捷，咸有东归之思，安能久固秦川！吾欲移兵岭北，广收资实，须秦弊燕回，然后垂拱取之。兵不血刃，坐定天下，此卞庄得二之义也。"[4]简言之，针对当时关中的政

1 关于前秦和西燕争夺长安的过程，见蒋福亚《前秦史》，第311~313页；张正田：《西燕政权结构、战略目标与其兴衰关系——以立国初期（西元三八四—三八六）为研究中心》，《政大史粹》第6期，2004。

2 《资治通鉴》卷105，晋孝武帝太元九年七月条胡三省注，第3331页。

3 《资治通鉴》卷105，晋孝武帝太元九年十月条，第3336页。

4 《晋书》卷116《姚苌载记》，第2966页。

治形势，姚苌没有采纳众人"先取长安，建立根本"的建议，而是决定"移兵岭北"，以岭北为根据地发展势力，不参与前秦和西燕之间的战事，坐山观虎斗，等其两败俱伤后再进取关中。从之后形势的发展来看，姚苌的这一战略决策无疑是正确的。

胡三省敏锐地指出，"姚苌之兴也，以安定为根本；后得关中，以安定为重镇"[1]。安定是岭北的政治中心，得关中前，以安定为根本；得关中后，以安定为重镇。这说明岭北在后秦政治版图中的重要地位。吴宏岐先生亦指出，"十六国姚氏后秦时期，'岭北'一词屡见于史册。《晋书·姚兴载记》、《赫连勃勃载记》皆六见，《姚苌载记》三见，《姚泓载记》二见，而《乞伏乾归载记》亦一见，说明其地位非常重要"[2]。然而，由于史料缺乏，关于"岭北"的地理位置和具体范围，学者们众说纷纭，并未有统一的意见。胡三省认为，"岭北谓九嵕之北，凡新平、北地、安定之地皆是也"[3]。马长寿先生据胡氏之说进而阐发云："古代以九嵕山以北为岭北，在今礼泉县北。"[4]吴宏岐先生则认为，岭北得名于关中北缘山系（即

1　《资治通鉴》卷117，晋安帝义熙十二年九月条胡三省注，第3692页。
2　吴宏岐：《后秦"岭北"考》，《中国历史地理论丛》1995年第2期。
3　《资治通鉴》卷105，晋孝武帝太元九年十月条胡三省注，第3336页。
4　马长寿：《碑铭所见前秦至隋初的关中部族》，中华书局，1985，第14页。

北山），广义的"岭北"大致指关中以北、河东以西和
陇山东西的广大区域；狭义的"岭北"指雍州，包括安
定、北地、新平、平凉和赵兴五郡。[1]侯甬坚先生亦认为，
岭北是指北山以北地区，不过，他认为，"岭北"中的
"岭"指位于甘肃省庆阳市西峰区与环县之间、泾河上游
支流环江岸边的马岭，而非地处北山之南、关中平原北
缘的九嵕山。[2]牛敬飞先生认为，岭北之东界应为子午岭，
南限为九嵕山、五将山（在今陕西省麟游县南）等关中
平原北缘山系，西不过陇山，北界不太明确，或北及甘
肃庆阳市甚至北包整个陇东高原。结合地形而言，南北
走向的子午岭与西方的陇山平行，子午岭、陇山二山南
段与关中北缘山系相连，形状近似一只斜置的水杯，"岭
北"即在其中。[3]笔者认为，在研究岭北的地理位置和具
体范围时，要将文献与地形、交通、族群分布等因素相
结合。

史念海先生指出，陕甘黄土高原上，自西向东有六
盘山（古称陇山）、子午岭、黄龙山三条南北向的山脉，

1　吴宏岐：《后秦"岭北"考》，《中国历史地理论丛》1995年第2期。

2　侯甬坚：《十六国"岭北"地名考》，《中国历史地理论丛》2001年第
1期。

3　牛敬飞：《十六国时期"岭北"地望综述》，周伟洲主编《西北民族论
丛》第16辑，社会科学文献出版社，2018，第64~65页。

山原相间隔就形成了三条通道：其一，六盘山东的萧关道。六盘山东有北流注入黄河的清水河，其河谷在古代曾被利用为交通道路，清水河南端六盘山下为萧关所在地，因此可称其为萧关道。其沿泾河向东南经长武、彬县通到关中，向北通到宁夏贺兰山下各地。其二，子午岭西的马莲河河谷道。沿马莲河及其支流环江河岸谷地，由环县、庆城，东南经长武、彬县通往关中，向北通到鄂尔多斯高原和贺兰山下地区。其三，子午岭与黄龙山之间的延州道。此道由西安向北通到延安，延安在古代曾设延州，故称延州道。延州道在延安以北分成向西北行，经过定边直通贺兰山下的西北支道；以及向东北行，经过榆林直通阴山之下的东北支道。[1]牟发松等先生指出，姚苌由北地移兵岭北，攻新平、安定而克之，表明岭北辖有新平、安定而无北地。[2]北地郡位于子午岭东，因此，岭北当不包括陕甘黄土高原子午岭迤东地区。此外，后秦弘始元年（399），"分司隶领北五郡，置雍州刺史镇安定"[3]，其中的"领"当为"岭"。牟发松等先生认为，后

1　史念海：《陕西北部的地理特点和在历史上的军事价值》，《河山集（四集）》，陕西师范大学出版社，1991，第75~124页。

2　牟发松、毋有江、魏俊杰：《中国行政区划通史·十六国北朝卷》，复旦大学出版社，2017，第339页注②。

3　《晋书》卷14《地理志上》，第432页。

秦雍州所领五郡为安定、新平、赵兴、长城、平原。[1]其中，平原郡为后秦分安定郡而置，治阴槃县（今甘肃省平凉市东南），赵兴郡治赵兴城（今甘肃省宁县），位于马莲河东岸，二者无疑均属司隶岭北五郡。然而，长城郡治长城，在今陕西省洛川县西北。对照地图可知，长城郡位于北地郡东北、子午岭东，当不属于雍州所领五郡范围。《太平寰宇记》言后赵石勒以鹑觚县（今甘肃省灵台县东北）置赵平郡。[2]《魏书·地形志》中有赵平郡，领鹑觚、东阴槃（今陕西省长武县）二县。[3]《太平寰宇记》引《周地图记》云："后魏孝明帝熙平二年析鹑觚县置东阴槃县。"[4]据此可知，后赵置赵平郡直至北魏时期依然存在，并未被废除。此外，鹑觚、东阴槃二县均位于泾河支流黑河沿岸，在安定、新平之间。因此，雍州五郡当指平原、安定、赵平、新平和赵兴五郡。需要指出的是，正如牛敬飞所言，"后秦初设雍州时所辖五郡确实

1　牟发松、毋有江、魏俊杰：《中国行政区划通史·十六国北朝卷》，第339页。

2　《太平寰宇记》卷34《关西道十·宜禄县》"废鹑觚县"条，中华书局，2007，第723页。

3　《魏书》卷106《地形志》，第2963页。

4　《太平寰宇记》卷34《关西道十·宜禄县》引《周地图记》，第722页。

尽在岭北，但岭北不一定只有五郡"[1]。岭北亦应包括位于六盘山与子午岭之间、行政区划上属秦州的陇东郡（治泾阳，今甘肃省平凉市崆峒区西北）和平凉郡（治鹑阴，今甘肃省华亭县西）。

马长寿先生曾指出，魏晋雍州地区，"冯翊、北地、新平、安定四郡的羌族最多"[2]。冯翊、北地两郡位于子午岭东，暂不论。关于新平郡，《后汉书·郡国志》"右凉州刺史部"条注引《袁山松书》云："兴平元年（194），分安定鹑觚、右扶风之漆置新平郡。"[3]《太平寰宇记》中亦曰："后汉兴平元年分安定之鹑觚、右扶风之漆置新平郡，理漆县……历魏、晋同之，晋武帝分漆县置邠邑县。"[4]《晋书·地理志》中记载新平郡下辖漆、邠邑二县。[5]西晋太康三年或之前，鹑觚县移属安定郡。[6]关于安定郡，《太平寰宇记》引《晋太康地记》云："安定郡领临泾、朝那、乌氏、鹑觚、阴密、西川六县。"[7]《晋书·地理志》中

1　牛敬飞：《十六国时期"岭北"地望综述》，周伟洲主编《西北民族论丛》第16辑，第71页。

2　马长寿：《氐与羌》，广西师范大学出版社，2006，第129页。

3　《后汉书》志23《郡国志五》，中华书局，1965，第3522页。

4　《太平寰宇记》卷34《关西道十·邠州》，第718页。

5　《晋书》卷14《地理志上》，第431页，其中，"邠邑"讹为"汾邑"。

6　胡阿祥、孔祥军、徐成：《中国行政区划通史·三国两晋南朝卷》，复旦大学出版社，2017，第646页。

7　《太平寰宇记》卷32《关西道八·泾州》，第690页。

记载，安定郡下辖临泾、朝那、乌氏、都卢、鹑觚、阴密、西川七县。[1] 据牟发松等先生研究，前赵分安定置陇东郡，领泾阳（今甘肃省平凉市崆峒区西北，其为西汉时安定郡属县，东汉省，前赵时复置）等县；后赵分安定郡置赵兴、赵平二郡，前者领新置赵兴等县，后者领鹑觚等县；前秦置平凉郡，领新置鹑阴等县；后秦分安定郡置平原郡，领阴磐等县。[2] 据此可知，后秦时期的平原、赵平、赵兴、陇东和平凉五郡都是由安定郡分出，易言之，魏晋时期的新平、安定二郡至后秦时期被分置为平原、赵平、赵兴、陇东、平凉、新平和安定七郡。这里成为一个独立的地理单元——岭北，不仅是因为地形和交通的因素，还有族群分布的因素。简言之，从族群地理角度而言，岭北是一个羌人聚居区。这当是姚苌将岭北作为根本和重镇的主要原因。

此外，尚需指出的是，今清水河流域并不属于岭北。十六国时期清水河名高平川，西汉时曾在其上游置有高平县（今宁夏回族自治区固原市原州区），属安定郡，东汉末废。牟发松等先生指出，前赵在光初三年（320）或此后，在高平置朔州。朔州不领安定郡，或为镇服朔方

1　《晋书》卷14《地理志上》，第431页。

2　牟发松、毋有江、魏俊杰：《中国行政区划通史·十六国北朝卷》，第50、103~104、237、340页。

地区诸部族而设置。[1] 这说明，十六国时期，以高平为中心的清水河流域与岭北在行政区划上是两个相互独立的区域。自魏晋以来，清水河流域一直由鲜卑部落占据。《晋书·乞伏国仁载记》中云：

> 在昔有如弗斯、出连、叱卢三部，自漠北南出大阴山，……其后有祐邻者，即国仁五世祖也。泰始初，率户五千迁于夏缘，部众稍盛。鲜卑鹿结七万余落，屯于高平川，与祐邻迭相攻击。鹿结败，南奔略阳，祐邻尽并其众，因居高平川。祐邻死，子结权立，徙于牵屯。结权死，子利那立，击鲜卑吐赖于乌树山，讨尉迟渴权于大非川，收众三万余落。利那死，弟祁埿立。祁埿死，利那子述延立，讨鲜卑莫侯于苑川，大破之，降其众二万余落，因居苑川。[2]

周伟洲先生认为，这一段基本上将乞伏等四部由阴山南迁至陇西苑川的路线、过程讲清楚了。他指出，"率户五千迁于夏缘"中的"夏"指唐代夏州，赫连勃勃于此

1　牟发松、毋有江、魏俊杰：《中国行政区划通史·十六国北朝卷》，第50~51 页。

2　《晋书》卷125《乞伏国仁载记》，第3113 页。

建夏国，北魏于此置夏州，北朝隋唐因之。[1]西晋泰始（265~274）初年，乞伏四部又由此沿白于山北麓进入清水河流域，与居于此地的鲜卑鹿结部"迭相攻击"，最后鹿结部战败，沿六盘山西麓之葫芦河南奔略阳郡（治临渭县，今甘肃省天水市麦积区东）。"牵屯"指牵屯山，《水经注》中曰："（高平）川水又北，迳三水县西，肥水注之，水出高平县西北二百里牵条山西。"赵一清注云："按《方舆纪要》五十八，平凉县有牵屯山，名见《北史·尔朱天光（传）》及《贺拔岳传》，亦即《地理志》之开头山。师古曰，开音苦见反，又音牵。土俗语讹，谓之汧屯山。杜佑曰，笄头山讹为牵屯山。此名牵条，盖异名也。"[2]据此可知，牵屯山又名开头山、汧屯山、笄头山、牵条山。据汪一鸣先生研究，高平川支流肥水即今宁夏回族自治区同心县境内的西河，其发源地为屈吴山南段。[3]屈吴山为西北—东南走向，位于六盘山西北，是黄河两条支流祖厉河与清水河的分水岭。简言之，牵屯山指今屈吴山南段。据周伟洲先生研究，乌树山和大

---

1 周伟洲：《南凉与西秦》，广西师范大学出版社，2006，第97~98页。

2 郦道元注，杨守敬、熊会贞疏《水经注疏》卷2《河水二》"高平川水"条，第192页。

3 汪一鸣：《北魏刁雍造船地点考辨及其它》，《宁夏大学学报》（自然科学版）1987年第4期。

非川大致在朔方或陇西一带。苑川指今甘肃省兰州市东、流入黄河的苑川河。[1]综上所述，乞伏鲜卑由阴山南迁的路线大致为：在君子津或五原金津渡河进入鄂尔多斯高原东南角，沿鄂尔多斯沙漠南缘路进入无定河上游地区，然后沿白于山北麓进入清水河流域，之后越过屈吴山进入陇西地区。如果沿清水河顺流而下，渡过黄河一直往西即可进入河西地区。进而言之，这是陇西鲜卑及河西鲜卑从阴山南下的一条重要通道，而清水河流域是这条道路上的一个重要节点。因此，自魏晋以来，清水河流域一直由鲜卑部落占据。如前所述，西晋泰始初年之前，占据高平川的是鲜卑鹿结所部。之后，鲜卑乞伏部赶走鹿结及其所部，占领高平川。十六国时期，在鲜卑乞伏部南下进入陇西之后，鲜卑（破）多兰部又占据了高平川。《魏书·高车传》中云：

> 牵屯山鲜卑别种破多兰部世传主部落，至木易干有武力壮勇，劫掠左右，西及金城，东侵安定，数年间诸种患之。天兴四年，遣常山王遵讨之于高平，木易干将数千骑弃国遁走，尽徙其人于京师。余种分

1　周伟洲:《南凉与西秦》，第98~100页。

逊，其后为赫连屈丐所灭。[1]

《晋书·乞伏国仁载记》中又云：孝武帝太元十二年
（387），"高平鲜卑没弈于、东胡金熙连兵来袭"[2]。其中，
"没弈于"即"木易干"。显然，牵屯山鲜卑破多兰部又
被称为高平鲜卑，正是因为清水河流域是其主要的活动
区域。

综上所述，西北—东南走向的子午岭、六盘山与东
西走向的关中北缘山系相连，在地形上形成了一个相对
独立的地理单元——岭北。在地理方位上，岭北位于陕
甘黄土高原西部；在河流流域上，岭北属于泾河上中游；
在交通方面，岭北境内有两条直通关中的道路：沿泾河
河谷的萧关道和马莲河河谷道；在族群分布上，岭北是
羌人的集中分布地。正是因为岭北具有以上这些特性，
姚苌才选择其为根据地。而这一选择为后秦立国关中提
供了重要的基础和保障。

在确定了"先取岭北、再图关中"的建国战略之
后，后秦白雀元年（384）十月，姚苌留其长子姚兴守北
地，令宁北将军姚穆守同官川（今陕西省铜川市境内漆

---

1 《魏书》卷 103《高车传》，第 2313 页。

2 《晋书》卷 125《乞伏国仁载记》，第 3115 页；《资治通鉴》卷 107，晋
孝武帝太元十二年七月条，第 3378 页。

水河），亲自率众进攻新平（治漆县，今陕西省彬县）。
然而，此役并不顺利。前秦新平太守苟辅本来打算向后
秦投降，但是遭到郡中豪杰辽西太守冯杰、莲勺令冯羽、
尚书郎赵义和汶山太守冯苗的反对，于是凭城固守。双
方之间发生了激烈的战斗，后秦军队在城外或堆土山、
或挖地道，苟辅在城内亦做相应的布置，或战地下，或
战山上，后秦损失了万余人。苟辅又诈降，姚苌在即将
入城时发觉，急忙撤出，苟辅邀击，差一点就俘获了姚
苌，并击杀了后秦万余人。[1] 次年（385）正月，面对新平
久攻不下的局面，姚苌留诸将攻新平，自己引兵进击安
定，擒获了前秦安西将军、渤海公苻珍，岭北各地闻风
而降。[2] 四月，新平粮竭矢尽、外援断绝，姚苌派人告诉
苟辅，允许其率领城中民众撤向长安，自己只是想取得
新平城。苟辅听信了这一说法，带领一万五千余民众出
城，被后秦军队包围、坑杀，除冯杰子冯终外，无一幸
免。[3] 至此，姚苌终于完全控制了岭北地区。五月，苻坚
留太子宏守长安，自己亡奔五将山。前秦司隶校尉权翼、
光禄大夫薛瓒、尚书赵迁、大鸿胪皇甫覆、扶风太守段

1　《资治通鉴》卷106，晋孝武帝太元九年十月条，第3337页。
2　《资治通鉴》卷106，晋孝武帝太元十年正月条，第3339页。
3　《资治通鉴》卷106，晋孝武帝太元十年四月条，第3345页；《晋书》卷
114《苻坚载记下》，第2926页。

铿等文武数百人投奔姚苌。[1] 六月，苻宏弃守长安，西燕慕容冲入据长安。[2] 七月，面对这一形势，姚苌由安定南下新平，派遣骁骑将军吴忠率领骑兵进围五将山。前秦士兵四散奔逃，苻坚被俘，被送到新平。[3] 八月，姚苌向苻坚求传国玺被拒后，又求禅代。苻坚不许，骂姚苌以求死，最终被缢杀于新平佛寺。苻坚死后，其庶长子长乐公苻丕在晋阳继位，改元太安（《资治通鉴》中作"大安"）。[4]

三 平定关中

苻坚死后，西燕和后秦成为关中地区两股最大的势力，二者之间不可避免地展开了对于关中地区的争夺。白雀二年（385）十月，西燕慕容冲派遣其尚书令高盖率众五万进讨后秦，双方激战于新平南，高盖大败，率麾下数千人投降，被拜为散骑常侍。[5] 张正田先生指出，高盖是杀慕容泓、拥慕容冲即位之重要人物，可能一人兼

---

1 《资治通鉴》卷106，晋孝武帝太元十年五月条，第3346页；《晋书》卷116《姚苌载记》，第2966页。

2 《资治通鉴》卷106，晋孝武帝太元十年六月条，第3346页。

3 《资治通鉴》卷106，晋孝武帝太元十年七月条，第3347页。

4 《晋书》卷115《苻丕载记》，第2941页；《资治通鉴》卷106，晋孝武帝太元十年八月条，第3348~3349页；《晋书》卷114《苻坚载记下》，第2928~2929页。

5 《资治通鉴》卷106，晋孝武帝太元十年十月条，第3355页；《晋书》卷116《姚苌载记》，第2967页。

"尚书令"与"车骑大将军"两要职，是西燕重臣。此外，慕容泓拥众西进时，才聚众至号称十余万。[1] 西燕在长安附近与前秦鏖战十余月，当有不少的伤亡，五万极有可能占当时西燕军队中的一个极大比例。因此，高盖进攻后秦可谓倾巢而出，带有战略决战的意味。此前，慕容冲在与前秦的战争过程中，因为杀戮过甚，使得关中地方的堡壁势力对其反感。同时，他在占领长安后派高盖进攻后秦，似有久据关中之意，这与麾下鲜卑势力东归的意图相矛盾。于是，高盖败降后秦成为西燕政权发展的一个转折点，次年（386）二月，西燕左将军韩延杀慕容冲，立冲将段随为燕王。[2] 三月，慕容恒、慕容永袭杀段随，立慕容顗为燕王，率鲜卑男女四十余万口去长安而东。[3] 西燕鲜卑势力东归之后，长安空虚，关中各地的地方势力乘势而起。前荥阳太守、高陵（今陕西省西安市高陵区）人赵谷招杏城（今陕西省黄陵县西南）

1　张正田：《西燕政权结构、战略目标与其兴衰关系——以立国初期（西元三八四 – 三八六）为研究中心》，《政大史粹》第 6 期，2004。

2　《资治通鉴》卷 106，晋孝武帝太元十一年二月条，第 3359 页；《魏书》卷 95《徒何慕容廆传附慕容冲传》，第 2234 页；《晋书》卷 9《孝武帝纪》中"韩延"作"许木末"，第 235 页。

3　《资治通鉴》卷 106，晋孝武帝太元十一年三月条，第 3362~3363 页；《魏书》卷 95《徒何慕容廆传附慕容冲传》中"顗"作"觊""四十余万"作"三十余万"，第 2235 页。

卢水胡郝奴率户四千称帝于长安，得到了渭北地方势力的普遍响应。扶风郡（治槐里，今陕西省兴平市东南）人王骦拥众数千，保聚马嵬城（今陕西省兴平市西马嵬镇）。[1]

四月，姚苌从安定率军南下进攻王骦，王骦亡奔汉中，姚苌继续东向进攻长安，郝奴投降，被拜为镇北将军、六谷大都督。[2]至此，姚苌终于占领了长安。于是，他在长安即皇帝位，大赦，改元建初，国号大秦，改长安为常安。追尊其父弋仲为景元皇帝，立妻虵氏为皇后，子姚兴为皇太子，置百官。徙安定五千余户于长安，以弟征虏将军姚绪为司隶校尉，镇守长安，自己则返回安定。[3]之所以如此，是因为关中地方豪右态度暧昧，依然有不少支持前秦的堡壁势力，而长安又无险可守。此外，因为缢杀苻坚，后秦政权一直是前秦残余势力讨伐的主要对象。

前秦太安元年（385）十一月，在苻丕即位不久，前秦在陇右地区的残余势力左将军窦冲、秦州刺史王统、

---

1 《资治通鉴》卷 106，晋孝武帝太元十一年三月条，第 3363 页；《晋书》卷 116《姚苌载记》，第 2966~2967 页。

2 《资治通鉴》卷 106，晋孝武帝太元十一年四月条，第 3363 页。

3 《晋书》卷 116《姚苌载记》，第 2967 页；《资治通鉴》卷 106，晋孝武帝太元十一年四月条，第 3364 页。

河州刺史毛兴、益州刺史王广（此时益州已经被东晋占领，王广亡归其兄王统）、南秦州刺史杨璧、卫将军杨定等向苻丕遣使，请命讨伐姚苌。不过，次年（386）正月，王统、王广兄弟与毛兴之间出现了内讧，四月，这场内讧最终以王广兵败，在奔亡途中被陇西鲜卑匹兰执送后秦，毛兴被部下所杀而告终。[1] 六月，苻丕传檄四方公侯、牧守、垒主、民豪，共讨后秦姚苌、后燕慕容垂。天水姜延、冯翊寇明、河东王昭、新平张晏、京兆杜敏、扶风马朗、建忠将军高平牧官都尉扶风王敏等都承檄起兵，拥众数万。前秦冠军将军邓景拥众五千据彪池（在长安西），与占据兹川（今灞河，在长安东南）的窦冲首尾呼应，进攻长安。[2] 蒋福亚先生指出，"苻丕即位，其号令所及，仅止于并州及陇右两地。这两个地区还因西燕和后秦的阻隔，被远远地分割开了"[3]。此时，前秦可以用来对付后秦的势力，除了上述承檄起兵的关中豪右外，还有前秦秦州的牧守宰令。七月，前秦平凉太守金熙、安定北部都尉鲜卑没弈于等进攻安定，与后秦左将

1　《晋书》卷115《苻丕载记》，第2943、2945页；《资治通鉴》卷106，晋孝武帝太元十年十一月条、太元十一年正月条、太元十一年四月条，第3355、3359、3364页。

2　《资治通鉴》卷106，晋孝武帝太元十一年六月条，第3365~3366页。

3　蒋福亚：《前秦史》，第319页。

军姚方成、镇远将军强京战于孙丘谷（今甘肃省平凉市东南），初战告捷。姚苌率军亲至，方才大破金熙、没弈于。[1] 姚苌乘势进入陇西地区，攻略前秦秦州。此前，在听闻姚苌在渭北起兵的消息后，原居于陇西地区的姚氏族人即开始聚众起兵。姚苌弟姚硕德自称征西将军，占据冀城（今甘肃省甘谷县西南）；并以其兄孙姚详为安远将军，占据陇城（今甘肃省张家川回族自治县）；以从孙姚训为安西将军，占据赤亭（今甘肃省成县西南），与前秦秦州刺史王统相对峙。八月，姚苌与姚硕德等合兵进攻王统，天水屠各、略阳羌胡一万余户投归后秦。九月，王统投降后秦，姚苌任命姚硕德为使持节、都督陇右诸军事、征西将军、秦州刺史、领护东羌校尉，镇上邽（今甘肃省天水市秦州区）。自己则返回安定。[2] 至此，后秦势力进入了地处渭河上游的秦州地区。

在传檄四方之后，苻丕于太安二年（386）八月留王腾守晋阳（今山西省太原市晋源区），杨辅戍壶关（山西省黎城县东北），亲自率众四万余，进据平阳郡（治平阳县，今山西省临汾市尧都区），打算经河东进入关

---

1 《资治通鉴》卷106，晋孝武帝太元十一年七月条，第3366页；《晋书》卷116《姚苌载记》，第2967页。

2 《资治通鉴》卷106，晋孝武帝太元十一年八月条、太元十一年九月条，第3368、3369页；《晋书》卷116《姚苌载记》，第2967页。

中。[1]然而，苻丕与东归的西燕部众在此相遇，双方在襄陵（今山西省襄汾县北）发生激战，苻丕大败，率众数千南奔东垣（胡三省注云：此东垣在河南新安县界），试图袭占洛阳，遭东晋扬威将军冯该邀击，苻丕身死，太子苻宁等被俘，余众随苻纂、苻师奴兄弟西奔杏城（今陕西省黄陵县西南）。[2]需要指出的是，苻纂等人率众西奔的路线极有可能是当年姚襄率众西进的路线。

苻丕死后，前秦历史进入了苻登时代。整体而言，淝水之战后，西燕慕容冲是前秦在关中地区的头号死敌。西燕东归后，后秦姚苌占领长安，成为前秦在关中地区的最强对手。苻丕在前往关中的途中身死，并未与后秦接战。简言之，除了在起兵初期遭到苻坚率军亲征之外，与后秦之间攻伐的前秦势力主要是关陇地区的豪右和地方官员。与此不同，苻登即位后，集全力对付后秦，欲除之而后快。苻登是苻坚族孙，在关中陷入战乱时投奔了河州刺史毛兴。毛兴被杀后，经过一些曲折，苻登于太安二年（386）七月被众人推为使持节、都督陇右诸军

---

1 《资治通鉴》卷106，晋孝武帝太元十一年八月条，第3368页；《晋书》卷115《苻丕载记》，第2946页。

2 《资治通鉴》卷106，晋孝武帝太元十一年九月条，第3369页；《晋书》卷115《苻丕载记》，第2946~2947页。

事、抚军大将军、雍河二州牧、略阳公。[1]据牟发松等先生研究，前秦河州治枹罕（今甘肃省临夏市），由于西秦的侵吞，此时仅领兴晋（治枹罕）、大夏（治大夏，今甘肃省广河县西北）二郡。[2]其控制区域主要位于今甘肃省大夏河中下游流域。在掌控了河州后，苻登并未对侵占河州武始（治狄道，今甘肃省临洮县）、安故（治安故，今甘肃省临洮县东南）诸郡的西秦进行攻伐，而是率众五万，东向秦州，攻占了尚处于王统治下的秦州南安郡（治獂道，今甘肃省陇西县东南），进入了秦州西部地区，[3]并在这里招集兵众，夷、夏三万余户归附，苻登势力大增。王统投降后秦后，苻登与后秦展开了争夺秦州的战争。当时陇右地区大旱，饥荒严重，道殣相望。面对这种情形，苻登鼓励士兵曰："汝等朝战，暮便饱肉，何忧于饥！"换言之，他让士兵们食用阵亡敌军的尸体以解决粮草匮乏的问题，这些尸体被称为"熟食"。[4]或许是因为苻登军队这一凶残的行为，使得其具有了"饱健能斗"的特质，并令敌方心生恐惧。十月，面对苻登的

---

1 《晋书》卷 115《苻登载记》，第 2947~2948 页；《资治通鉴》卷 106，晋孝武帝太元十一年七月条，第 3366~3367 页。

2 牟发松、毋有江、魏俊杰：《中国行政区划通史·十六国北朝卷》，第 50~51 页。

3 《资治通鉴》卷 106，晋孝武帝太元十一年七月条，第 3367 页。

4 《晋书》卷 115《苻登载记》，第 2948 页。

进攻，姚硕德难以招架，姚苌被迫亲自驰援。双方在胡奴阜（胡三省注：胡奴阜在上邽西）展开了激战，后秦大败，阵亡二万余人。姚苌也被射成重伤，由姚硕德代其统领部众，退保上邽。[1]此役使苻登威望骤增。十一月，苻丕的死讯传至苻登阵营中，苻登在陇东（治泾阳，今甘肃省平凉市崆峒区西北）即位，大赦，改元太初，设置百官。[2]此时，正如蒋福亚先生所言，关陇地区大部分为后秦占有，凉州已是吕光的天下，南秦州（治仇池，今甘肃省西和县西南，领武都、阴平二郡）则处于半独立状态。前秦辖下，仅河州及秦州的部分地区，以及洛河中游的杏城及其附近，且被后秦分割在东西两地各自为战。[3]

苻登即位后，以苻坚为旗号聚拢人心，尽力团结前秦在关陇地区的残余势力以对抗后秦。一方面，他在军中特设一辆四面有屏蔽的辒辌车，中供苻坚神主，羽葆青盖、黄旗引导，以三百虎贲之士保卫。每次决策苻登都要先向苻坚的神主启禀然后才采取行动。在东向进讨后秦的誓师仪式中，他向苻坚的神主祷告："维曾孙皇帝

---

1 《资治通鉴》卷106，晋孝武帝太元十一年十月条，第3370页。

2 《资治通鉴》卷106，晋孝武帝太元十一年十一月条，第3370~3371页；《晋书》卷115《苻登载记》，第2948页。

3 蒋福亚：《前秦史》，第322页。

臣登，以太皇帝之灵恭践宝位。昔五将之难，贼羌肆害于圣躬，实登之罪也。今合义旅，众余五万，精甲劲兵，足以立功，年谷丰穰，足以资赡。即日星言电迈，直造贼庭，奋不顾命，陨越为期，庶上报皇帝酷冤，下雪臣子大耻。惟帝之灵，降监厥诚。"言毕泪流满面，泣不成声。其麾下将士深受感染，无不悲恸，纷纷在盔甲上刻上"死休"二字，表达了不惧战死的决心。[1] 其之所以如此，当是因为苻坚在位期间的文治武功卓越，对关陇地区的夷夏民众具有较强的号召力。另一方面，太初二年（387）正月，苻登遣使拜占据杏城的苻纂为使持节、侍中、都督中外诸军事、太师、领大司马，进封鲁王；苻师奴为抚军大将军，并州牧，封朔方公。[2] 三月，他以窦冲为车骑大将军、南秦州牧，杨定为大将军、益州牧，杨璧为司空、梁州牧；并笼络乞伏国仁，遣使署其为使持节、大都督、都督杂夷诸军事、大将军、大单于、苑川王。[3]

经过这一系列的操作之后，前秦在关陇地区的声

1 《晋书》卷115《苻登载记》，第2948~2949页。

2 《资治通鉴》卷107，晋孝武帝太元十二年正月条，第3374~3375页；《晋书》卷115《苻登载记》，第2949页。

3 《资治通鉴》卷107，晋孝武帝太元十二年三月条，第3376页；《晋书》卷115《苻登载记》，第2950页；《晋书》卷125《乞伏国仁载记》，第3115页。

势复振。苻登即位后，投降后秦的前秦中垒将军徐嵩和屯骑校尉胡空各率众五千，以其所据之徐嵩堡、胡空堡（二者均位于今陕西省彬县西南）归降苻登，苻登拜嵩为镇军将军、雍州刺史，空为辅国将军、京兆尹。[1]苻纂在接受了苻登的官爵之后，贰县（今陕西省黄陵县西北）卢水胡彭沛谷，屠各董成、张世龙，新平羌雷恶地等亦归附苻纂，有十余万部众。[2]于是，前秦主动展开了对后秦的进攻。

可能是感受到了来自苻登的压力，后秦建初二年（387）正月，姚苌徙秦州豪杰三万户至安定，以增强安定的实力。[3]四月，在前秦杨定步步紧逼之下，姚硕德由上邽东撤，退至泾阳（今甘肃省平凉市崆峒区西北）。杨定和苻纂联合，与姚硕德在泾阳展开激战，后者大败。姚苌从阴密（今甘肃省灵台县西）率军北上救援，苻纂才退屯敷陆（今陕西省富县）。[4]窦冲沿汧水（今千河）进攻汧（今陕西省陇县东南）、雍（今陕西省凤翔县南）二城，在取得胜利后，又与赶来增援的姚苌战于汧城之

1　《晋书》卷115《苻登载记》，第2949页。

2　《资治通鉴》卷107，晋孝武帝太元十二年正月条，第3375页；《晋书》卷115《苻登载记》，第2949页。

3　《资治通鉴》卷107，晋孝武帝太元十二年正月条，第3375页。

4　《资治通鉴》卷107，晋孝武帝太元十二年四月条，第3376~3377页；《晋书》卷115《苻登载记》，第2950页。

东，败于姚苌。[1]七月，苻登进军至瓦亭（今宁夏回族自治区固原市原州区东南），威胁岭北。姚苌追击苻纂，攻占彭沛谷堡（今陕西省黄陵县西北），彭沛谷退守杏城（今陕西省黄陵县西南）。姚苌返回阴密，并以太子姚兴代替姚绪镇守长安。[2]八月，屯据频阳（今陕西省富平县东北）的前秦征虏将军、冯翊太守兰犊率众两万北上和宁（今陕西省黄陵县东南），打算与苻纂合攻长安。然而，因为苻纂拒绝了苻师奴称帝的建议，苻师奴杀死了苻纂，自立为秦公。兰犊因此断绝了和苻师奴的联系，西燕趁机进攻兰犊，兰犊无奈只得向后秦求救。姚苌决定抓住这一有利时机，集中力量对付东线的前秦势力。[3]九月，姚苌与苻师奴战于泥阳（今陕西省铜川市耀州区东南），后者大败，逃奔鲜卑，其部众为后秦俘获，屠各董成等亦归降后秦。可能是为了配合苻纂等人进攻长安的计划，苻登由瓦亭东进至胡空堡，与胡空等人会合，关中十余万夷夏民众归附。[4]十二月，姚苌擒获兰犊，进入杏城。至此，西归的苻纂势力被后秦消灭殆尽。随后，后秦回师西线，姚方成攻占徐嵩堡，俘斩徐嵩，尽坑其

---

1 《晋书》卷 115《苻登载记》，第 2950 页。

2 《资治通鉴》卷 107，晋孝武帝太元十二年七月条，第 3379 页。

3 《资治通鉴》卷 107，晋孝武帝太元十二年八月条，第 3379~3380 页。

4 《资治通鉴》卷 107，晋孝武帝太元十二年九月条，第 3380 页。

众。姚苌为了发泄心中的怒火，挖掘了在徐嵩堡附近的苻坚坟墓，裸剥鞭尸，裹以荆棘，掘坑而埋。[1]李磊先生指出，姚苌之所以如此，"是因为其先前已经击败了苻师奴和兰犊两支并不隶属于苻登的前秦军，又攻陷徐嵩堡，认为已经取得了对前秦残余势力的胜利，故而以对苻坚的辱尸行为来表明后秦与前秦的对立，以此警示持两端之人"[2]。其说甚是。此后，姚苌和苻登在徐嵩堡、胡空堡一带对峙，互有胜负。之所以如此，其一，这一带是由关中进入岭北的通道，对双方而言均具有十分重要的战略意义。其二，总体而言，苻登虽然作战武勇、胜多败少，但缺乏谋略、疏于防守，且由于兵力有限，无法给予后秦致命打击。姚苌虽然屡次败北，但足够谨慎且抱持耐心，又在实力上占优。这场对峙一直持续至次年（388）十月，以苻登军中就食新平（治新平，今陕西省彬县），姚苌退还安定而暂告结束。[3]

建初四年（389）二月，苻登以大界（约在今甘肃省泾川县一带）为大本营，存放粮草辎重，令其皇后毛氏及幼子苻弁、苻尚镇守，自己则率军四处征讨。首

1　《资治通鉴》卷107，晋孝武帝太元十二年十二月条，第3380页。
2　李磊：《淝水战后关陇地区的族际政治与后秦之政权建构》，《西南民族大学学报》（人文社会科学版）2018年第7期。
3　《资治通鉴》卷107，晋孝武帝太元十三年十月条，第3385页。

先，率万余骑兵攻灭安定羌酋密造保。其次，在进攻彭池（今甘肃省宁县西）受阻后，攻克其附近的弥姐营及繁川诸堡。[1]七月，姚苌派遣中军将军姚崇偷袭大界，可能由于行事不密，被苻登察觉，在安丘（今甘肃省平凉市崆峒区东）遭到后者邀击，大败，被俘斩二万五千。苻登趁势攻占后秦右将军吴忠等据守之平凉郡城（即鹑阴县城，在今甘肃省华亭县西），派苻硕原戍守。[2]八月苻登进据苟头原（今甘肃省泾川县西北），逼近后秦岭北大本营安定。姚苌拒绝了部下乘机与苻登决战的建议，而是留尚书令姚旻守安定，自己亲率三万骑兵夜袭大界，杀毛后及苻弁、苻尚，擒获名将数十人，俘虏男女五万余口。后秦诸将建议乘胜进击苻登，毕其功于一役，姚苌则态度谨慎，"登众虽乱，怒气犹盛，未可轻也。"勒兵罢战，苻登得以收拾残余，退屯胡空堡。姚苌以姚硕德镇安定，南徙安定千余家于阴密（今甘肃省灵台县西南），令其弟征南将军姚靖镇守。[3]蒋福亚先生认为，"是

1 《资治通鉴》卷107，晋孝武帝太元十四年二月条，第3388页；《晋书》卷115《苻登载记》，第2951页。

2 《资治通鉴》卷107，晋孝武帝太元十四年七月条，第3388页；《晋书》卷115《苻登载记》，第2951页。

3 《资治通鉴》卷107，晋孝武帝太元十四年八月条，第3388~3389页；《晋书》卷115《苻登载记》，第2951页；《晋书》卷116《姚苌载记》，第2968页。

役，苻登辎重尽失，五万余众被俘。这是他兴兵以来从未有过的惨败。如果说过去苻登认为凭借其武勇可以击败姚苌，收复关陇的话，经此一役，他的信心动摇了。因此，大界之役实际上是苻登和姚苌争夺关陇的转折点"[1]。从之后双方的发展态势来看，大界之役确实对苻登恢复关陇的战略具有深刻的影响，但认为其是二者争夺关陇的转折点，可能与事实略有出入。

大界之役前，以安定为中心的岭北地区是苻登进攻的重心。如前所述，岭北是姚苌的根据地，苻登主动进攻岭北，以消灭姚苌为目标。这与其以苻坚为旗帜凝聚人心的规划相符合，消灭姚苌，为苻坚复仇，能够获得关陇地区前秦残余势力的支持，亦为自己作为前秦王室庶族称帝提供合法性支持。大界之役后，在一段时间内，苻登将长安作为其进攻的目标。当然，不再进攻岭北地区，可能与苻登在大界之役中遭到重创有关，但这更深受秦州和河东地区政治形势变化的影响。在苻登与姚苌在新平、安定等地对峙期间，在秦州地区，杨定攻克了后秦戍守的陇城和冀城，戍守略阳县（今甘肃省秦安县东北）的姚详无奈弃守，逃奔阴密。在驱除了后秦在秦州的势力后，杨定自称秦州牧、陇西王，苻登无奈，只

1　蒋福亚:《前秦史》，第 326 页。

能按照杨定的自称给予封授。这表明杨定虽然在名义上仍然隶属于前秦，但已经具有了明显的独立性。易言之，在相当程度上，苻登已经失去了对秦州的实际控制权。[1]

在河东地区，苻丕败亡后，河东人杨政、杨楷收集流民数万户，活动于山陕黄河两岸，并向前秦遣使请命，苻登拜杨楷为都督河东诸军事、冀州刺史，杨政为监河西诸军事、并州刺史。于是，在前秦太初四年（后秦建初四年，389）十月，苻登在前秦各部势力之间进行协调，拜窦冲为大司马、都督陇东诸军事、雍州牧，杨定为左丞相、都督中外诸军事、秦梁二州牧，杨璧为都督陇右诸军事、南秦州益州二州牧，约定共同攻伐后秦。以窦冲所部为先锋，令其向长安进发，自己率众亦从胡空堡东进至位于长安东北的新丰千户固（今陕西省西安市临潼区东北，在渭河北）；同时，联系杨政、杨楷，希望协同出兵，从东西两面夹击长安。[2] 姚苌亦随之东下以守卫长安，建初五年（390）三月，他攻占了前秦扶风太守齐益男戍守的新罗堡（今陕西省眉县东南）。[3]

在这种情况下，杏城附近的前秦残余势力亦活跃起

---

1 《资治通鉴》卷107，晋孝武帝太元十四年九月条，第3389页。

2 《资治通鉴》卷107，晋孝武帝太元十四年十月条，第3389~3390页；《晋书》卷115《苻登载记》，第2951页。

3 《资治通鉴》卷107，晋孝武帝太元十五年三月条，第3395页。

来。四月，前秦镇东将军魏褐飞（《资治通鉴》作魏揭飞）自称大将军、冲天王，统率数万氐胡攻打杏城，之前投降后秦被拜为镇军将军的雷恶地起兵响应，进攻李润堡（今陕西省大荔县西北）。姚苌分析了当时的形势，认为其与苻登之间的战争是持久战，不急于一时；而如果雷恶地、魏褐飞攻占了杏城和李润堡，他就会丧失对长安东北方的控制权。于是，他秘密率领一千六百精兵，前往这一地区。当时，当地氐胡豪酋纷纷率领部众投奔魏褐飞、雷恶地等人，络绎不绝。观察到这一现象后，姚苌表现得非常高兴，群臣觉得很奇怪，询问原因，姚苌答曰："褐飞等扇诱同恶，种类甚繁，吾虽克其魁帅，余党未易猝平。今乌集而至，吾乘胜取之，可一举无余也。"姚苌固垒不战，而不断以游军袭扰。在魏褐飞等率领全部军队前来寻求决战时，令其子姚崇率领数百骑兵秘密从其后冲杀，魏褐飞阵中大乱，姚苌趁势纵兵进击，阵斩魏褐飞，并歼灭万余众，雷恶地再次归降，姚苌待之如初，终于使其诚心归附。[1]

建初五年（390）七月，郭质在广乡（今陕西省渭南市华州区西）起兵，发布声讨姚苌的檄文，关中地区

---

[1] 《资治通鉴》卷107，晋孝武帝太元十五年四月条，第3395~3396页；《晋书》卷116《姚苌载记》，第2969~2970页。

的坞堡壁垒响应者甚多。郑县（今陕西省渭南市华州区）
人苟曜则聚众数千附于后秦。建初六年（391）三月，苻
登西向进占泾河入渭河口之战略要冲范氏堡之后，南渡
渭河，进据曲牢（在今陕西省西安市长安区境内）。[1]据
陈连庆先生研究，苟氏为氐人大姓，前秦时期非常活跃。
苻坚母亲即出自苟氏。[2]因此，苟曜投附后秦，极有可能
是因为其与郭质不相能。于是，当郭质被其打败归附后
秦后，苟曜又秘密与苻登联系，许为内应。四月，苻登
由曲牢向东进军至马头原（胡三省注：马头原之地盖在
长安东），打算与苟曜会合。[3]五月，姚苌识破了苻登与
苟曜合兵的图谋，在马头原截击苻登，先败后胜，迫使
苻登退守郿县（今陕西省眉县东）。[4]苟曜自此不敢轻动，
不久，被姚苌用计除掉。[5]至此，在关中东部支持前秦的
势力被后秦消灭殆尽，苻登只能退至陇山东麓和关中西部，
以雍城（今陕西省凤翔县南）和平凉城（即鹑阴县城，今
甘肃省华亭县西）为根据地，与后秦争夺岭北地区。

---

1 《资治通鉴》卷107，晋孝武帝太元十六年三月条，第3398页。

2 陈连庆：《中国古代少数民族姓氏研究——魏晋南北朝民族姓氏研究》，
吉林文史出版社，1993，第301页。

3 《资治通鉴》卷107，晋孝武帝太元十六年四月条，第3398页。

4 《资治通鉴》卷107，晋孝武帝太元十六年五月条，第3398~3399页。

5 《晋书》卷116《姚苌载记》，第2971页；《资治通鉴》卷107，晋孝武
帝太元十六年十二月条，第3403页。

　　史念海先生指出，由甘肃平凉县（即甘肃省平凉市崆峒区）沿六盘山东麓到陇县（此即回中道），然后沿汧水（今渭河支流千河，在关中西部）河谷经千阳至凤翔，就进入了关中地区。[1] 简言之，雍城和平凉城均位于这一路线上。雍城和平凉城分别有多条道路进入后秦在岭北的政治中心——安定。由凤翔到彬县（新平郡治）有两条道路：一条经过凤翔东北的杜阳山到麟游，另一条则经过龙尾坡（在今岐山县东），东北行也到麟游，在麟游会合后东北向就到彬县。在六盘山东麓，有泾水的三道支流：一为汭水，源出甘肃华亭县西，流经华亭、崇信两县城，至泾川县入泾水；一为黑水，源出华亭县南，流经灵台县西北的梁原（亦名良原）；一为达溪河（古时称为细川水），流经百里城及灵台县城。黑水与达溪河在长武东南汇合后入泾水。沿着这些由西向东的河谷，就可进入今长武、彬县一带。[2] 由彬县溯泾水而上即可进入安定。此外，沿泾河上游河谷自西而东的萧关道亦是由六盘山东麓进入安定郡的主要道路。上述这些道路是前、后秦在这一地区相互攻伐的主要通道。

　　苻登进攻长安的计划破产后，前秦大势已去，其部

1　史念海：《关中的历史军事地理》，《河山集（四集）》，第192~194页。

2　史念海：《关中的历史军事地理》，《河山集（四集）》，第194~195页，参见附图25《长武彬县地区和陇县汧阳地区姓氏图》。

属亦作鸟兽散。建初六年（391）五月，前秦后族、兖州刺史强金槌以其据守之新平投降后秦，并纳子为质。[1]七月，苻登攻新平以讨叛，姚苌救援，苻登引兵退去。[2]十二月，苻登攻安定，姚苌进入阴密（今甘肃省灵台县西，在达溪河北岸）进行防守，之后在安定城东打败了苻登，后者退守路承堡（今甘肃省泾川县东南）。[3]建初七年（392）三月，前秦骠骑将军没弈于率众降后秦，后秦拜为车骑将军，封高平公。如前所述，没弈于为鲜卑破多兰部首领，驻牧于岭北西北的清水河流域。此时，姚苌病重不起，令姚硕德镇守李润堡，尹纬戍守长安，召太子姚兴至安定行营。在征南将军姚方成的建议下，姚兴诛杀了领有部曲的前秦降将王统、王广、徐成和毛盛等人。[4]七月，苻登在听闻姚苌病重的消息后，秣马厉兵，进逼安定。八月，姚苌病情稍微好转，出兵迎战，派安南将军姚熙隆进攻，苻登畏惧，引兵退还，姚苌蹑于其后，苻登不知姚苌去向，感到十分惊讶，"彼为何人，去令我不知，来令我不觉，谓其将死，忽然

1 《资治通鉴》卷107，晋孝武帝太元十六年五月条，第3399页。
2 《资治通鉴》卷107，晋孝武帝太元十六年七月条，第3400页。
3 《资治通鉴》卷107，晋孝武帝太元十六年十二月条，第3403页。
4 《资治通鉴》卷108，晋孝武帝太元十七年三月条，第3404~3405页；《晋书》卷116《姚苌载记》，第2971~2972页。

复来，朕与此羌同世，何其厄哉！"于是，退守雍城，姚苌也返回安定。[1]可见苻登对后秦心生畏惧，已成强弩之末。

前秦政权的瓦解还在继续。建初七年（392）十月，徙至关中的巴蜀人在弘农（今河南省灵宝市北）起兵，归附前秦。苻登以窦冲为左丞相，进据华阴（今陕西省华阴市东），东晋河南太守杨佺期进攻窦冲，窦冲败退。[2]次年（393）四月，窦冲请封天水王，苻登不许。六月，窦冲自称秦王，改元元光。七月，苻登围窦冲于野人堡（今陕西省蒲城县西北），窦冲向后秦求救，后秦太子姚兴将兵进攻胡空堡，苻登回防，姚兴因势乘便，袭击平凉，大获而归。[3]

建初八年（393）十二月，姚苌卒。[4]次年（394）正月，苻登得知这一消息后，留司徒安成王苻广守雍、太子苻崇守胡空堡，倾巢而东，剑指长安。[5]二月，苻登攻克屠各据守的姚奴（今址不详，在胡空堡东）、帛蒲（今

---

1 《资治通鉴》卷108，晋孝武帝太元十七年七月、八月条，第3407页；《晋书》卷115《苻登载记》，第2953页。

2 《资治通鉴》卷108，晋孝武帝太元十七年十月条，第3407页。

3 《资治通鉴》卷108，晋孝武帝太元十八年四月、六月、七月条，第3410页；《晋书》卷115《苻登载记》，第2953页。

4 《资治通鉴》卷108，晋孝武帝太元十八年十二月条，第3411页。

5 《资治通鉴》卷108，晋孝武帝太元十九年正月条，第3412页。

址不详，在胡空堡东）二堡。[1] 四月，苻登由六陌（今陕
西省乾县东）向废桥（今陕西省兴平市西北）进军，后
秦始平太守姚详在马嵬堡（今陕西省兴平市西）拒守，
姚兴派尹纬将兵援详，尹纬据守废桥，以逸待劳。双方
在废桥发生激战，前秦溃败，苻登单骑逃奔雍城，然而
苻崇、苻广等在得知前秦战败的消息后已弃城而逃。苻
登只得收集残众，窜亡马毛山（亦作马髦山，在今甘肃
省平凉市西北），凭险据守。[2] 此役即马嵬之战，是后秦
彻底击败苻登之役。在取得马嵬之战的胜利后，姚兴才
为姚苌发丧，在槐里（今陕西省兴平市东南）即皇帝位，
大赦，改元皇初。[3] 之后，苻登向乞伏乾归求救，后者令
乞伏益州率一万骑兵前来救援。七月，后秦姚兴自安定
向西入泾阳（今甘肃平凉市崆峒区西北），与苻登战于马
毛山南，执杀后者。前秦太子苻崇逃奔湟中。[4]

　　之后，后秦安南将军强熙、镇远将军杨多拥戴窦冲
为主发动叛乱，姚兴亲自率军讨伐，进至武功（今陕西
省武功县西南，在渭河北岸），强敌压境，杨多兄子杨

---

1 《资治通鉴》卷 108，晋孝武帝太元十九年二月条，第 3413 页。

2 《资治通鉴》卷 108，晋孝武帝太元十九年正月、四月条，第 3412、
3413 页；《晋书》卷 117《姚兴载记》，第 2976 页。

3 《资治通鉴》卷 108，晋孝武帝太元十九年五月条，第 3414 页。

4 《资治通鉴》卷 108，晋孝武帝太元十九年七月条，第 3415~3416 页。

良国杀杨多以降后秦，强熙率二千户逃奔秦州，窦冲弟窦彰武有异心，窦冲投奔强熙，不及，逃奔汧川（今千河，位于关中西部，是渭河中游支流），后被汧川氏酋仇高执送姚兴，窦冲从弟窦统亦率窦冲部众投降姚兴。[1] 先前，苻坚太子苻宏弃守长安后，在下辨被杨璧拒纳后，投奔武都氏豪强熙。[2] 其中的强熙当与前述反叛的后秦安南将军为同一人。此次叛乱的首领，强熙出自前秦后族，杨多极有可能出自仇池杨氏，窦冲亦是前秦降将。那么，这次叛乱在很大程度上是前秦与后秦争夺关中地区战事的余波。

自白雀二年（385）十月姚苌与西燕高盖战于新平南，至皇初元年（394）七月姚兴俘斩苻登、平定窦冲等人的叛乱，经过十年的艰苦奋战，后秦终于消灭了关中的敌对势力，在这一地区建立了相对稳固的统治。

大致而言，后秦之所以耗时十年才平定关中，主要有三方面的原因。其一，苻登之勇武和苻坚的余荫。如蒋福亚先生所言，"苻登好勇斗狠，善养死士，可以说把氏族'勇戆抵冒'的特点发挥到了极致"，"苻登之所以能支撑九年，关键还在于苻坚的余荫。乱世之秋，关陇

---

1 《资治通鉴》卷108，晋孝武帝太元十九年七月条，第3416页；《晋书》卷117《姚兴载记上》，第2976页。
2 《资治通鉴》卷106，晋孝武帝太元十年七月条，第3347页。

各族人民难免追忆昔日苻坚在位时的和平岁月，促使他们起而支持苻登"。[1]其二，关中地区壁垒坞堡林立，地方各族豪强的独立性较强，叛服不常，后秦难于控制。其三，姚苌持重慎战。建初六年（391）十二月，在安定城东击退苻登后，姚苌君臣之间发生了一场非常有趣的对话，诸将认为："若值魏武王（姚襄），不令此贼至今，陛下将牢太过耳。"姚苌则说："吾不如亡兄有四：身长八尺五寸，臂垂过膝，人望而畏之，一也；将十万之众，与天下争衡，望麾而进，前无横陈，二也；温古知今，讲论道艺，收罗英隽，三也；董帅大众，上下咸悦，人尽死力，四也。所以得建立功业，驱策群贤者，正望算略中有片长耳。"[2]其中，"将牢"意指持重，"算略"意指谋略。众将认为姚苌太过持重，才令苻登得以长期存活，姚苌则认为自己在很多方面都不如其兄姚襄，之所以能够建功立业，只是因为自己长于谋略。易言之，姚苌认为苻登不可猝灭，更愿意采取消耗战，而避免进行战略决战。

1 蒋福亚：《前秦史》，第 328~329 页。
2 《资治通鉴》卷 107，晋孝武帝太元十六年十二月条，第 3403 页。

第二节　东西扩张与统一关西

姚兴在即位之初，即消灭了苻登这一劲敌，得以最终平定关中。然而，后秦版图仅限于关中平原和陕甘黄土高原地区，四周政权林立。在其西面，前秦残余陇西王杨定占有天水（治上邽，今甘肃省天水市秦州区）、略阳（治临渭，今甘肃省天水市麦积区东）二郡，休官权千成占据显亲（今甘肃省秦安县西北），自称秦州牧；西秦占据除此之外的陇西地区；后凉控制河西。在其南面，东晋与其分据秦岭南北。在其东面，情况比较复杂：西燕控有并州等地，与后秦分据晋陕黄河两岸，不过，此时后燕与西燕之间激战正酣，大约在后秦消灭苻登势力一个月后，后燕即灭亡了西燕；东晋控制洛阳以东的黄河南岸地区。在其北面，北魏在攻灭铁弗刘卫辰之后，其势力亦进入了朔方地区。

面对这种形势，在巩固对其辖境的统治外，姚兴还需要根据周边诸政权内部盛衰及相互之间的关系，或战或和，在消弭外部威胁的基础上开疆拓土以增强自身实力。

一　后秦向关东的扩张

在平定关中之前，后秦与东晋之间已经开始接触。

后秦建初八年（东晋太元十八年，393）九月，东晋平远将军、护氐校尉杨佛嵩率三千余户投降后秦，遭到东晋龙骧将军、河南太守杨佺期及南阳太守赵睦的追击，双方战于潼关，杨佛嵩战败。后秦中军将军姚崇救杨佛嵩，败晋兵，赵睦身死。[1]

后燕灭西燕后，基本上统一了关东地区。面对这一形势，皇初元年（394）十二月，后秦遣使后燕，送回其太子慕容宝之子慕容敏，结好后燕。[2]皇初三年（396），姚兴派遣晋王姚绪进攻拥兵自守的西燕河东太守柳恭等，柳恭临河拒守，汾阴薛强引秦兵从龙门（山陕黄河渡口，在今山西河津市西北和陕西韩城市东北之间）渡过黄河，然后南下进入蒲坂（今山西省永济市蒲州镇蒲州故城），柳恭等被迫投降。经过此役，后秦占领了河东郡及平阳郡汾河以西地区，任命姚绪为并、冀二州牧，镇蒲坂，并徙新平、安定新户六千于蒲坂。[3]

后秦皇初二年（北魏登国十年，395）五月，因与北魏交恶，后燕慕容垂命太子慕容宝、赵王慕容麟等由首都中山（今河北省定州市）出兵伐魏。八月，北魏道武

---

1 《资治通鉴》卷108，晋孝武帝太元十八年九月条，第3410页。

2 《资治通鉴》卷108，晋孝武帝太元十九年十二月条，第3418页。

3 《资治通鉴》卷108，晋孝武帝太元二十一年条，第3436页；《晋书》卷117《姚兴载记上》，第2977页。

帝拓跋珪率部众东入河套以避敌锋芒，并于九月派遣右司马徐谦出使后秦请援，姚兴令杨佛嵩将兵救魏。十一月，后燕与北魏双方在叁合陂（今山西省阳高县东）大战，后燕惨败，几乎全军覆没。[1] 之后，北魏反守为攻，开始经略中原，至次年（396）十月拓跋珪攻占常山（治真定，今河北省石家庄市长安区西北）后，河北地区只剩下中山、邺城（今河北省临漳县西南）和信都（今河北省衡水市冀州区）三个重镇为后燕坚守。[2] 皇初四年（397）正月，戍守邺城的后燕范阳王慕容德向后秦求救，但是后秦并未出兵。[3] 二月，北魏并州刺史奚牧在致姚兴的书信中与后者执对等之礼，这使得姚兴大怒，并向拓跋珪表达了其不满。为了维护和后秦之间的良好关系，拓跋珪诛杀奚牧以平息这一风波。[4] 简而言之，在后燕与北魏的战争中，后秦站在了北魏一边，在拓跋珪请援时出兵支持，而在慕容德求救时则未出兵。

皇初三年（东晋太元二十一年，396）九月，东晋孝武帝死，安帝司马德宗继位，会稽王司马道子擅政，引

---

1 《资治通鉴》卷108，晋孝武帝太元二十年五月、八月、九月、十一月条，第3421、3422、3423、3423~3424页。

2 《资治通鉴》卷108，晋孝武帝太元二十一年十月条，第3435页。

3 《资治通鉴》卷109，晋安帝隆安元年正月条，第3437页。

4 《资治通鉴》卷109，晋安帝隆安元年二月条，第3441页。

用王国宝等人，试图裁损青、兖二州刺史王恭和荆州刺史殷仲堪的兵权。次年（东晋隆安元年，397）四月，王恭和殷仲堪举兵入讨，地方强藩与中枢之间兵戎相见。[1]面对东晋内乱这一有利形势，姚兴进攻湖城（今河南省灵宝市西北），东晋弘农太守陶仲山、华山太守董迈皆望风而降，姚兴遂进入陕城（今河南省三门峡市西），并南向攻拔上洛郡（治上洛县，今陕西省商洛市商州区）。随后，他又派遣姚崇进攻洛阳（今河南省洛阳市东北汉魏故城），东晋河南太守夏侯宗之固守金墉城（在今河南省洛阳市东北汉魏故城西北隅，十六国时期洛阳城荒残，金墉城遂成为戍守攻战要地），姚崇未能攻克，于是回军攻陷柏谷（今河南省灵宝市西南朱阳镇），将流亡在此的西河严彦、河东裴岐和韩袭等二万余户内徙。[2]

皇初五年（东晋隆安二年，398）七月，王恭与殷仲堪、桓玄等二次举兵。王恭死后，与中枢和解的东晋长江上游势力——荆州刺史殷仲堪、雍州刺史杨佺期和江州刺史桓玄之间矛盾重重，相互猜忌防备。或因此之故，十二月，以京兆人韦华为首，流寓于襄阳（治襄阳，在

1　关于这一时期东晋政局，参见田余庆《东晋门阀政治》，第230~234页。
2　《资治通鉴》卷109，晋安帝隆安元年九月条，第3458页;《晋书》卷117《姚兴载记上》，第2978页。

今湖北省襄阳市襄城区）的一万关陇流人叛晋归秦。[1]后秦弘始元年（东晋隆安三年，399）七月，后秦齐公姚崇、镇东将军杨佛嵩再次进攻洛阳，东晋河南太守辛恭靖婴城固守，雍州刺史杨佺期遣使向北魏镇守中山（今河北省定州市）的常山王拓跋遵求救，拓跋珪遣使张济面见杨佺期，杨佺期明言："此间兵弱粮寡，洛阳之救，恃魏而已。若其保全，必有厚报；若其不守，与其使羌得之，不若使魏得之。"八月，在得知这一消息后，北魏派太尉穆崇率六万骑兵救援洛阳。[2]十月，在固守百余日后，终因兵力耗尽而北魏外援又未至，洛阳失陷于后秦。此役使后秦声威大振，《晋书·姚兴载记》中云："洛阳既陷，自淮汉已北诸城，多请降送任。"[3]《晋书·地理志》中记载：姚兴克洛阳后，以"豫州牧镇洛阳，兖州刺史镇仓垣"[4]。据此，牟发松等先生认为，"可能在后秦攻陷洛阳后不久，河南郡、荥阳郡、陈留郡当为后秦所取"[5]。为了应

1 《晋书》卷 10《安帝纪》，第 251 页；《晋书》卷 117《姚兴载记上》，第 2980 页。

2 《资治通鉴》卷 111，晋安帝隆安三年七月、八月条，第 3493~3494、3494 页。

3 《晋书》卷 117《姚兴载记上》，第 2980 页。

4 《晋书》卷 14《地理志上》，第 432 页。

5 牟发松、毋有江、魏俊杰：《中国行政区划通史·十六国北朝卷》，第 334 页。

对这一形势，北魏任命穆崇为豫州刺史，镇野王（今河南省沁阳市），以防止后秦渡河北上。[1]

此后，后秦将目光转向西线，致力于经营陇右河西地区，而在东线一直采取守势。弘始二年（魏天兴三年，400）四月，姚兴向北魏遣使，五月，北魏亦派谒者仆射张济出使后秦。[2]可惜的是，史书并未言及此次相互遣使的目的。《资治通鉴》中记述："初，魏主珪遣北部大人贺狄干献马千匹求婚于秦，秦王兴闻珪已立慕容后，止狄干而绝其婚。"[3]显然，因为收到了拓跋珪立慕容氏为后的消息，姚兴停止了与北魏的联姻，并留贺狄干而不遣。易言之，立慕容后发生在贺狄干向后秦请婚期间。《魏书·太祖纪》中记载：天兴三年"三月戊午，立皇后慕容氏"[4]。本年三月辛亥朔，戊午为初八。因此，后秦和北魏在四、五月的遣使应与此事有关，极有可能是沟通善后事宜。综上所述，弘始二年三月前，北魏派遣北部大人贺狄干以骏马千匹向后秦求婚，但因为拓跋珪随后立慕容氏为后而导致后秦绝婚留使，之后后秦遣使显然带有责问的意味，而北魏张济出使极有可能是为了修复二

---

1 《资治通鉴》卷111，晋安帝隆安三年十月条，第3497页。

2 《魏书》卷2《太祖纪》，第40页。

3 《资治通鉴》卷112，晋安帝元兴元年正月条，第3534页。

4 《魏书》卷2《太祖纪》，第40页。

者之间的关系。[1]据此可知，在后秦占领洛阳后，其与北魏均希望与对方保持和平友好的关系。

不过，这种关系最终因为北魏对河套地区的经略而告终。后秦对陕甘黄土高原北部及河套地区部落采取羁縻的方式进行笼络和统治。建初元年（386）在长安即皇帝位后，鉴于在朔方地区游牧的铁弗部士马强盛，姚苌以其首领刘卫辰为大将军、大单于、河西王、幽州牧。同年，西燕慕容永在即皇帝位后亦以刘卫辰为大将军、朔州牧。[2]显然，后秦与西燕对铁弗部均采取了羁縻的策略，因此才能出现这种两属的现象。如前所述，建初五

1　关于此事，《魏书·贺狄干传》中云："太祖遣狄干致马千匹，结婚于姚苌。会苌死兴立，因止狄干而绝婚。"（《魏书》卷 28《贺狄干传》，第 685 页）如前所述，姚苌死于后秦建初八年（393）十二月，时为北魏登国八年。当年八月，因收留铁弗部刘卫辰子刘勃勃（即赫连勃勃），活动于三城（今陕西延安市宝塔区东南）的薛干部（《晋书·赫连勃勃载记》中作叱干部）遭到了北魏的征伐，其首领太悉佛（《晋书·赫连勃勃载记》中作他斗伏）奔后秦。（《魏书》卷 2《太祖纪》，第 29 页；《魏书》卷 103《高车传》，第 2511~2512 页；《晋书》卷 130《赫连勃勃载记》，第 3201 页）关于此事，《晋书·姚兴载记》中记述："鲜卑薛勃于贰城为魏军所伐，遣使请救，使姚崇赴救。魏师既还，薛勃复叛，崇伐而执之，大收其士马而还。"（《晋书》卷 117《姚兴载记上》，第 2976~2977 页）吴洪琳先生认为，其中的鲜卑薛勃即前述鲜卑薛干部。（吴洪琳：《铁弗匈奴与夏国史研究》，中国社会科学出版社，2011，第 46 页）据此可知，在姚苌去世前后，后秦与北魏之间因为鲜卑薛干部而开始接触，但关系不洽，贺狄干此时出使请婚的可能性极小。
2　《资治通鉴》卷 106，晋孝武帝太元十一年十月条，第 3370 页。

年（390），活动于杏城附近的前秦魏褐飞部被后秦击灭。贰城（在杏城西北，今陕西省黄陵县西北）胡曹寅、王达可能感受到了威胁和压力，向后秦献马三千匹，姚苌拜寅为镇北将军、并州刺史，达为镇远将军、金城太守。[1]建初七年（392）二月，活动于高平川（今宁夏回族自治区清水河）流域的鲜卑破多兰部在被西秦击败后，其首领没弈于率众投降后秦，后秦拜其为车骑将军、高平公。[2]综上可知，对于陕甘黄土高原北部及河套地区的部落，后秦并未对其展开积极的经略，而是以羁縻处之。

与后秦不同，北魏对这一地区的部落一直采取主动攻伐的策略。登国六年（后秦建初六年，391）十二月，拓跋珪攻灭铁弗部，尽杀其部首领刘卫辰子弟宗党五千余人，驻军于盐池（即今陕西省定边县西北花马池）。这对河套地区的部落而言，是一个巨大的政治变动，于是，"自河已南，诸部悉平"[3]。刘卫辰子勃勃逃奔薛干部，后者在北魏击灭铁弗部后降附，但拒绝了拓跋珪执送勃勃的要求。登国八年（后秦建初八年，393）八月，乘薛干部率太悉伏（《魏书》作"太悉佛"）进攻贰城胡曹寅之机，

<hr />

1　《晋书》卷116《姚苌载记》，第2970页。

2　《资治通鉴》卷108，晋孝武帝太元十七年二月条，第3404页。

3　《魏书》卷2《太祖纪》，第27页；《资治通鉴》卷107，晋孝武帝太元十六年十二月条，第3402页。

拓跋珪亲征薛干部，攻破其大本营三城（今陕西省延安市宝塔区东南），虏获太悉伏妻子珍宝，徙其民而还。太悉伏向后秦求救，姚兴派遣姚崇赴救。但由于北魏已经回师，太悉伏复叛后秦，姚崇用兵虏获太悉伏及其部众，并将其强徙至长安。[1]此役后秦与北魏军队虽然并未正面冲突，但二者对于陕甘黄土高原北部及河套地区部落的争夺之势已经隐现。

此后，如前所述，北魏与后燕关系破裂，双方在河北地区进行了多次激烈的战争。后秦在这一过程中站在了北魏一边，因此双方之间保持着相对友好的关系，拓跋珪甚至向后秦请婚。但是，在对后燕和高车的战争取得胜利后，北魏改变了其处理与后秦关系的策略，从东、北两面展开了对后秦的攻伐。一方面，北魏天兴四年（后秦弘始三年，401）十二月十一日，拓跋珪诏征西大将军、常山王拓跋遵和定陵公和跋等率众五万进讨驻牧于高平川的鲜卑破多兰部。次年（402）正月，命材官将军和突率六千骑兵进袭游牧于河套地区的黜弗、素古

---

1 《资治通鉴》卷108，晋孝武帝太元十八年八月条，第3412页；《魏书》卷2《太祖纪》，第29页；《魏书》卷103《高车传》，第2511~2512页；《晋书·姚兴载记》中，"鲜卑薛干部"作"鲜卑薛勃"，见《晋书》卷117《姚兴载记上》，第2976~2977页。

延等部。[1]十九日，和突击破黜弗、素古延等部，虏获马三千余匹、牛羊七万余头。二月十四日，面对北魏大军压境，破多兰部首领没弈于只得弃其部众，率数千骑南奔秦州。北魏军队追至瓦亭（今宁夏回族自治区固原市原州区东南），不及而还，虏获破多兰部马四万余匹、杂畜九万余口，并强徙其部民至平城（今山西省大同市东北）。瓦亭是战略要地，由此西南向翻越六盘山即可进入陇西地区，东南向沿泾河河谷即进入了岭北地区。因此，后秦朝野震惊，毗邻地区许多城池都闭门固守。[2]另一方面，北魏天兴五年（后秦弘始四年，402）正月十一日，拓跋珪诏令并州境内诸军运集粮草于平阳郡之柴壁（《资治通鉴》作"乾壁"，在今山西省襄汾县西南，汾河东岸），又命平阳太守贰尘试探性地入侵后秦河东地区。[3]破多兰、黜弗、素古延三部皆服属于后秦，北魏对其的攻伐不可避免地对后秦北疆形成威胁，而北魏在河东积谷以及试探性地入侵，对后秦更是直接的威胁和挑衅。

面对北魏的进犯，后秦姚兴亦练兵讲武，与群臣博

1 《魏书》卷2《太祖纪》，第43页；《资治通鉴》卷112，晋安帝隆安五年十二月条、晋安帝元兴元年正月条，第3530、3534页。

2 《晋书》卷117《姚兴载记上》，第2981页；《资治通鉴》卷112，晋安帝元兴元年二月条，第3535~3536页；《魏书》卷2《太祖纪》，第44页。

3 《魏书》卷2《太祖纪》，第43页；《晋书》卷117《姚兴载记上》，第2981页；《资治通鉴》卷112，晋安帝元兴元年正月条，第3534页。

议伐魏。在此之前，后秦对陇右河西地区的经营取得了很大的成功——攻灭西秦，逼降后凉，迫使西凉李暠、南凉秃发利鹿孤、北凉沮渠蒙逊都遣使奉表入贡、表示臣服（详后文）。于是，后秦成为陇右河西地区最强大的政治军事势力，并在形式上实现了对这一地区的统一。这使得后秦免去后顾之忧，可以集中精力于和北魏之间的战争。

弘始四年（北魏天兴五年，402）五月，姚兴大发诸军，遣弟义阳公、安北将军姚平，尚书右仆射狄伯支等将步骑四万自河东郡北上伐魏，令越骑校尉唐小方、积弩将军姚良国率关中劲卒，光远将军党娥、立节将军雷星、建忠将军王多等率杏城及岭北突骑赴河东与姚平等相配合。姚兴自将大军为后继，令姚绍率洛东之兵，姚详率朔方见骑与自己在平望（今山西省侯马市西北，汾河东岸）会合。命姚显与尚书令姚晃辅太子泓守长安，中军将军、广陵公姚敛成（《资治通鉴》中作"姚钦"）权镇洛阳。[1] 可以看出，此次伐魏，后秦动员了陇山以东的绝大多数军队，试图与北魏进行战略决战。

战事主要在河东地区进行。西燕灭亡后，平阳郡汾

---

[1] 《晋书》此处作姚敛，只此一见，疑即姚敛成。《资治通鉴》卷112，晋安帝元兴元年五月条，第3543页；《晋书》卷117《姚兴载记上》，第2981~2982页。

河以西为后秦控制，汾河以东入后燕。后燕亡后，汾河以东入北魏。[1]战争开始后，姚平很快就攻陷了柴壁。七月，北魏遣镇西大将军毗陵王拓跋顺及豫州刺史长孙肥将六万骑为前锋，拓跋珪自将大军继发以迎击后秦。八月，拓跋珪到达永安（今山西省霍州市），姚平派二百精骑觇候魏军军情，结果被长孙肥全部擒获。姚平率军退守柴壁，被追来的魏军围住。姚兴得讯后，将兵四万七千前来支援。就地形而言，柴壁在汾水东岸，其南面有蒙坑（疑即自东而西汇入汾河的滏河河谷），东西横亘三百余里，道路不通。后秦援军只能进军与柴壁邻近、位于汾河西岸的天渡（今山西省襄汾县西南，在汾河西岸），以便由此渡河运送粮草兵马支援姚平。对此，北魏进行了提前布置，他们抢先在汾河上搭建浮桥，占据天渡，筑围以拒后秦援兵。姚兴未战先惮，在蒲坂（今山西省永济市西南蒲州镇）滞留了一段时间后才进至蒙坑以南，二十八日，拓跋珪亲率步骑三万向南渡过蒙坑进击姚兴，斩敌千余，姚兴退走四十余里。之后，拓跋珪以重兵围困柴壁，又分兵占据险要。九月，姚兴屯兵汾西，凭险修筑营垒，与魏军相持。后秦军队从上游

---

1 牟发松、毋有江、魏俊杰：《中国行政区划通史·十六国北朝卷》，第295、342页。

将成束的柏材放入汾河中，试图破坏浮桥，并进攻魏军在天渡的围堑，但均失败。十月，姚平粮竭矢尽，难以坚守，乘夜率全部人马向西南突围，姚兴亦陈兵于汾河西岸，举烽鼓噪以接援。然而，可能是拓跋珪派遣精锐屯据汾西以固守浮桥和渡口的原因，姚兴和姚平都没有与北魏军队接战，这使得姚平突围失败，无奈投水而死，其部下将士四千余人亦随之投水，结果大部又被善于游泳的魏军钩出。姚平部众三万余人，都束手就擒，其中就有狄伯支、唐小方、姚良国、建忠将军雷星和康宦、北中郎将康猥、姚兴从子姚伯禽等四品以上将军四十余人。之后，姚兴频频遣使请和，均遭到拒绝。北魏乘胜进攻蒲坂，希望进一步扩大战果。后秦镇守蒲坂之征虏将军、晋公姚绪固守不战，拓跋珪担心柔然乘虚南下，遂于十三日还军。[1] 此即为柴壁之战。

柴壁之战使得后秦主力损失惨重，前线将领大多被俘。此后，后秦在其东线一直采取守势，直至亡国。总而言之，后秦似乎对向东扩张一直抱持审慎的态度，只在出现明显的有利时机时才会出兵东进。同时，它希望与关东诸政权建立并保持和平友好的关系；但亦不乐见

1　《魏书》卷2《太祖纪》，第44页；《魏书》卷95《羌姚苌传附姚兴传》，第2254~2255页；《资治通鉴》卷112，晋安帝元兴元年七月、八月、十月条，第3543、3543~3544、3544页。

关东地区实现统一，进而威胁其自身的安全。因此，在后燕灭亡西燕后，它一边结好后燕，一边进攻河东郡及平阳郡汾河以西地区的西燕残余势力，将其防线向东推进，扩大其在东线的战略纵深。东晋内部出现内乱时，它亦乘机出兵攻占洛阳等地。而北魏与后燕反目时，它出兵支持势力较弱的北魏。

二 后秦对河陇地区的开拓

前秦残余势力苻崇、强熙等逃入陇西地区后，分别与杨定、权千成（《晋书》作"权干城"）等联合。苻崇、杨定等率军进攻西秦，先胜后败，其部众一万七千人被杀，二人亦身死。[1]之后，上邽（今甘肃省天水市秦州区）豪强姜乳占据本县，自称秦州刺史，并大败西秦的进讨大军。皇初三年（396），以平襄（今甘肃省通渭县西北）为根据地的鲜卑越质部首领越质诘归率部叛西秦来归，后秦将其安置在成纪（今甘肃省静宁县西南），并拜其为镇西将军、平襄公。乘此机会，姚兴遣姚硕德西征。在讨平了占据水落城（今甘肃省庄浪县）的平凉胡金豹后，姚硕德南下进讨占据上邽的姜乳，后者率众投降。姚兴以姚硕德为秦州牧、领护东羌校尉，镇上邽。强熙和权

---

1 《资治通鉴》卷108，晋孝武帝太元十九年十月条，第3417页。

千成率众三万围上邽，被姚硕德击破后，强熙南奔仇池（今甘肃省成县西），后奔降东晋；权千成东奔略阳（治临渭，今甘肃省天水市麦积区东），遭到姚硕德追击后，投降后秦。[1]

在攻占洛阳后，后秦将目光转向西线，致力于经营陇右河西地区。弘始二年（400）五月，姚兴遣征西大将军、陇西公姚硕德将五万陇右诸军攻伐西秦。姚硕德秘密出兵，溯渭河而西，自南安峡（在今甘肃省秦安县南渭河沿岸）进入西秦国境，乞伏乾归亦屯兵陇西（治襄武，今甘肃省陇西县东南）以抵拒。[2]七月，姚兴率军亲征，乞伏乾归对诸将分析道："今姚兴尽中国之师，军势甚盛。山川阻狭，无纵骑之地，宜引师平川，伺其怠而击之。存亡之机，在斯一举，卿等勠力勉之。若枭翦姚兴，关中之地尽吾有也。"于是，令卫军将军慕容允（《资治通鉴》作"武卫将军慕兀"）率中军两万进屯柏阳（今甘肃天水市麦积区东，渭河南岸），镇军将军罗敦率外军四万进据侯辰谷（疑在柏阳附近），自率轻骑数千前候秦兵。不久，刮起了大风，天昏地暗，乞

---

1 《晋书》卷117《姚兴载记上》，第2977页;《资治通鉴》卷108，晋孝武帝太元二十一年条，第3436页。

2 《资治通鉴》卷111，晋安帝隆安四年五月条，第3511页;《晋书》卷117《姚兴载记上》，第2981页;《晋书》卷125《乞伏乾归载记》，第3119页。

伏乾归与中军失散，又被后秦骑兵追逼，只得奔投外
军。次日，双方大战，西秦大败，乞伏乾归遁还首都
苑川（今甘肃省榆中县东北），又退守金城（今甘肃省
兰州市西固区），其部众三万六千皆降于后秦。姚兴乘
机西向进入枹罕（今甘肃省临夏市），从东、南两面对
西秦形成包围之势。在这种情况下，乞伏乾归哭别部
众，率数百骑奔允吾（今青海省民和回族土族自治县
南），降于南凉秃发利鹿孤，被安置在晋兴城（在允吾
西四十里，今青海省民和回族土族自治县附近）。[1]八
月，乞伏乾归谋叛被发觉，被迫南奔枹罕，降后秦。[2]至
此，西秦灭亡。十一月，乞伏乾归至长安，姚兴以其为
持节、督河南诸军事、镇远将军、河州刺史、归义侯。[3]
不过，次年二月，姚兴又令乞伏乾归还镇苑川，且将其
原来的部众都配备给他。[4]之所以如此，确如周伟洲先生
所言，"由于后秦姚兴还想利用乾归父子在陇右的潜在实

---

1 《晋书》卷125《乞伏乾归载记》，第3119~3120页；《资治通鉴》卷
111，晋安帝隆安四年五月条、七月条，第3511、3512~3513页。

2 《资治通鉴》卷111，晋安帝隆安四年八月条，第3513页。

3 《资治通鉴》卷111，晋安帝隆安四年十一月条，第3514页；《晋书》卷
125《乞伏乾归载记》，第3121页；《晋书》卷117《姚兴载记上》，第
2981页。

4 《资治通鉴》卷112，晋安帝隆安五年二月条，第3518页；《晋书》卷
125《乞伏乾归载记》，第3121页；《晋书》卷117《姚兴载记上》，第
2981页。

力，以巩固和扩大他在河陇地区的统治，故对乾归父子
及原西秦的势力采取笼络的政策，保存了他们的实力"[1]。

　　西秦灭亡后，镇守广武（治令居，今甘肃省永登县
西北）的后凉征东将军吕方感受到了来自后秦的压力，
加之后凉吕光子侄争位，内乱不已。[2] 于是，在乞伏乾归
投降后秦一个月后，吕方亦投降后秦，广武民众三千余
户投降南凉秃发利鹿孤。[3] 广武是后凉首都姑臧（今甘肃
省武威市凉州区）的东南门户，其失守意义重大。弘始
三年（401）五月，吕隆在姑臧城内大杀豪望，企图借此
立威，结果适得其反。后凉内外扰攘，人心惶惶。魏安
（治所在今甘肃省古浪县东）焦朗遣使游说姚硕德发兵攻
凉，并纳妻、子为质。姚硕德向姚兴禀报了这一情形，
姚兴令姚穆率兵六万与姚硕德共伐后凉，乞伏乾归亦率
骑七千从征。[4] 七月，姚硕德率所部三千先发，从金城北
向渡过黄河，溯今庄浪河而北，直趋广武，占领广武的
南凉秃发利鹿孤率守军避让，后秦军队进至姑臧城下。
吕隆派吕超、吕邈等出城迎战，大败而回，吕邈被生擒，

1　周伟洲:《南凉与西秦》，第 126 页。
2　关于吕光诸子争位的过程，参见赵向群著、贾小军修订《五凉史》，第
153~155 页。
3　《资治通鉴》卷 111，晋安帝隆安四年九月条，第 3513 页。
4　《资治通鉴》卷 112，晋安帝隆安五年五月条，第 3523 页;《晋书》卷
117《姚兴载记上》，第 2981 页。

损失万余人。吕隆不敢再战，婴城固守。后凉巴西公吕
他（《资治通鉴》作"吕佗"）率姑臧东苑民众二万五千
投降后秦。后秦在河西地区的声势大振，西凉李暠、南
凉秃发利鹿孤、北凉沮渠蒙逊都遣使奉表入贡，在名义
上接受后秦的统治。[1]闰八月，经过两个月的围困，姑臧
城内士气低落，特别是先前随吕光远征西域而滞留姑臧
的"东人"，更是多谋外叛，并在将军魏益多的鼓动下企
图谋杀吕隆、吕超兄弟，事败，诛死三百余家。姚硕德
又抚纳夷夏，分置守宰，节食聚粟——准备长期围城。在
这种内外交困的情形下，后凉群臣建议吕隆向后秦请降，
以解围城之困，被吕隆拒绝。吕超指出，"今资储内竭，
上下嗷嗷，虽使张良、陈平复生，亦无以为策。陛下当
思权变屈伸，何爱尺书、单使为卑辞以退敌！敌去之后，
修德政以息民，若卜世未穷，何忧旧业之不复！若天命
去矣，亦可以保全宗族。不然，坐守困穷，终将何如？"
无奈，吕隆接受了吕超的建议。[2]九月，吕隆遣使请降。
姚硕德表请吕隆为使持节、镇西大将军、凉州刺史、建
康公。吕隆遣母弟爱子文武旧臣慕容筑、杨颖、史难、

---

1 《资治通鉴》卷112，晋安帝隆安五年七月条，第3525~3526 页；《晋书》
卷117《姚兴载记上》，第2981~2982 页。

2 《资治通鉴》卷112，晋安帝隆安五年闰八月条，第3527~3528 页；《晋
书》卷122《吕隆载记》，第3070 页。

阎松等五十余家入质于长安，姚硕德还军。[1]

后秦军队撤退后，吕隆并未以积聚教训为务，而是继续扬武耀兵。姜纪原是后凉将领，在秃发利鹿孤攻围姑臧时，投降了南凉，在焦朗引姚硕德伐后凉时又转投后秦，被姚硕德表为武威太守，配兵二千，屯驻晏然（今甘肃省武威市凉州区西北）。[2]为了伐叛泄恨，吕隆遣吕超进攻姜纪，但被姜纪打败。之后，吕超又进攻占据魏安的焦朗。焦朗以侄焦嵩为质向南凉求援，利鹿孤令其弟车骑将军秃发傉檀赴援。吕超听闻这一消息后，便退回姑臧。[3]

之后，南凉秃发傉檀与北凉沮渠蒙逊交互出兵进攻姑臧，加之姑臧城内出现大饥荒以至饿死十余万口，姑臧城已近于一座空城。[4]弘始四年（402）冬，在与北魏的战争结束后，为了稳定河西地区的局势，后秦采取了一些措施：一方面，姚兴遣使拜秃发傉檀为车骑将军、广武公，沮渠蒙逊为镇西将军、沙州刺史、西海侯，李暠为安西将军、高昌侯；另一方面，遣镇远将军赵曜率众

1　《资治通鉴》卷112，晋安帝隆安五年九月条，第3528页;《晋书》卷122《吕隆载记》，第3070~3071页。

2　《资治通鉴》卷112，晋安帝隆安五年八月条，第3526页。

3　《资治通鉴》卷112，晋安帝隆安五年十二月条，第3530页。

4　关于后秦退兵后后凉之内外困境，参见赵向群著、贾小军修订《五凉史》，第157~158页。

二万屯守金城，建节将军王松忩（《资治通鉴》作"王松
蒽"）率骑助吕隆守姑臧。然而，当王松忩到魏安时，他
遭到了秃发傉檀弟秃发文真的袭击，并被俘虏。秃发傉
檀后将王松忩送还长安。[1]这表明后秦对河西地区的实际
掌控力非常有限，南凉对后秦可能只是表面的臣服。据
此，俄琼卓玛先生指出，"此事给后秦朝廷以震动，使之
对南凉的势力及野心有了进一步的了解，准备采取加强
和巩固河西的措施"[2]。诚为确论，可从。

面对这种局势，后秦朝臣建议："隆藉先世之资，专
制河外，今虽饥窘，尚能自支，若将来丰赡，终不为吾
有。凉州险绝，土田饶沃，不如因其危而取之。"于是，
弘始五年（403）七月，姚兴遣使至姑臧"征吕超入侍"。
吕隆认为姑臧城难以自存，因此顺势表请内徙。姚兴令
尚书左仆射齐难、镇西将军姚诘、左贤王乞伏乾归、镇
远将军赵曜率步骑四万前往姑臧迎接吕隆。[3]八月，齐难
等至姑臧城，吕隆"素车白马迎于道旁"，齐难以其司马
王尚行凉州刺史，配兵三千镇姑臧，以将军阎松为昌松

1　《资治通鉴》卷112，晋安帝元兴元年条，第3547页；《晋书》卷117
《姚兴载记上》，第2983页。
2　俄琼卓玛：《后秦史》，第94页。
3　《资治通鉴》卷113，晋安帝元兴二年七月条，第3550页；《晋书》卷
117《姚兴载记上》，第2983~2984页。

（治显美，今甘肃省武威市凉州区东南）太守，郭将为番禾（治番禾，今甘肃省永昌县西）太守，分成二城，将吕隆宗族、僚属及姑臧民万户徙于长安。姚兴任命吕隆为散骑常侍，吕超为安定太守，其余文武亦随才擢叙。[1]后凉政权至此灭亡。

与对西秦、后凉进行军事征伐不同，后秦对南凉、北凉和西凉主要采取羁縻笼络的政策。

南凉建国前，鲜卑秃发部的活动中心大致在武威东南的广武郡。广武郡治令居（今甘肃省永登县西北），领令居、枝阳、永登、广武、振武五县，大致在今甘肃省兰州市与武威市之间。[2]南凉太初二年（398），秃发乌孤攻取后凉洪池岭（在今甘肃省天祝藏族自治县西北，属乌鞘岭西段）以南河湟地区为其根本，并改称"武威王"，其目的是要夺取姑臧，取后凉而代之。[3]因此，虽然在姚硕德围困姑臧时，秃发利鹿孤遣使奉表入贡后秦。但是，在吕隆投降后秦后，一直北向进攻姑臧及其周围区域。如前所述，吕超攻焦朗时，后者求救于南凉，秃发傉檀率兵救援，后与焦朗联合，耀兵姑臧，并在胡阬（在姑臧西）修建壁垒。之后，后凉与秃发傉檀在姑臧附

1　《资治通鉴》卷 113，晋安帝元兴二年八月条，第 3550~3551 页。

2　周伟洲：《南凉与西秦》，第 24 页。

3　周伟洲：《南凉与西秦》，第 30~31 页。

近缠斗，互有胜负。秃发傉檀又进攻后凉昌松郡（治显美，今甘肃省武威市凉州区东南），并于次年（402）正月攻克。[1] 二月，秃发傉檀又进讨焦朗，后者出降，其据守的魏安亦被南凉占据。[2] 魏安、昌松、胡阮分别在姑臧东、南、西，于是，南凉从东、南、西三面对姑臧形成了包围。十月，乘后秦与北魏鏖战、无暇西顾之机，继位的秃发傉檀进攻姑臧。[3] 之后，如前所述，对后秦弘始四年冬稳定河西局势的举措，南凉并不买账，甚至袭击了前来助守姑臧的后秦军队。在齐难率军迎吕隆内徙时，"傉檀摄昌松、魏安二戍以避之"[4]。王尚出任凉州刺史后，面对孤军困守姑臧，且南凉和北凉虎视眈眈的局面，采取了结好南凉的策略，遣主簿宗敞出使南凉。宗敞是西州望族，名重凉州，其父宗燮与傉檀为故交，早年甚至曾将宗敞兄弟托付给傉檀。[5] 吕隆投降后秦后，在河西地区，南凉的主要敌人由后凉吕隆变为北凉沮渠蒙逊，与南凉有隙的西秦乞伏乾归父子又势力复振。在这种情况

---

1 《资治通鉴》卷112，晋安帝隆安五年十二月条、晋安帝元兴元年正月条，第3530~3531、3535页。

2 《资治通鉴》卷112，晋安帝元兴元年二月条，第3536~3537页。

3 《资治通鉴》卷112，晋安帝元兴元年十月条，第3545页。

4 《晋书》卷126《秃发傉檀载记》，第3148页。

5 《晋书》卷126《秃发傉檀载记》，第3148页；周伟洲：《南凉与西秦》，第42~43页。

下，南凉将结好后秦，争取西秦，抗衡北凉作为其基本对策。[1]于是，秃发傉檀主动去年号，罢尚书丞郎官，并于后秦弘始六年（404）二月遣参军关尚出使后秦，求领凉州，遭到了姚兴的拒绝。[2]但其并未放弃，最终如愿（详后文）。易言之，在吕隆内徙后，南凉改变了其策略，希望通过向后秦称臣修好的方式从后者手中求得姑臧。

北凉天玺三年（401）六月，沮渠蒙逊称大都督、大将军、凉州牧、张掖公，改元永安。[3]七月，姚硕德围困姑臧，沮渠蒙逊遣从事中郎李典奉表入贡后秦，以通和好。[4]在吕隆归降前，酒泉（治福禄，今甘肃省酒泉市肃州区）、凉宁（治凉宁，今甘肃省玉门市西北玉门镇附近）已叛归西凉，吕隆降秦使得以张掖（治永平，今甘肃省张掖市甘州区西北）为中心的北凉面临后秦和西凉东西夹击的危险，沮渠蒙逊派其弟沮渠挐和凉州牧府长史张潜前往姑臧，向姚硕德表示自己愿意"请军迎接，率郡人东迁"，姚硕德大悦，拜张潜为张掖太守，沮渠挐

1　赵向群著，贾小军修订《五凉史》，第172~173页。

2　《资治通鉴》卷113，晋安帝元兴三年二月条，第3562页。

3　《资治通鉴》卷112，晋安帝隆安五年六月条，第3525页；《晋书》卷129《沮渠蒙逊载记》，第3192页。

4　《资治通鉴》卷112，晋安帝隆安五年七月条，第3526页；《晋书》卷129《沮渠蒙逊载记》，第3192页。

为建康（治乐涫，今甘肃省酒泉市肃州区东南）太守。[1]
然而，正如赵向群先生所言，"这样做，是想阻止近在咫尺的秦军攻张掖。所谓'率郡人东迁'虽是一句虚语，但却叫姚硕德信以为真"[2]。同时，沮渠蒙逊主动与南凉秃发利鹿孤修好，并遣子奚念为质，利鹿孤以奚念年少为由，要求以沮渠挐为质并出兵以威慑，蒙逊亦不愿扩大事态，答应了利鹿孤的要求，从而最终实现了其结好南凉的计划。[3]在姚硕德回师后，沮渠蒙逊于次年（弘始四年，402）二月即引兵进攻姑臧，吕隆向南凉秃发利鹿孤求援，但在援军未至前击败了北凉军队。[4]之后，对前述后秦同时封拜南凉、北凉和西凉的举动，北凉沮渠蒙逊对封秃发傉檀为公而封自己为侯非常不满，经过后秦使者梁斐（《资治通鉴》中作"梁构"）、张构的巧妙解释才勉强接受。[5]这两件事表明：其一，赵氏所言不虚，北凉并未有归降后秦之心，东迁更是敷衍语。其二，为了争夺姑臧，北凉与南凉的关系又由友好转为敌对。齐难至姑臧迎接吕隆内徙时，在吕隆的建议下，派兵进攻沮渠

1 《资治通鉴》卷 112，晋安帝隆安五年九月条，第 3528~3529 页。

2 赵向群著，贾小军修订《五凉史》，第 225 页。

3 《资治通鉴》卷 112，晋安帝隆安五年十月条，第 3529 页。

4 《资治通鉴》卷 112，晋安帝元兴元年二月条，第 3536 页。

5 《资治通鉴》卷 113，晋安帝元兴二年八月条，第 3551~3552 页；《晋书》卷 129《沮渠蒙逊载记》，第 3193~3194 页。

蒙逊，在前锋受挫后，齐难与蒙逊结盟，蒙逊并派遣其弟、建忠将军沮渠挐入贡后秦。[1] 此后，在河西地区，北凉在战略上面临遭受南凉和西凉夹击的危险。因此，沮渠蒙逊一直称藩于后秦，以避免后秦支持南凉或西凉攻击自身。

东晋隆安四年（400）十一月，李暠以敦煌（治敦煌，今甘肃省敦煌市西）为中心建立西凉。其与后秦并不接壤，无直接利害关系，因此相互之间建立名义上的臣属关系，主要是为了牵制河西地区的其他政权。立国后，东伐是其基本发展战略，北凉是其最大的威胁。其与后秦之间见于记载的联系，主要是前述弘始三年七月姚硕德围困姑臧时，三凉遣使入贡后秦及弘始四年（402）冬后秦同时封拜秃发傉檀、沮渠蒙逊、李暠。

综上所述，后秦对陇右、河西地区的开拓，以柴壁之战为界，明显分为前后两个时期。前期，对前秦残余势力、西秦和后凉，后秦都采取武力征服的策略，只是在北魏大兵压境时，才停止了向河西扩张的脚步。柴壁之战，后秦损失了四万将士，四品以上将军四十余人被俘，元气大伤。因此，在后期，其对南凉、北凉和西凉

---

1 《资治通鉴》卷 113，晋安帝元兴二年八月条，第 3550~3551 页；《晋书》卷 129《沮渠蒙逊载记》，第 3192 页；《晋书》卷 117《姚兴载记上》，第 2984 页。

均采取羁縻的策略，与他们之间建立名义上的臣属关系，承认他们在事实上的独立地位。此外，后秦出兵迎吕隆内徙，将姑臧纳入其治下，是后秦在河西地区扩张的终章。

第三节　后秦政权的正统建构

永嘉之乱后，汉晋时期内迁的非华夏族群在北方地区纷纷建国称帝。面对这一形势，虞预在大兴二年（319）的上书中指出："自元康以来，王德始阙，戎翟及于中国，宗庙焚为灰烬，千里无烟爨之气，华夏无冠带之人，自天地开辟，书籍所载，大乱之极未有若兹者也。"[1]进而言之，不仅是东晋，包括北方诸政权及夷夏民众，面对的都是一个前所未有之大变局。与这一大变局伴随而来的是"自古诚无戎人而为帝王"的观念亦在社会上普遍流行。在这种情形下，建构其自身的正统性成为当时五胡政权的当务之急。

一般而言，正统性有时间性和空间性两个面向：时间性是指在王朝更迭的过程中，建构本朝在正统王朝传承序列中的位置；空间性是指在若干政权并存的情况下，

---

1 《晋书》卷82《虞预传》，中华书局，1974，第2144页。

建构本政权相对于其他政权具备的正当性，简言之，本政权是正统，而其他政权只是僭伪。十六国时期非华夏政权正统性建构的问题已经得到了一些学者的关注。这一时期的政权需要从时间性和空间性两个方面对本政权的正统性进行建构，即它们不仅要阐述本政权与前朝之间的关系，而且需要论述本政权与其他并存政权之间的关系。川本芳昭、罗新和郭硕等先生从时间性的角度对这一时期的正统建构进行了研究。[1]他们指出，根据五行相生的理论，五胡政权中的前赵、后赵、前燕、前秦、后秦建立了自晋以降的五德历运次序，即晋·金德→前赵/后赵·水德→前燕/前秦·木德→后秦·火德，从而将自身纳入华夏正统王朝的序列。张军注意到十六国北朝时期北族政权王室通过攀附黄帝（或炎帝），改变了其本身的族群认同，从而建构了其政权作为中原王朝的正统性。[2]邓乐群先生则从空间性的角度对这一时期的正统

1　川本芳昭：《关于五胡十六国北朝时代的"正统"王朝》，邓红、牟发松译，《北朝研究》（第2辑），北京燕山出版社，2001，第77~104页；罗新：《十六国北朝的五德历运问题》，《中国史研究》2004年第3期；郭硕：《五德历运与十六国北魏华夷观的变迁》，《中央民族大学学报》（哲学社会科学版）2018年第5期。

2　张军：《祖源攀附与十六国北朝时期意识形态建构》，《青海社会科学》2013年第4期；《十六国北朝时期祖源攀附现象考论》，《扬州大学学报》（人文社会科学版）2014年第2期。

建构进行了研究。他指出，面对流行的以中原汉族世袭
旧王朝为正统、以胡族政权为僭伪的政治观念，五胡政
权发扬了华夏文化中奉有德政权为正统，视无道政权为
僭伪；奉中原政权为正统，视周边政权为僭伪；奉大一
统政权为正统，视偏安政权为僭伪等观念，从而建构本
政权相对于其他政权（尤其是南方的东晋政权）而具备
的正统性。[1]彭丰文先生认为，十六国时期非华夏政权建
构其正统性导致这一时期正统观在两个方面发生了变化：
其一，将胡人政权纳入了五德历运的次序；其二，提升
了中原正统观的地位与作用。[2]

　　一般而言，建构王朝正统的内容主要包括：其一，
在"天道"层面推衍王朝德运；其二，在"宗法"层面
建构皇族的圣王后裔身份。易言之，圣裔和德运是构成
王朝正统的两个要素。上述的先行研究主要集中在五德
历运方面，基本未涉及圣王后裔方面。

一　姚氏舜后与后秦火德

　　据雷戈先生研究，正统之义本出于血统，其核心是

1　邓乐群：《十六国胡族政权的正统意识与正统之争》，《南通师范学院学报》（哲学社会科学版）2004 年第 4 期。
2　彭丰文：《试论十六国时期胡人正统观的嬗变》，《民族研究》2010 年第6 期。

强调在宗法制度中大宗小宗的区分。后被引申用于皇位继承中，根据宗法制确立皇位的传承次序，即所谓皇位正统。再进而被用于解释王朝更迭现象，用五德终始等理论来论述新朝代替前朝的正当性，并将新朝纳入正统王朝的序列，这就是时间性正统。魏晋以降，出现了多政权长期并立的情形，受大一统观念的影响，各政权都需要将自身建构为前朝的唯一正当且合法的继任者，于是就出现了空间性正统。[1]据此可知，统治者无论通过宗法继承还是通过改朝换代的方式获得政权，正统论都是为了建构其取得皇位的合法性与正当性。总体而言，正统论的时间性面向更为根本，而空间性面向只是前者在多政权并立的情形下的特殊面向。因为在建构本政权的正统性时，并立的各政权均强调本政权是前朝唯一正当且合法的继任者，将本政权纳入正统王朝的序列，而贬斥其他政权是僭伪。

如前所述，圣裔和德运是构成王朝正统的两个要素。德运方面，西汉后期，根据刘向、刘歆父子创立的以五行相生为原则的新五德终始理论，刘歆建构了自庖牺氏（伏羲）至汉的五德历运次序：太皞·木德→共工（闰水）→炎帝·火德→黄帝·土德→少昊·金德→颛

1　雷戈：《正朔、正统与正闰》，《史学月刊》2004 年第 6 期。

顼·水德→帝喾·木德→帝挚（闰统）→唐尧·火德→虞舜·土德→夏禹·金德→商汤·水德→周武王·木德→秦伯（闰水）→汉高祖·火德。[1]其中周为木德，秦为闰水，汉越秦继周为火德。至此，"汉为火德"成为定论，并得到了东汉王朝的继承。

圣裔方面，西汉中后期，儒学逐渐成为官方意识形态。在这种背景下，出现了受命称帝者须是儒家圣王之后裔的观念。刘邦虽起于巷闾，西汉王室却攀附帝尧，提出了"汉家尧后"的说法。元凤三年（前78），公羊学家眭弘推灾异后上书，以为"汉家尧后，有传国之运"，建议昭帝求索贤人，禅以帝位。[2]据此，钱穆先生认为，"眭孟（即眭弘）言汉为尧后，不述所本，以事属当时共信，无烦引据也"[3]。这一说法的文献依据主要是《史记·夏本纪》中"陶唐既衰，其后有刘累"[4]的记述。刘向进一步细化了"汉家尧后"说，他在颂高祖的文章

---

1 《汉书》卷21下《律历志下》引刘歆《世经》，中华书局，1962，第1011~1015、1023页；参见杨权《新五德理论与两汉政治："尧后火德"说考论》，中华书局，2006，第103~159页。

2 《汉书》卷75《眭弘传》，第3153~3154页。

3 钱穆：《刘向歆父子年谱》，《两汉今古文平议》，商务印书馆，2001，第11页。

4 《史记》卷2《夏本纪》，第87页。参见张书豪《西汉"尧后火德"说的成立》，《汉学研究》2011年第29卷第3期。

中云："汉帝本系，出自唐帝。降及于周，在秦作刘。涉魏而东，遂为丰公。"[1]古文经学兴起后，《左传》中关于刘氏先世的记载得到了重视，通过整理其中相关的内容，建构了帝尧与刘氏之间连续的世系：虞·陶唐氏（尧）→夏·御龙氏（刘累）→商·豕韦氏→周·唐杜氏→春秋晋国·范氏→春秋秦国·刘氏。[2]于是，通过对帝尧的攀附，西汉皇族成为帝尧的后裔，西汉王朝的统治获得了宗法层面的正统性。

需要补充的是，在刘歆新建的五德历运次序中，汉、尧同为火德。于是，相互独立的两个命题——"汉为火德"和"汉家尧后"——实现了合流，形成了"汉家尧后，同为火德"的新命题。[3]此后的一段时间里，这成为正统论的标准结构，即该王朝与其攀附的圣王祖先具有相同的德运。

在建立新莽政权后，王莽创立了与"尧后火德"说结构完全相同的"舜后土德"说，以建构新代汉而立的正统性。王莽曾明言："王氏，虞帝之后也，出自帝喾。"[4]

1　《汉书》卷 1 下《高帝纪第一下·赞》引刘向语，第 81 页。

2　杨权：《新五德理论与两汉政治："尧后火德"说考论》，第 84~87 页。

3　张书豪：《西汉"尧后火德"说的成立》，《汉学研究》2011 年第 29 卷第 3 期。

4　《汉书》卷 99 中《王莽传中》，第 4105 页。

其中的虞帝即是舜。此外，他进一步深化了"同族同德"的结构，认为王氏的初祖是黄帝，始祖是虞帝。[1]在刘歆新建的五德历运次序中，黄帝和虞帝的德运是土德。显然，他认为具有相同德运的王朝，其皇族之间存在着血缘传承的关系。关于新朝皇室王氏和黄帝及虞帝之间的世系，王莽曾撰写《自本》进行说明："黄帝姓姚氏，八世生虞舜。舜起妫汭，以妫为姓。至周武王封舜后妫满于陈，是为胡公，十三世生完。完字敬仲，奔齐，齐桓公以为卿，姓田氏。十一世，田和有齐国，（二）世称王，至王建为秦所灭。项羽起，封建孙安为济北王。至汉兴，安失国，齐人谓之'王家'，因以为氏。"[2]在始建国元年（8）秋，王莽遣五威将王奇等十二人班（颁）符命四十二篇于天下，这四十二篇的符命中曾言及新朝的德运："武功丹石出于汉氏平帝末年，火德销尽，土德当代，皇天眷然，去汉与新，以丹石始命于皇帝。"同时，其将"文、宣之世黄龙见于成纪、新都，高祖考王伯墓门梓柱生枝叶"视为新朝政权受命的符应。[3]这里的"黄龙"和"梓柱生枝叶"都表明新朝的德运为土德。至此，新莽通过创立"舜后土德"说建构了其自身的正统性。

---

1 《汉书》卷99中《王莽传中》，第4106页。

2 《汉书》卷98《元后传》引《自本》，第4013页。

3 《汉书》卷99中《王莽传中》，第4112~4113页。

　　东汉建立后，通过封禅泰山、宣布图谶等活动恢复并进一步强化了"尧后火德"说。[1]东汉末年，代汉而立的诸政权多以"舜后土德"说建构自身的正统性。兴平二年（195）冬，袁术欲称帝，其理由之一即是"袁氏出陈为舜后，以黄代赤，德运之次"[2]，显然，他以"舜后土德"作为其称帝建国的正统性。延康元年（220）十月，群臣纷纷上表劝谏曹丕受禅建国，在这些上表中，就有一些臣僚从圣裔和德运两个方面论述曹魏代汉而立的正统性。给事中博士苏林、董巴所上的表文中有云："魏之氏族，出自颛顼，与舜同祖，见于《春秋》世家。舜以土德承尧之火，今魏亦以土德承汉之火，于行运，会于尧舜授受之次。"[3]侍中刘廙等的奏文中亦曰："伏惟陛下体有虞之上圣，承土德之行运，当亢阳明夷之会，应汉氏祚终之数，合契皇极，同符两仪。"[4]曹丕登坛受禅的祭天文中有云："汉主以神器宜授于臣，宪章有虞，致位于丕。"在受禅之后给三公的诏书中亦曰："今朕承帝王之绪，其以延康元年为黄初元年，议改正朔，易服色，殊

1　杨权：《新五德理论与两汉政治："尧后火德"说考论》，第249~300页。

2　《后汉书》卷75《袁术列传》，第2439页。

3　《三国志》卷2《文帝纪》裴注引《献帝传》，中华书局，1959，第70页。

4　《三国志》卷2《文帝纪》裴注引《献帝传》，第72页。

徽号，同律度量，承土行，大赦天下"。[1] 显然，曹丕接受了臣僚的说法，以"舜后土德"说建构曹魏政权的正统性。

魏晋禅代后，按照前述刘歆新建的五德历运次序，司马晋应当以"禹后金德"说建构正统性。然而，与曹魏不同，司马晋继承了《史记·太史公自序》等文献对司马氏宗姓源流的说法，认为"其先出自帝高阳之子重黎，为夏官祝融，历唐、虞、夏、商，世序其职。及周，以夏官为司马。其后程伯休父，周宣王时，以世官克平徐方，锡以官族，因而为氏"[2]。显然，司马氏不再将与自身德运相同的圣王作为攀附的对象，而采纳了当时社会关于皇室宗姓源流的普遍认知。然而，其依然保持了从圣裔和德运两个层面建构其自身的正统性。晋武帝平吴之后，在建议封禅泰山的奏文中，尚书令卫瓘等即指出，"大晋之德，始自重黎，实佐颛顼。至于夏、商，世序天地，其在于周，不失其绪。金德将升，世济明圣，外平蜀汉，海内归心，武功之盛，实由文德"[3]。显然，晋皇室将始祖追溯至重黎。虽然重黎并非圣王，未进入五德历

---

1 《三国志》卷2《文帝纪》裴注引《献帝传》，第75页。

2 《晋书》卷1《宣帝纪》，第1页。

3 《宋书》卷16《礼志三》，中华书局，1974，第437页；《晋书》卷21《礼志下》，第655页。

运的次序，但是，重黎是颛顼高阳氏的后裔，于是，在妥协于文献中关于司马氏宗姓源流的记述的同时，晋皇室亦以重黎为中介，建构了其颛顼后裔的身份。当然，在刘歆的新五德终始理论中，颛顼是水德，与司马晋的金德不同。简言之，在见于文献并得到社会普遍认可的始祖与新五德终始理论中的始祖不一致时，司马氏遵从了前者。

如前所述，已有学者指出，五胡政权中的前赵、后赵、前燕、前秦和后秦推衍了自身的五行历运，即前赵、后赵为水德，前燕、前秦为木德，后秦为火德。同时，文献中依然保存有前燕、前秦和后秦皇室建构华夏先世的记载。然而，并非已至题无剩意之境，相关问题尚有进一步讨论的空间和需要。

首先，关于前赵、后赵和前燕的德运，文献中的记述比较清楚，无疑义。然而，关于前秦的德运，文献中的记载还存在歧义之处，值得进一步讨论。关于前秦德运，有两处记载：其一，建初元年（386）四月，姚苌称帝，"自谓以火德承苻氏木行，服色如汉氏承周故事"[1]。钱大昕对此解释道："魏承汉为土德，晋承魏为金德。苻

---

[1] 《晋书》卷116《姚苌载记》，第2967页。

氏称木行者，盖以前、后赵为一代，当水德也。"[1] 其二，太和十四年（490），孝文帝要求群臣重新讨论北魏的德运行次问题，中书监高闾在其奏议中指出，"魏承汉，火生土，故魏为土德。晋承魏，土生金，故晋为金德。赵承晋，金生水，故赵为水德。燕承赵，水生木，故燕为木德。秦承燕，木生火，故秦为火德"[2]。简言之，前者认为前秦承赵为木德，后者认为前秦继前燕为火德。对此，罗新先生认为，前秦承赵为木德是前秦自己的观点，而北魏前期可能曾经对十六国时期的中原各政权进行了历运排定，高闾所说的"燕承赵"，"秦承燕"是北魏的观点。[3] 不过，笔者认为，前秦承赵为木德可能亦并非前秦的观点，而是后秦为其排定的历运。原因有二：其一，在现有前秦相关的记述中，并未见其确定本朝德运的记述。其二，其建构的始祖是有扈氏，并非前述的刘向、刘歆父子建立的五德历运次序中的圣王。详述如次。

前燕慕容氏的祖源，《十六国春秋》中有云："慕容廆，字奕洛瓌，昌黎棘城人。昔高辛氏游于海滨，留少

1　钱大昕：《廿二史札记》卷 22，"姚苌载记"条，上海古籍出版社，2004，第 286 页。

2　《魏书·礼志一》，第 2997 页。

3　罗新：《十六国北朝的五德历运问题》，《王化与山险：中古边裔论集》，第 282 页。

子厌越以君北夷，世居辽左，号曰东胡。秦汉之际，为匈奴所败，分保鲜卑山，因复以为号。"[1]《晋书》与此不同，其文曰："慕容廆字弈洛瓌，昌黎棘城鲜卑人也。其先有熊氏之苗裔，世居北夷，邑于紫蒙之野，号曰东胡。""秦汉之际为匈奴所败，分保鲜卑山，因以为号"。[2]高辛氏是帝喾，按照前述刘歆之新五德终始理论，帝喾德运为木德，与前燕相同。这与汉、新及曹魏建构正统的方式相同。有熊氏是黄帝，其德运是土德，与前燕不同。可能在西晋时，本朝德运与其攀附的圣王祖先具有相同的德运这一规则出现了松动，两者可以具有不同的德运，因此黄帝也可以成为前燕攀附的圣王祖先。

后秦姚氏的祖源，亦见于《十六国春秋》。其文曰："姚弋仲，南安赤亭羌人也。其先有虞氏之苗裔。昔夏禹封舜少子于西戎，世为羌长。"《晋书》所记与此略同。[3]此外，在听闻刘裕灭后秦之后，沮渠蒙逊曾云："古之行师，不犯岁镇所在。姚氏舜后，轩辕之苗裔也。今镇星在轩辕，而裕灭之，亦不能久守关中"[4]。据此可知，后秦

1　《太平御览》卷121《偏霸部五·前燕慕容廆》引崔鸿《十六国春秋》，第583页。

2　《晋书》卷108《慕容廆载记》，第2803页。

3　《太平御览》卷123《偏霸部七·后秦姚弋仲》引崔鸿《十六国春秋》，第594页；《晋书》卷116《姚弋仲载记》，第2959页。

4　《晋书》卷129《沮渠蒙逊载记》，第3198页。

姚氏攀附的圣王祖先是舜。如前所述，后秦的德运是火德，而舜的德运为土德，二者并不一致，这可能亦遵循了西晋建立的新传统。

然而，与前燕和后秦不同，前秦苻氏的祖源，《十六国春秋》曰："苻洪，字广世，略阳临渭氐人。其先有扈氏之苗裔，子孙强盛，世为氐酋。"《晋书》与此略同。[1]众所周知，有扈氏因反对启破坏禅让制而与其发生战争，最终身死国灭。他和西羌所出的三苗一样，都是被华夏圣王打败之人，是王明珂先生所谓的"英雄徙边记"中的"失败英雄"，是华夏对于周边人群的典范记忆与想象，隐喻着他们是被打败而受逐于边境的人群。[2]如前所述，西羌姚氏未选择"三苗后裔"的身份，那么，氐人苻氏当亦很难主动接受其为有扈氏之后这一说法。因此，与前燕慕容氏、后秦姚氏主动攀附华夏圣王以建构其正统性不同，前秦苻氏是有扈氏之苗裔的说法当是出自华夏人群的建构和想象，并非其为建构正统性而攀附华夏圣王的行为。

此外，前秦似乎在某种程度上承认东晋王朝的正统

---

1 《太平御览》卷121《偏霸部五·前秦苻洪》引崔鸿《十六国春秋》，第585页；《晋书》卷112《苻洪载记》，第2867页。
2 王明珂：《英雄祖先与弟兄民族：根基历史的文本与情境》，中华书局，2009，第77~93页。

性，王猛疾笃，苻坚亲临省病并问以身后事。王猛云："晋虽僻陋吴越，乃正朔相承。亲仁善邻，国之宝也。臣没之后，愿不以晋为图。"[1]在谏止苻坚发动对东晋的战争时，苻融亦有语云："且国家，戎族也，正朔会不归人。江东虽不绝如缕，然天之所相，终不可灭。"[2]那么，由于正统性具有排他性，因此，苻坚时期，前秦承认东晋的正统，应未建构其自身的正统性。结合前述姚苌"自谓以火德承苻氏木行"的说法，前秦的木德当是来自后秦排定的历运。

综上所述，后秦时期重新排定了五胡国家的五德历运：后赵承晋为水德，前秦承后赵为木德，后秦承前秦为火德。此外，按照西晋建立的新传统，将具有土德的华夏圣王舜作为自己祖源攀附的对象。

二 姚弋仲、姚襄的形象塑造

西周宗法分封制建立后，需要有世代功德之累积才有可能成为人君的观念开始日益流行。《国语·郑语》中记载周太史史伯在为郑桓公分析当时的政治形势时曾指出："夫成天下之大功者，其子孙未尝不章，虞、夏、商、

---

1 《晋书》卷114《苻坚载记下附王猛传》，第2933页。

2 《晋书》卷114《苻坚载记下附苻融传》，第2935页。

周是也。虞幕能听协风，以成物乐生者也。夏禹能单平水土，以品处庶类者也。商契能和合五教，以保于百姓者也。周弃能播殖百谷蔬，以衣食民人者也。其后皆为王公侯伯。"[1] 显然，因为祖先是"成天下之大功者"，为子孙后代累积了功德，后者才能够成为统治者。司马迁亦指出，"昔虞、夏之兴，积善累功数十年，德洽百姓，摄行政事，考之于天，然后在位。汤、武之王，乃由契、后稷修仁行义十余世，不期而会孟津八百诸侯，犹以为未可，其后乃放弑。秦起襄公，章于文、缪，献、孝之后，稍以蚕食六国，百有余载，至始皇乃能并冠带之伦。以德若彼，用力如此，盖一统若斯之难也"[2]。据此可知，司马迁认为，所有受命称帝者，必须经过数十年甚至数世的积德累功。

后秦建立后，为建构其自身的正统性，制造了符合上述观念的祖先形象。尤其是后秦政权奠基者——姚弋仲、姚襄父子，后秦官方通过一些叙事细节塑造了他们"前朝之功臣"和"德洽百姓"的形象。

1. 姚弋仲：忠直耿介，屡立战功

在《晋书·姚弋仲载记》中，有一段对姚弋仲品性

1　徐元诰撰，王树民、沈长云点校《国语集解》，中华书局，2002，第466页。

2　《史记》卷16《秦楚之际月表》，中华书局，2013，第915~916页。

的概括性论述:"性清俭鲠直,不修威仪,屡献谠言,无所回避,季龙甚重之。朝之大议,靡不参决,公卿亦惮而推下之"[1]。需要指出的是,这段记述当来源于姚和都《秦纪》,在很大程度上代表了后秦官方的立场。或许姚弋仲在某种程度上具有上述品性,不过,这更应被视作后秦官方对于其建构目标的直白表述。他们通过刻画、凸显甚至制造大量能够展现这些品性的细节,成功塑造了符合他们期望的姚弋仲形象。

后赵太和二年(329)正月,起兵叛乱的东晋豫州刺史祖约逃亡到后赵。《晋书·姚弋仲载记》中记述:"勒礼待之,弋仲上疏曰:'祖约残贼晋朝,逼杀太后,不忠于主,而陛下宠之,臣恐奸乱之萌,此其始矣。'勒善之,后竟诛约。"[2]然而,《晋书·石勒载记》中记述:"祖约举兵败,降于勒,勒使王波让之曰:'卿逆极势穷,方来归命,吾朝岂逋逃之薮邪?而卿敢有觍面目也。'示之以前后檄书,乃赦之。"建平元年(330),石勒称帝后,"勒以祖约不忠于本朝,诛之,及其诸子侄亲属百余人"。《晋书·祖约传》中记此事最为详细,其文曰:

---

1 《晋书》卷116《姚弋仲载记》,第2960页。

2 《晋书》卷116《姚弋仲载记》,第2960页。

3 《晋书》卷105《石勒载记下》,第2745、2746页。

约以左右数百人奔于石勒，勒薄其为人，不见
者久之。勒将程遐说勒曰："天下粗定，当显明逆顺，
此汉高祖所以斩丁公也。今忠于事君者莫不显擢，背
叛不臣者无不夷戮，此天下所以归伏大王也。祖约犹
存，臣切惑之。且约大引宾客，又占夺乡里先人田
地，地主多怨。"于是勒乃诈约曰："祖侯远来，未得
喜欢，可集子弟一时俱会。"至日，勒辞之以疾，令
遐请约及其宗室。约知祸及，大饮致醉。既至于市，
抱其外孙而泣。遂杀之，并其亲属中外百余人悉灭
之，妇女伎妾班赐诸胡。[1]

三相比较，《石勒载记》与《祖约传》中均记述石勒因鄙
薄祖约为人而冷遇之，《姚弋仲载记》却明言石勒礼待甚
至宠幸祖约。祖约归降及被诛事均发生在姚弋仲率部东
迁滠头之前，《祖约传》中建议诛杀祖约的程遐是石勒的
亲信，时任右仆射、吏部尚书；而姚弋仲只是归降后赵
的陇上羌人其中一部的首领，两相比较，程遐提议诛杀
祖约并得到石勒首肯的可能性更大。虽然不排除姚弋仲
亦提出此一建议的可能性，但后秦官方显然夸大了姚弋
仲在其中所起的作用。而其目的，当然是为了建构姚弋

---

1 《晋书》卷100《祖约传》，第2627页。

仲耿介的气质。

后赵延熙元年（334）九月，石虎废石弘自立，姚弋仲对此不满，称疾不贺。石虎多次召见，姚弋仲才去拜见。见面后，姚弋仲神情严肃地对石虎说："奈何把臂受托而反夺之乎！"因为忌惮姚弋仲的强正，石虎并没有责备他，反而升迁其为使持节、十郡六夷大都督、冠军大将军。[1] 石虎是后赵平定关陇的执行者，姚弋仲即于当时通过石虎投降后赵，其与石虎的接触当始于此。相比较而言，其与石勒、石弘父子只具有君臣名义，并未有私交。然而当石虎弑君之后，姚弋仲却坚持君臣之义，对石虎这一行为进行了批评。这一细节描写，展现了姚弋仲忠直的品性。

如前所述，石虎末年，发生了声势浩大的梁犊之乱。在梁犊败李农于荥阳之后，形势危急，石虎驰招姚弋仲平叛。关于姚弋仲在这次行动前后的表现，《晋书·姚弋仲载记》中有详细生动的描写：

> 季龙末，梁犊败李农于荥阳，季龙大惧，驰召弋仲。弋仲率其部众八千余人屯于南郊，轻骑至邺。

---

1 《晋书》卷 116《姚弋仲载记》，第 2960 页；参见《资治通鉴》卷 95，晋成帝咸和九年九月条，第 2998 页。

时季龙病，不时见弋仲，引入领军省，赐其所食之食。弋仲怒不食，曰："召我击贼，岂来觅食邪！我不知上存亡，若一见，虽死无恨。"左右言之，乃引见。弋仲数季龙曰："儿死来愁邪？乃至于疾！儿小时不能使好人辅相，至令相杀。儿自有过，责其下人太甚，故反耳。汝病久，所立儿小，若不差，天下必乱。当宜忧此，不烦忧贼也。犊等因思归之心，共为奸盗，所行残贼，此成擒耳。老羌请效死前锋，使一举而了。"弋仲性狷直，俗无尊卑皆汝之，季龙恕而不责，于坐授使持节、侍中、征西大将军，赐以铠马。弋仲曰："汝看老羌堪破贼以不？"于是贯钾跨马于庭中，策马南驰，不辞而出，遂灭梁犊。以功加剑履上殿，入朝不趋，进封西平郡公。[1]

此段细节描写不仅展现了姚弋仲勇武的个性和在平定梁犊之乱中的赫赫战功，而且通过其对石虎末年政局危机的分析塑造了其忠直耿介的性格特征。

冉闵废杀石鉴自立后，石祇与冉闵之间相互攻伐。后冉闵围石祇于襄国，姚弋仲派遣姚襄前去救援，并告诫姚襄："汝才十倍于闵，若不枭擒，不须复见我也。"在

---

1 《晋书》卷116《姚弋仲载记》，第2960~2961页。

姚襄大胜而归时，姚弋仲却因为没有擒获冉闵而对姚襄施行了杖一百的刑罚。[1] 在这里，姚氏通过描述姚弋仲对姚襄的苛求，展演了姚弋仲忠于王事的品质，亦表现了其在伐叛战争中的战功。

2. 姚襄：具王者之相，雄武多才艺且善抚纳

后秦建初八年（393），在一次宴会上，姚苌说："吾不如亡兄有四：身长八尺五寸，臂垂过膝，人望而畏之，一也；将十万之众，与天下争衡，望麾而进，前无横陈，二也；温古知今，讲论道艺，驾驭英雄，收罗俊异，三也；董率大众，履险若夷，上下咸允，人尽死力，四也。"[2] 其中的亡兄指姚襄，在这里，姚苌从四个方面总结了姚襄的特性，在某种程度上代表了后秦官方对姚襄形象的权威总结。

"身长八尺五寸，臂垂过膝"的说法亦见于《晋书·姚襄载记》。[3] 据胡鸿先生的研究，此为十六国君主的奇表之异。按晋代一尺为 0.24 米保守换算，八尺五寸约合 2.04 米。而在汉晋时人的观念中，圣贤帝王应该具有超出常人的身高。此外，在司马炎的晋王太子地位有可能动摇时，何曾在司马昭前"固争"："中抚军聪明神武，有超世

---

1 《晋书》卷 116《姚弋仲载记》，第 2961 页。
2 《晋书》卷 116《姚苌载记》，第 2971 页。
3 《晋书》卷 116《姚襄载记》，第 2962 页。

之才。发委地，手过膝，此非人臣之相也。"[1]显然，"手过膝""非人臣之相"亦是当时流行的观念。[2]据此可知，描述姚襄"身长八尺五寸，臂垂过膝"，是暗示其具有王者之相。

在《姚襄载记》中，"将十万之众，与天下争衡，望麾而进，前无横陈"被概括为"雄武冠世"，[3]然而，考之于行事，却不尽然。姚襄时期，姚氏集团一直处于流亡之中，其经历的战争也是胜少败多。如前所述，西迁时在荥阳、洛阳之间吃了两次败仗，无奈南下归晋。后因与东晋相互猜忌，率部北返，在外黄被冠军将军高季大破之。后至洛阳，久攻不下，被桓温追及，战于伊水北，又为温所败。之后率部从杏城南下进攻前秦首都长安，在三原败于邓羌等，身死。所以，所谓的"雄武冠世"只是建构的一种形象，而非事实。"温古知今，讲论道艺"在《姚襄载记》中被总结为"多才艺"，并出现了"好学博通，雅善谈论，英济之称著于南夏"的记述。[4]然而，对于其师从何人、研习何种经典等却无一语言及。

---

1 《晋书》卷3《武帝纪》，第49页。

2 胡鸿：《能夏则大与渐慕华风——政治体视角下的华夏与华夏化》，北京师范大学出版社，2017，第227~229页。

3 《晋书》卷116《姚襄载记》，第2962页。

4 《晋书》卷116《姚襄载记》，第2962页。

显然，与"雄武"一样，姚襄多才艺的说法亦缺乏事实支持，是后秦官方制造的一种形象。

《姚襄载记》中与"驾驭英雄，收罗俊异"，"董率大众，履险若夷，上下咸允，人尽死力"相关的记述，主要包括：其一，在归晋时，因与殷浩不协，殷浩"频遣刺客杀襄，刺客皆推诚告实，襄待之若旧"。[1]其二，在外黄败于高季之后，"襄收散卒而勤抚恤之，于是复振"。其三，在伊水北被桓温打败后，"率麾下数千骑奔于北山。其夜，百姓弃妻子随襄者五千余人，屯据阳乡，赴者又四千余户。襄前后败丧数矣，众知襄所在，辄扶老携幼奔驰而赴之。时或传襄创重不济，温军所得士女莫不北望挥涕"。[2]这些情节在《姚襄载记》中被述及，主要是为了塑造姚襄"善抚纳，士众爱敬之"，"得物情"的鲜活形象。

综上所述，后秦官方将姚弋仲塑造成为忠直耿介的纯臣，而将姚襄建构成为一个"德洽百姓"的潜在王者，只是因为时运不济而没有成功。这为之后姚苌建国在祖先功德方面提供了合理性与合法性基础。

---

1 《晋书》卷116《姚襄载记》，第2962页。

2 《晋书》卷116《姚襄载记》，第2963~2964页。

第三章
后秦的衰落和灭亡

弘始五年（403）八月，后秦派军队至姑臧迎吕隆内徙，是后秦在河西地区最后一次主动用兵。此后，其不再以扩张领土为务，而是偃兵修文——对外修结邻好以建立和平的周边关系，对内兴理内政以增强自身实力。弘始七年（405）七月，后秦接受了刘裕的求和，并归还南乡、顺阳等十二郡。弘始九年（407）五月，通过交还俘虏和人质，后秦与北魏复通，结束了柴壁之战以来的敌对关系。十月，通过放还南燕吕超母妻，后秦与南燕之间建立了友好关系。然而，由于处理陇右河西地区诸政治势力的策略失当，导致后秦丧失了对河陇地区的控制。与北魏复通惹恼刘（赫连）勃勃，导致后者起兵反叛，成为后秦的心腹之患。容留在东晋政治斗争中失败流亡的势力，并与据蜀自立的谯纵连兵侵晋，最终招致了刘裕的讨伐。加之姚兴晚年诸子争位导致政局动荡，极大地损耗了国力。于是，后秦不可避免地走上了衰落直至灭亡之路。

第一节　河陇失驭

一　出兵仇池与仇池的内侵

前秦延初元年（394）十月，仇池（今甘肃省西河县西南）杨定在与苻崇讨伐西秦时兵败身死，由其从弟杨盛继位。仇池氏杨氏与陇西鲜卑乞伏氏自此结怨。为了自存，杨盛遣使后秦，姚兴拜其为使持节、镇南将军、仇池公。[1] 后秦皇初三年（396），姚硕德西征上邽姜乳，杨盛又遣使东晋，被拜为镇南将军、仇池公。[2] 在后秦占据上邽后，对仇池形成了较大的压力。因此，北魏天兴（398~404）初，杨盛遣使朝贡，北魏以其为征南大将军、仇池王。[3] 后秦弘始元年（399），杨盛向东晋遣使称藩，奉献方物。安帝以其为辅国将军、平羌校尉、仇池公。[4] 这可能为此时已经归降后秦的乞伏氏提供了出兵的借口，在齐难迎吕隆的军事行动结束后，乞伏乾归攻占了杨盛

1　《晋书》卷117《姚兴载记上》，第2977页。

2　《资治通鉴》卷108，晋孝武帝太元二十一年十二月条，第3436页。

3　《魏书》卷101《氐传》，第2415页。

4　《宋书》卷98《氐胡传》，中华书局，2019，第2639页。

部将苻帛据守的皮氏堡（今址不详）。[1] 弘始六年（404），桓玄擅政，进杨盛为平北将军、凉州刺史、西戎校尉。[2] 九月，乞伏乾归与杨盛在竹岭（胡三省注：上邽西南有南山、竹岭，在今甘肃省天水市秦州区西南）交战，杨盛获胜。[3]

弘始七年（东晋义熙元年，405）二月，谯纵起兵，巴蜀大乱，汉中（治南郑，今陕西省汉中市汉台区）空虚，杨盛遣其兄子平南将军杨抚进据之。[4] 此时，东晋内乱不已，无暇顾及仇池；杨盛又与乞伏乾归连年争战。于是，后秦决定出兵进攻仇池。六月，姚兴遣姚硕德、姚敛成、姚寿都等率众三万伐杨盛。此役，后秦兵分三路：姚敛成率军从下辨（今甘肃省成县西北）向西，姚寿都、赵琨率军自宕昌（今甘肃省宕昌县西）向东，共攻仇池；敛俱进攻汉中。杨盛令其弟杨寿、从子杨斌分别拒战。杨斌兵败被姚寿都俘虏，杨寿惧而请降。姚硕德等部频败杨盛，敛俱攻拔成固（今陕西省城固县东），徙汉中流民郭陶等三千余家于关中。[5] 七月，杨盛遣子难

1 《晋书》卷125《乞伏乾归载记》，第3121页。
2 《宋书》卷98《氐胡传》，第2639页。
3 《资治通鉴》卷113，晋安帝元兴三年九月条，第3574页。
4 《资治通鉴》卷114，晋安帝义熙元年二月条，第3580~3581页。
5 《资治通鉴》卷114，晋安帝义熙元年六月条，第3585页；《晋书》卷117《姚兴载记上》，第2984~2985页。

当及僚佐子弟数十人为质请降，姚兴以杨盛为使持节、散骑常侍、都督益宁州诸军事、征南大将军、开府仪同三司、益州牧、武都侯，姚硕德等还师。[1] 乞伏乾归应亦参与了此次军事行动，其攻占杨玉据守的西阳堡（今址不详）当发生于此时。[2]

弘始九年（东晋义熙三年，407）四月，杨盛以平北将军苻宣为梁州都护，将兵入汉中。后秦梁州别驾吕莹（《晋书》作"吕营"）等起兵响应，后秦南梁州刺史王敏攻之，杨盛遣军逼近浕口（在今陕西省勉县西，浕河入汉江口），王敏退守武兴（今陕西省略阳县）。杨盛乘机通使东晋，东晋以其为都督陇右诸军事、征西大将军、开府仪同三司，杨盛任命苻宣为梁州刺史。[3]

或是因为杨盛与乞伏乾归连年争战，或是因为其进据汉中，抑或是因其通使东晋、北魏，对后秦不恭，后秦发动了对仇池杨氏的征伐。从结果来看，对后秦而言，这场战争存在诸多不利影响：乞伏氏与仇池杨氏有旧怨，其对仇池杨氏的征伐，消除了杨氏对乞伏氏的威

---

1 《资治通鉴》卷114，晋安帝义熙元年七月条，第3585页；《晋书》卷117《姚兴载记上》，第2985页。
2 《晋书》卷125《乞伏乾归载记》，第3121页。
3 《资治通鉴》卷114，晋安帝义熙三年四月条，第3596页；《晋书》卷118《姚兴载记下》，第2991页。

胁，使得乞伏氏得以专心发展自身的实力。弘始八年
（406）十一月，乞伏乾归入朝后秦，姚兴认为乞伏乾
归浸强难制，留为主客尚书，以其世子乞伏炽磐为建
武将军、行西夷校尉，监领其部众。[1]虽然暂时解决了
乞伏氏势大难制的问题，但又打破了河陇地区的政治
均势。

弘始十四年（412）十月，乘后秦疲于应对夏国和
西秦的频繁侵袭之机，仇池杨盛叛秦，沿今西汉江北上，
侵扰祁山（在今甘肃省礼县东）。姚兴以建威将军赵琨率
骑五千为前锋，立节将军姚伯寿统步卒为后继，前往祁
山救援；前将军姚恢和左将军姚文宗自鹫峡（胡三省注
云：鹫峡在仇池北，亦谓之塞峡。在今甘肃省西和县东
南）、镇西将军秦州刺史姚嵩自羊头峡（即今甘肃省西和
县青羊峡，在西和县南）进攻仇池；右卫将军胡翼度从
阴密（今甘肃省灵台县西）出发，经汧城（今陕西省陇
县东南）与自雍城（今陕西省凤翔县南）率轻骑五千出
发的姚兴在陇口（翻越陇山的山口，在今甘肃省华亭县
与庄浪县之间）会合，以为诸军后援。杨盛率军与赵琨
相持，姚伯寿畏懦不进，导致赵琨寡不敌众，败北。姚

---

1 《资治通鉴》卷114，晋安帝义熙二年十一月、义熙三年正月条，第
3594、3596页；《晋书》卷125《乞伏乾归载记》，第3121页。

兴处死姚伯寿后还军。[1]

永和元年（416）六月，在刘裕伐秦前夕，杨盛攻陷后秦祁山，俘虏建节将军王总，进逼秦州（治上邽，今甘肃省天水市秦州区）。姚泓令后将军姚平率军救援，杨盛引兵退走，姚平与上邽守将姚嵩在竹岭（今甘肃省天水市秦州区西南）追及杨盛；抚军将军姚讃（《资治通鉴》中作"姚赞"）率禁军赴援，当姚讃行军至清水（今甘肃省清水县西北）时，姚平、姚嵩等部被杨盛打败，姚嵩和率州郡兵赴援的陇西太守姚秦都、略阳太守王焕都战死。姚讃继续进至上邽，杨盛闻讯还师仇池。[2] 之后，杨盛又派遣其兄子杨倦自汉中入寇长蛇戍（今陕西省宝鸡市金台区西北，长蛇是水名，即今渭河支流金陵河，长蛇戍在长蛇水西），姚泓使辅国将军敛曼嵬、前将军姚光儿进讨杨倦于陈仓（今陕西省宝鸡市渭滨区东，在渭水北岸），倦奔于散关（在今陕西省宝鸡市西南大散岭上）。[3]

后秦末年，杨盛分别从仇池和汉中入侵后秦的陇西

---

1 《晋书》卷118《姚兴载记下》，第2996页；《资治通鉴》卷116，晋安帝义熙八年十月条，第3654页。

2 《资治通鉴》卷117，晋安帝义熙十二年六月条，第3687页；《晋书》卷119《姚泓载记》，第3009~3010页。

3 《晋书》卷119《姚泓载记》，第3010页。

与关中西部地区，使得后秦政局雪上加霜，军事上亦是左支右绌，这无疑加速了后秦政权的灭亡。

二 弃守姑臧及与南凉之关系

吕隆内迁后，作为善后之举，王尚被任命为凉州刺史，配兵三千镇姑臧；令阎松、郭将分戍显美、番禾二城，与姑臧成鼎足之势，防止南凉、北凉进攻姑臧。一方面，"王尚绥抚遗黎，导以信义，百姓怀其惠化，翕然归之"[1]。另一方面，王尚遣主簿宗敞出使南凉，以结好后者。这一时期，河西三凉中南凉实力最强，王尚修好南凉，使得南凉在与北凉争夺姑臧的过程中优势更加明显，为之后后秦弃守姑臧埋下了伏笔。

弘始八年（406）六月，秃发傉檀在进攻北凉获胜后，向后秦进献马三千匹、羊三万口，以邀功请赏。姚兴认为秃发傉檀忠于自己，于是任命其为都督河右诸军事、车骑大将军、凉州刺史，镇姑臧，并将王尚征还长安。凉州人申屠英等二百余人，遣主簿胡威诣长安，请求收回成命，被姚兴拒绝。在晋见姚兴时，胡威明言：

臣州奉国五年，王威不接，衔胆栖冰、孤城独守

---

1 《晋书》卷117《姚兴载记上》，第2984页。

者，仰恃陛下威灵，俯杖良牧惠化。忽违天人之心，以华土资狄。若僄檀才望应代，臣岂敢言。窃闻乃以臣等贸马三千匹，羊三万口，如所传实者，是为弃人贵畜。苟以马供军国，直烦尚书一符，三千余家户输一匹，朝下夕办，何故以一方委此奸胡！昔汉武倾天下之资，开建河西，隔绝诸戎，断匈奴右臂，所以终能屠大宛王毋寡。今陛下方布政玉门，流化西域，奈何以五郡之地资之猰犹，忠诚华族弃之虐虏！非但臣州里涂炭，惧方为圣朝盱食之忧。[1]

在其中，"奉国五年"从弘始三年九月吕隆投降后秦算起，"五郡"指武威（治姑臧，今甘肃省武威市凉州区）、番禾（治番禾，今甘肃省永昌县西）、西郡（治日勒，今甘肃省永昌县西北）、昌松（治显美，今甘肃省武威市凉州区东南）、武兴（治晏然，今甘肃武威市凉州区西北）五郡。胡威首先指出后秦任命王尚镇姑臧确是"王威不接""孤城独守"，将姑臧付与僄檀，有迫不得已的一面。其次，他提出了三条反对后秦将姑臧给予南凉的理由：其一，后秦不应"弃人贵畜"，因为秃发僄檀进献马羊而

---

1 《晋书》卷117《姚兴载记上》，第2986页；参见《资治通鉴》卷114，晋安帝义熙二年六月条，第3590页。

将姑臧拱手相让。其二，在胡威等凉州豪望的眼中，秃发氏仍然是"奸胡"、"狞猰"和"虐虏"，不应"以华土资狄"。其三，河西具有重要的战略地位，其既可"隔绝诸戎"，又是"流化西域"的前哨和基地，而姑臧地居形胜，是河西都会，后秦不应放弃。听了胡威的话后，姚兴有些后悔，派遣西平人车普驰往姑臧，叫停王尚与傉檀交接事宜，并遣使告知后者。然而，傉檀先已率步骑三万驻扎于五涧（在今甘肃武威市凉州区东），车普又将姚兴反悔的消息先告诉了他，傉檀逼迫王尚与其交接，并将其遣还长安，遂占据姑臧。[1] 弘始八年（406）八月，秃发傉檀以兴城侯秃发文支镇姑臧，自己则返回乐都（今青海省海东市乐都区）。他虽然在口头上接受后秦的爵命，但车服礼仪都采用王者的标准。[2] 十一月，傉檀将首都由乐都迁至姑臧。[3]

唐朝修《晋书》的史臣将"委凉都于秃发"与"授朔方于赫连"相并列，认为这是导致后秦由盛转衰的重要事件。[4] 笔者认为，这两件事并不能等量齐观，弃守姑

---

1 《资治通鉴》卷114，晋安帝义熙二年六月条，第3590页；《晋书》卷117《姚兴载记上》，第2986页；《晋书》卷126《秃发傉檀载记》，第3149页。

2 《资治通鉴》卷114，晋安帝义熙二年八月条，第3591页。

3 《资治通鉴》卷114，晋安帝义熙二年十一月条，第3594页。

4 《晋书》卷119《姚泓载记·史臣曰》，第3018页。

臧是后秦这一时期对外修结邻好战略中的一环，是后秦对其河西政策的主动调整。后秦的军事力量完全撤出河西，将姑臧付与秃发傉檀将会极大地增强南凉的实力，使其一时成为河西的霸主。[1]这与之前王尚修好南凉的政策是一脉相承的。后秦在河西地区扶持忠于自己的南凉，是希望通过南凉实现对河西地区的间接控制。

另外，对后秦来说，据守姑臧是一项沉重的负担。如前所述，金城与姑臧之间的广武郡为南凉所占据，姑臧是后秦的飞地，是名副其实的"孤城独守"。且后秦的统治重心是关中和岭北，驻军姑臧并不能产生实际的军事和政治利益，只有经济和军事负担。秃发傉檀占据姑臧后，遣其西曹从事史暠入朝后秦，姚兴认为秃发傉檀应该感恩自己，因为是自己将姑臧付与南凉。对此，史暠明言：

使河西云扰、吕氏颠狈者，实由车骑兄弟倾其根本。陛下虽鸿罗遐被，凉州犹在天网之外。故征西以周召之重，力屈姑臧；齐难以王旅之盛，势挫张掖。王尚孤城独守，外逼群狄，陛下不连兵十年，殚竭中国，凉州未易取也。今以虚名假人，内收大利，乃知

1　周伟洲:《南凉与西秦》，第45页。

妙算自天，圣与道合，虽云迁授，盖亦时宜。[1]

其中，"车骑"是车骑大将军的简称，指秃发傉檀。"征西"是征西将军的简称，指姚硕德。"力屈姑臧"指姚硕德围困姑臧，在后凉投降后即撤军，并未攻陷姑臧。"齐难以王旅之盛，势挫张掖"指齐难迎吕隆内徙时，曾进讨北凉，但遭到失败。史嵩认为，秃发利鹿孤和傉檀兄弟的进攻是导致后凉灭亡的主要原因，后秦攻取河西地区的可能又微乎其微。其将姑臧委弃于南凉，是恰合时宜的选择。笔者认为，史嵩的说法，除了故意无视北凉对后凉的进攻之外，是比较符合事实的。因此，弃守姑臧并非是后秦由盛转衰的原因或标志。

弘始九年（407）七月，秃发傉檀遣使乞伏炽磐，企图拉拢后者一起反叛后秦，炽磐斩杀来使，并送至长安。[2] 十月，秃发傉檀又招诱后秦河州（治枹罕，今甘肃省临夏市）刺史彭奚念，彭奚念叛降傉檀，南凉遂据有河州，后秦以乞伏炽磐行河州刺史。[3] 然而，与北凉之间的战争导致南凉无暇东顾，"定都姑臧后，南、北二凉的关系更加紧张。从407年始，要么傉檀以攻为守，

1 《晋书》卷126《秃发傉檀载记》，第3150页。

2 《资治通鉴》卷114，晋安帝义熙三年七月条，第3600页。

3 《资治通鉴》卷114，晋安帝义熙三年十月条，第3602页。

进攻北凉；要么沮渠蒙逊先发制人，进攻姑臧。张掖到姑臧之间，战争越来越频繁。但多数情况下，都是北凉占上风"[1]。

与此同时，新崛起的夏国赫连勃勃向秃发傉檀请婚，遭到拒绝。弘始九年十一月，勃勃率军进攻傉檀，双方在支阳（今甘肃省永登县东南庄浪河东岸）相遇，勃勃杀伤南凉万余人，掳掠民两万七千余口、马牛羊四十余万头。在还师时，遭到傉檀的追击，于是在阳武下峡（今甘肃省兰州市东黄河峡口）设伏，傉檀中伏，又被"杀伤万计，名臣勇将死者十六七"，此即阳武之败。[2]此后，"傉檀惧东西寇至，徙三百里内百姓入于姑臧，国中骇怨"。屠各成七儿乘机率其部民三百余人据姑臧北城起义，响应者数千人。在阳武之败和成七儿之乱的影响下，南凉朝廷中出现了一些对傉檀的不满，"军谘祭酒梁哀、辅国司马边宪等七人谋反，傉檀悉诛之"，史称"边梁之乱"。[3]这些外敌入侵和内部叛乱事件，严重削弱了南凉政权的实力。胡三省指出，"自是之后，秃发氏之势日以

1　赵向群著，贾小军修订《五凉史》，第178~179页。
2　《资治通鉴》卷114，晋安帝义熙三年十一月条，第3602~3603页；《晋书》卷130《赫连勃勃载记》，第3203~3204页。
3　《晋书》卷126《秃发傉檀载记》，第3150~3151页，《资治通鉴》卷114，晋安帝义熙三年十一月条，第3602~3603页。

衰矣"[1]。赵向群先生认为,"边梁之乱发生在南凉统治上层,属于高级官僚反对傉檀的政治活动,又因它是统治集团内部矛盾和民族矛盾的综合反映,故对南凉政权造成的震动十分强烈","内忧外患加在一起,使傉檀入居姑臧的本意未能实现,也使南凉统治更加艰难"[2]。

秃发傉檀为占有姑臧讨好后秦,占据姑臧后又马上和后秦反目,还派遣使者游说乞伏炽磐与其一起和后秦为敌,这导致后秦对其虎视眈眈。在南凉经历阳武之败、成七儿之乱和边梁之乱后,姚兴认为教训傉檀的时机来临,于弘始十年(408)五月遣尚书郎韦宗前往姑臧"观衅"。然而,在和傉檀经过一番对谈后,韦宗认为,"凉州虽残弊之后,风化未颓;傉檀权诈多方,凭山河之固,未可图也"。姚兴并未采纳韦宗的意见,令其子中军将军广平公姚弼、后将军姚敛成、镇远将军乞伏乾归等率步骑三万进攻南凉。同时,又派遣左仆射齐难等率骑二万进讨赫连勃勃。吏部尚书尹昭进谏曰:"傉檀恃其险远,故敢违慢;不若诏沮渠蒙逊及李暠讨之,使自相困毙,不必烦中国之兵也。"也遭到了姚兴的拒绝。为了麻痹南凉君臣,姚兴事先送信给傉檀,佯称此次出兵是为了讨

---

1 《资治通鉴》卷114,晋安帝义熙三年十一月条胡三省注,第3603~3604页。

2 赵向群著,贾小军修订《五凉史》,第180页。

伐赫连勃勃，"恐其西逸，故令弼等于河西邀之"。傉檀信以为真，没有设防，姚弼等从金城渡过黄河，北向进至漠口（今甘肃省古浪县南），南凉昌松太守苏霸闭城拒守，在拒绝了姚弼的劝降后，城破被杀。后秦军队长驱至姑臧城下，傉檀婴城固守，并出奇兵击败后秦军队，姚弼等退守姑臧西苑。城内王钟、宋钟、王娥等谋应秦军，可惜事不机密，谋泄，五千余人被滥杀，史称"东苑之诛"。在平定内乱后，傉檀命郡县驱牛羊于野，姚敛成纵兵掳掠，傉檀乘机遣镇北大将军俱延、镇军将军敬归等进击，大破后秦军，斩首七千余。姚弼固守不出，傉檀攻之不克，于是从上游截断水源，企图困死后秦军队。恰巧当时天降大雨，堰坝被毁，姚弼军队才又振作起来。七月，率骑二万、作为诸军后继的卫大将军姚显行至高平（今宁夏回族自治区固原市原州区）时，听闻姚弼被困，昼夜兼程赶赴姑臧，姚显遣将挑战于姑臧凉风门，被南凉材官将军宋益等击斩。于是，姚显遣使傉檀，托言进攻南凉是敛成专擅之举，以此抚慰南凉，随后引兵返回。傉檀亦派遣徐宿至长安谢罪。[1]

　　与此役同时进行的齐难讨伐赫连勃勃的战争，最终

---

1 《资治通鉴》卷114，晋安帝义熙四年五月、七月条，第3606~3608、3608页；《晋书》卷126《秃发傉檀载记》，第3151~3152页；《晋书》卷118《姚兴载记下》，第2992页。

的结果是赫连勃勃大胜并进入岭北地区。此后，后秦疲于应对赫连夏的进攻，无力顾及河西地区（详见后文）。南凉则与北凉在武威以西、张掖以东地带拉锯作战，总的形势对南凉而言十分不利。[1] 因此，南凉亦无暇东扩，对后秦用兵。正如周伟洲先生所言，"后秦对南凉的战争，傉檀虽然最后取得了胜利，但损失较大；而后秦的失败，对其本国的损失和影响，则远不及齐难为勃勃败后所造成的严重后果。后秦在河陇地区势力的衰弱，为陇西原西秦乞伏氏的复起创造了有利的条件"[2]。

这一时期，还发生了一件对后秦控制河陇地区不利的事情，即姚硕德的去世。姚苌起兵前，姚硕德统所部羌居于陇上；在听闻姚苌起兵后，姚硕德自称征西将军，在冀城（今甘肃省甘谷县西南）聚众响应。在苻登东征时，姚硕德退回关中地区，参与后秦与苻登在关中和岭北的战争。苻登死后，姚硕德被封为陇西王，并率众西征，在平定了前秦在陇西的残余势力后，又进讨西秦和后凉，西秦乞伏乾归内属，后凉吕隆归降。在他进围姑臧时，南凉、北凉和西凉遣使称藩于后秦。简言之，姚硕德长期出任秦州牧，镇守上邽，是后秦政权统治河陇

1　赵向群著，贾小军修订《五凉史》，第183~185页。
2　周伟洲：《南凉与西秦》，第49~50页。

地区最重要的人物。据史书记载，姚硕德最后一次参与军事行动，是弘始七年（405）对仇池杨氏的征伐。次年六月，姚硕德自上邽入朝，姚兴为之大赦；在返回上邽时，姚兴将他送至雍城。[1] 此后，史书中不再见到关于姚硕德的记载。据此推测，他当在此次赴长安觐见姚兴不久后去世。于是，后秦失去了一个对河陇地区各种势力极具震慑性的重臣，这是南凉、西秦等势力对后秦离心力增强的另一个重要原因。

三 西秦复国与争夺陇右

周伟洲先生认为，从西秦亡后七年（400~407）中乞伏乾归父子的活动可知，乾归父子仍作为后秦的臣僚，或随之征战，或定期入朝觐见，但却也乘机积聚力量，准备自立复国。[2] 弘始十年（408）十月，鉴于后秦日益衰弱，乞伏炽磐召结诸部二万七千余人在嵘嵋山（在今甘肃省临洮县北）筑城以居。[3] 十二月，其以后秦河州刺史的身份，用讨伐叛降南凉的原后秦河州刺史彭奚念的名义，进攻枹罕（今甘肃省临夏市），败还。[4] 次年二月，

---

1 《资治通鉴》卷114，晋安帝义熙二年六月条，第3589页。
2 周伟洲：《南凉与西秦》，第128页。
3 《资治通鉴》卷114，晋安帝义熙四年十月条，第3609页。
4 《资治通鉴》卷114，晋安帝义熙四年十二月条，第3610页。

乞伏炽磐前往上邽拜见后秦太原公姚懿，彭奚念乘机进攻乞伏氏嵘峋山大本营，炽磐闻讯后，不告懿而返，击破奚念，并进围枹罕。恰在此时，乞伏乾归随姚兴在平凉，在攻克枹罕后，炽磐派人向乾归汇报了相关的情况，乾归顺势逃回苑川（今甘肃省榆中县东北）。[1]此后，乞伏氏与后秦决裂，积极准备复国。七月，乞伏乾归复称秦王，大赦，改元更始，置百官，公卿以下皆复本位。[2]

弘始十二年（西秦更始二年，410）三月，乞伏乾归攻拔后秦金城（今甘肃省兰州市西固区）。[3]九月，又自西而东攻克了后秦陇西（治襄武，今甘肃省陇西县东南渭河西岸）、南安（治獂道，今甘肃省陇西县东南渭河东岸）、略阳（治临渭，今甘肃省天水市麦积区东）诸郡，并徙民二万五千户于苑川及枹罕。[4]弘始十三年（更始三年，411）正月，姚兴鉴于乞伏乾归势力增强，不断进攻后秦陇西地区，打算命重臣镇抚，陇东太守郭播建议令曾为雍州刺史的尚书令、侍中、大将军姚弼出镇，被姚兴否决。姚兴任命太常索棱为太尉，领陇西内史，使其

1 《资治通鉴》卷115，晋安帝义熙五年二月条，第3613页。
2 《资治通鉴》卷115，晋安帝义熙五年七月条，第3618页；《晋书》卷125《乞伏乾归载记》，第3121~3122页。
3 《资治通鉴》卷115，晋安帝义熙六年三月条，第3629页。
4 《资治通鉴》卷115，晋安帝义熙六年九月条，第3639页。

招抚西秦。乞伏乾归乘机放还之前俘掠的后秦守宰，并谢罪请降。而姚兴也深知"力未能西讨，恐更为边害"，遂遣使拜乾归使持节、散骑常侍、都督陇西岭北杂胡诸军事、征西大将军、河州牧、大单于、河南王，其子炽磐为镇西将军、左贤王、平昌公。乞伏乾归此时又图谋向河西扩张，因此接受了后秦的封拜，向后者称藩。[1] 正如周伟洲先生所言，"乾归所作出的这些妥协，只不过是以这种名义上的臣属，来换取后秦对他在陇右地位的承认，并减少对他的猜忌，便于他的扩张"，"这种臣属关系，正如南凉、北凉臣属于后秦的关系一样，丝毫不会妨碍乾归的扩张"。[2] 十一月，乞伏乾归在攻克后秦略阳太守姚龙据守的伯阳堡（《资治通鉴》中作"柏阳堡"，今甘肃省天水市东）后，又攻克了南平太守王憬据守的水洛城（今甘肃省庄浪县），并徙民四千余户于苑川、三千余户于谭郊（今甘肃省临夏市西北）。[3]

　　更始四年（弘始十四年，412）六月，乞伏乾归被弑杀，乞伏炽磐迅速平定内乱，于八月继位，改元永

1　《资治通鉴》卷 116，晋安帝义熙七年正月条，第 3642 页；《晋书》卷 125《乞伏乾归载记》，第 3122 页。

2　周伟洲：《南凉与西秦》，第 131 页。

3　《资治通鉴》卷 116，晋安帝义熙七年十一月条，第 3648 页；《晋书》卷 125《乞伏乾归载记》，第 3122 页。

康。[1]炽磐继承了乾归向外扩张的政策。弘始十五年（永康二年，413）三月，索棱以陇西降西秦，炽磐以其为太傅。[2]弘始十六年（永康三年，414），西秦灭亡南凉。弘始十七年（永康四年，415），炽磐将北凉势力逐出今湟河流域。[3]之后，西秦又将注意力东转，欲乘后秦疲于应对赫连夏进攻之机，扩展其在东线的势力。弘始十七年（415）十一月，炽磐遣襄武侯昙达、王松寿等将骑一万进攻后秦弥姐康薄于赤水（即赤亭水，今甘肃省陇西县东南渭河支流妙娥沟河），弥姐康薄投降，炽磐以王孟保为略阳太守，镇赤水。[4]弘始十八年（永康五年，416）二月，姚兴病死，姚兴兄弟、诸子争权，后秦更为衰弱。四月，炽磐遣昙达、王松寿等率一万骑兵进攻后秦秦州刺史姚艾于上邽，进至蒲水（在上邽西，今址不详），艾拒战，大败而还。昙达等进屯大利（在上邽西，今址不详），破黄石、大羌（皆在上邽西，今址不详）二戍，徙

1　《晋书》卷125《乞伏乾归载记》，第3122页；《晋书》卷125《乞伏炽磐载记》，第3123页。

2　《资治通鉴》卷116，晋安帝义熙九年三月条，第3658页。

3　西秦灭南凉、逐北凉势力出湟水流域的过程，见周伟洲《南凉与西秦》，第135~136页。

4　《资治通鉴》卷117，晋安帝义熙十一年十一月条，第3683页；《晋书》卷125《乞伏炽磐载记》，第3124页。

五千余户于枹罕。[1] 八月，东晋刘裕出兵伐秦。炽磐亦令秦州刺史王松寿镇马头（今甘肃省天水市秦州区西），威胁后秦上邽城。[2] 十二月，炽磐遣使诣刘裕，表示愿意出兵攻秦以配合刘裕伐秦。[3] 永和二年（417）九月，后秦灭亡。[4] 十月，炽磐令左丞相昙达等进攻后秦上邽镇将姚艾，艾遣使称藩，炽磐以艾为征东大将军、秦州牧。[5]

综上所述，西秦复国后，一直积极向东扩展，希望恢复对陇右地区的统治。然而，在后秦灭亡前，西秦亦未能占领后秦陇右政治中心——上邽。易言之，虽然西秦与后秦一直在陇右地区争战，但并未对后秦构成大的威胁。

第二节　夏国的崛起及其与后秦之间的战争

一　铁弗部、北魏、后秦三方关系演变与夏国的建立

刘勃勃所出的匈奴铁弗部，早期居于新兴郡虑虒县（今山西省五台县东北）之北，雄踞肆卢川（《晋书》中

1 《晋书》卷125《乞伏炽磐载记》，第3124页；《资治通鉴》卷117，晋安帝义熙十二年四月条，第3686页。
2 《资治通鉴》卷117，晋安帝义熙十二年十月条，第3695页。
3 《资治通鉴》卷117，晋安帝义熙十二年十二月条，第3695页。
4 《资治通鉴》卷118，晋安帝义熙十三年九月条，第3709~3711页。
5 《资治通鉴》卷118，晋安帝义熙十三年十月条，第3712页。

作"肆庐川",在今山西省忻州市西北)一带。永嘉四年(310)十月,在西晋并州刺史刘琨和鲜卑拓跋部猗卢的联合攻击下,铁弗部被迫西渡黄河,入居朔方(即河套地区)。[1] 此后,朔方成为铁弗部活动的中心地区,而匈奴铁弗部和鲜卑拓跋部及其建立的代国之间征战不断,虽然也有和平相处的时期,但只是双方势均力敌之下的暂时现象。他们部落首领上层之间的通婚关系,亦只是一种权宜的策略。[2] 前秦宁康四年(376)十月,苻坚以铁弗部首领刘卫辰为向导,征伐代国。十二月,代国灭亡后,苻坚将代国一分为二:晋陕黄河以东云中、雁门一带归独孤部刘库仁,黄河以西朔方一带归铁弗部刘卫辰,各拜官爵,使统其众。[3]

后秦建初元年(386)正月,拓跋珪在牛川(今内蒙古自治区乌兰察布市集宁区)即代王位,改元登国,[4] 后世称之为北魏或后魏。如前所述,建初六年(北魏登国六年,391)十二月,拓跋珪攻灭铁弗部,诛杀卫辰子弟宗党五千余人,尸体投之于河,驻军于盐池(即今陕西

1 《资治通鉴》卷87,晋怀帝永嘉四年十月条,第2752~2754页。
2 吴洪琳:《铁弗匈奴与夏国史研究》,第35页。
3 《资治通鉴》卷104,晋孝武帝太元元年十月、十一月、十二月条,第3277~3278、3278、3278~3280页。
4 《资治通鉴》卷106,晋孝武帝太元十一年正月条,第3357~3358页。

省定边县西北花马池），卫辰亦被其部下所杀。卫辰子勃勃侥幸逃出，投奔鲜卑薛干部太悉伏。拓跋珪得知这一消息后，遣使要求薛干部将勃勃执送北魏。在这种压力下，勃勃被送至活动于高平川（今宁夏回族自治区清水河）流域的鲜卑破多兰部，破多兰部帅没弈于以女妻之，薛干部因此亦招致北魏的征伐。次年（392）二月，没弈于率部降于后秦，被拜为车骑将军、高平公。勃勃当亦于此时归降后秦。之后，勃勃受到了姚兴的赏识，拜为骁骑将军，加奉车都尉。后右迁为安远将军，封杨川侯，使助没弈于镇高平。姚兴曾打算将三城（今陕西省延安市宝塔区东南）、朔方杂夷及卫辰部众三万交给其支配，为后秦伺魏边隙，但在其弟姚邕的劝阻下，姚兴作罢。不久，姚兴以勃勃为使持节、安北将军、五原公，并配给他三交（今陕西省榆林市横山区西）五部鲜卑及杂虏二万余落，使其镇守朔方。[1]

　　田余庆先生指出，"铁弗、拓跋关系虽然也很久远，但不和谐"[2]。其实，从上述铁弗部和拓跋部及其建立的代国的交往过程来看，二者之间可以说是世仇。铁弗部被

1　《魏书》卷95《铁弗刘虎传》，第2226~2227页；《晋书》卷130《赫连勃勃载记》，第3203页。

2　田余庆：《拓跋史探》（修订本），生活·读书·新知三联书店，2019，第68页。

刘琨和拓跋部的联军从代北赶至朔方地区，前秦灭代时铁弗部首领刘卫辰是向导，拓跋珪复国后，就攻灭了铁弗部，诛杀卫辰子弟宗党五千余人，并要求收留勃勃的薛干部将其执送北魏。简言之，北魏对刘卫辰及其宗党子弟采取的是比较决绝的态度，希望斩草除根。因此，对勃勃而言，北魏是其生存的最大威胁。

柴壁之战后，后秦与北魏之间并未和解，而是保持着敌对的状态。《魏书》记载，"天赐元年（后秦弘始六年，404）春正月，遣离石（今山西省吕梁市离石区）护军刘讬率骑三千袭蒲子（今山西省隰县）。三月丙寅，擒姚兴宁北将军、泰平（治今山西省襄汾县西北）太守衡谭，获三千余口"[1]。这说明，在柴壁之战结束一年多后，北魏与后秦之间依然是对峙的状态，且后秦处于守势。

然而，柔然的迅速崛起迫使北魏调整了其对后秦的政策。"自四〇二年起，柔然社仑统一了整个漠北草原，立军法，整顿军队，建立可汗王庭，自称丘豆伐可汗，使柔然迅速由部落联盟进入到早期奴隶制国家的阶段"[2]，"由于柔然和北魏双方的统治者抱着征服和掠夺对方的目的，在四〇二至四八七年这一时期，双方的战争一直没

---

1 《魏书》卷2《太祖纪》，第46页。
2 周伟洲：《敕勒与柔然》，上海人民出版社，1983，第96页。

有停止。据现有的史籍记载，这一时期柔然统治者曾经二十七次侵扰北魏的北部边境，特别是在四二九年以前，几乎每年柔然都要袭击北魏的北境"[1]。与此相反，柔然与后秦之间一直保持着友好关系。弘始四年（北魏天兴五年，402）正月，北魏进袭游牧于河套地区的黜弗、素古延等附属于后秦的部落，柔然社仑遣将救之，北魏和突逆击，社仑大败之后，远遁漠北。[2]柴壁之战后，北魏因顾忌柔然乘虚南下，所以并没有对后秦乘胜追击。

在这种背景下，弘始九年（北魏天赐四年，407）五月，北魏将在柴壁之战中俘获的秦将唐小方放还。对此，后秦亦投桃报李，将其扣押的北魏请婚使节贺狄干放回，并送千匹良马以赎回与唐小方处境相同的狄伯支等人。[3]这样，北魏与后秦解仇讲和。然而，对与北魏有世仇的铁弗部刘勃勃而言，这给其在后秦国内的地位带来了新的不确定性和危险性。为了自保，勃勃谋划叛秦自立，恰在此时，柔然可汗社仑献马八千匹给后秦，勃勃在大城（今内蒙古自治区杭锦旗东南）将其劫掠，然后召集部众三万余人，以前往高平川畋猎的名义，袭杀了其岳

1　周伟洲:《敕勒与柔然》，第112页。

2　《资治通鉴》卷112，晋安帝元兴元年正月条，第3534页。

3　《资治通鉴》卷114，晋安帝义熙三年五月条，第3597页;《晋书》卷118《姚兴载记下》，第2991页。

父——后秦高平公、鲜卑破多兰部部帅没弈于，吞并其部众。[1] 六月，勃勃改姓赫连，自称大夏天王、大单于，大赦，改元龙升，置百官。[2] 这标志着夏国的建立。

二 后秦与夏国在岭北、"河西"地区的攻守

正如吴洪琳先生所言，"对于新建立起来的夏国来说，只能向西或西南发展，因为其东边是已经日益强大且为世仇的北魏政权，北面是强大的柔然，其西南则是南凉和北凉两个政权，势力虽弱，但远在西边。只有南边立国关中的后秦，正日益衰弱，勃勃在臣服于后秦协助其岳父没弈于镇守高平这一时期，应该对后秦北方的各种形势有比较清楚的了解。再加之后秦所据的关中，是'累帝旧都'，这对具有雄心的勃勃来说非常具有吸引力。因此，新建的夏国将进攻的目标和对象锁定在后秦关中地区"[3]。需要补充的是，山川形势也是促使夏国将后秦作为其扩张的主要目标和对象的重要因素。朔方是勃勃及其部属活动的主要区域，其东、北、西三面都被黄

---

1 《资治通鉴》卷 114，晋安帝义熙三年五月条，第 3597 页；《晋书》卷 130《赫连勃勃载记》，第 3202 页。

2 《资治通鉴》卷 114，晋安帝义熙三年六月条，第 3597~3598 页；《晋书》卷 130《赫连勃勃载记》，第 3202 页；《魏书》卷 95《铁弗刘虎传》，第 2227 页。

3 吴洪琳：《铁弗匈奴与夏国史研究》，第 51~52 页。

河环绕。勃勃初起时实力有限，不言而喻，越河进攻对其具有极大的危险性。

后秦弘始九年（夏龙升元年，407）十月，勃勃进攻活动于三城（今陕西省延安市宝塔区东南）附近的鲜卑薛干等三部，降其众数万。之后，又进攻后秦三城以北诸戍，后秦将领杨丕、姚石生等被阵斩。至此，夏国才算是大致站住脚跟。于是，勃勃部下建议定都高平，"陛下将欲经营宇内，南取长安，宜先固根本，使人心有所凭系，然后大业可成。高平险固，山川沃饶，可以都也。"对此，勃勃认为，"吾大业草创，众旅未多，姚兴亦一时之雄，关中未可图也。且其诸镇用命，我若专固一城，彼必并力于我，众非其敌，亡可立待。吾以云骑风驰，出其不意，救前则击其后，救后则击其前，使彼疲于奔命，我则游食自若，不及十年，岭北、河东尽我有也。待姚兴死后，徐取长安。姚泓凡弱小儿，擒之方略，已在吾计中矣。昔轩辕氏亦迁居无常二十余年，岂独我乎！"[1]从后来的发展态势来看，其中"河东"作"河西"更确切，这里的"河西"指晋陕黄河以西的今陕北地区。简言之，勃勃反对固守一城，理由有三：其一，

---

[1] 《晋书》卷130《赫连勃勃载记》，第3202~3203页；《资治通鉴》卷114，晋安帝义熙三年十月条，第3602页。

夏国新建，部众较少；其二，后秦实力不容小觑；其三，应采取游牧人群熟悉的袭扰抢掠战术，避免与后秦之间围绕城池进行攻守战。他还认为，如果执行此战略，十年之内夏国就能掌控岭北和"河西"地区。然后，可以相机行事，在出现有利形势时攻取长安及关中地区。之后，夏国对岭北地区不断进行袭扰，致使该地区诸城城门白天也不敢开启。

此外，为了在进攻后秦时占据更有利的形势，夏国遣使南凉请婚，试图通过联姻与南凉形成同盟关系，在战略上对前秦从西、北两面出击。如前所述，弘始九年（407）十一月，勃勃的求婚遭到了南凉的拒绝，双方因此爆发了战争，勃勃在支阳（今甘肃省永登县东南庄浪河东岸）、阳武（今甘肃省兰州市东黄河峡口）两地都大败傉檀，并以阳武之战中阵亡的南凉将士的尸体为京观，号曰骷髅台。[1]

前已述及，河套通往关中的道路主要有三条：其一，萧关道，自贺兰山麓沿高平川（今宁夏回族自治区清水河）河谷至萧关，再沿泾河及与其平行的支流河谷向东南经长武、彬县到关中；其二，马莲河河谷道，从鄂尔

---

1 《晋书》卷130《赫连勃勃载记》，第3203~3204页；《资治通鉴》卷114，晋安帝义熙三年十一月条，第3602~3603页。

多斯高原西南部沿马莲河及其支流环江河岸谷地，由环县、庆城，东南经长武、彬县前往关中；其三，延州道，由鄂尔多斯高原南下至延安，由延安经富县、黄陵、宜君、铜川市王益区和耀州区进入关中中部，由耀州区南下经三原和泾阳两县即至长安城下。夏国主要利用萧关道和延州道这两条道路展开对后秦的攻击。

在征讨南凉取得大胜后，夏国的实力和自信心都得到了增强。随后，勃勃沿萧关道进至安定郡治附近的青石原（在今甘肃省泾川县西北），在此大败秦将张佛生，俘斩五千余人。[1] 弘始十年（夏龙升二年，408）五月，勃勃对岭北地区的袭扰终于引起了后秦朝廷的重视。姚兴在派遣姚弼等率步骑三万进攻南凉的同时，亦令左仆射齐难率骑二万讨伐勃勃。对于来势汹汹的后秦军队，勃勃并未与其正面交锋，而是采用迂回战术，退保河曲（胡三省注：河曲在朔方东北，即今内蒙古自治区鄂尔多斯市准格尔旗）。显然，后秦此役征讨的重点是南凉，所以只是派齐难率偏师进攻夏国。齐难在获知勃勃"远遁"后，纵兵掠野而不设防。勃勃对其进行偷袭，俘斩七千余人。齐难率军撤退，勃勃追至木城，虏获齐难及其将

---

1 《晋书》卷130《赫连勃勃载记》，第3204页；《资治通鉴》卷114，晋安帝义熙三年十一月条，第3603页。

士一万三千人，戎马万匹。夏国声威大振，岭北地区原属于后秦的数万夷夏民众纷纷投附夏国，勃勃设官置守，对其进行安抚。[1]作为后秦征讨南凉和夏国诸军后继的姚显曾进军至高平。据此可知，齐难率军征讨勃勃极有可能亦是沿萧关道进至高平川，在听闻勃勃退至河曲后，又东北向进行追击，遭遇偷袭后又向西南方撤退，在木城被勃勃追及，全军覆没。"木城"仅此一见，笔者怀疑其极有可能是"大城"的讹写。大城位于今内蒙古自治区鄂尔多斯市杭锦旗东南，齐难撤退行经此城时被勃勃追及。

弘始十一年（龙升三年，409）正月，姚兴令其弟平北将军姚冲、征虏将军狄伯支、辅国将军敛曼嵬、镇东将军杨佛嵩等率骑四万进攻夏国。当率军行至岭北后，姚冲谋划回军袭击长安发动政变，因为狄伯支的反对而被迫中止。姚冲担心阴谋泄露，毒杀了狄伯支。[2]二月，姚兴知悉了姚冲谋反之事，在姚敛成劝谏下以毒杀狄伯支罪名将其赐死。[3]此次军事行动亦因此草草收场。四月，勃勃率骑二万进攻后秦，由高冈（在平凉郡内，今地不

1 《晋书》卷 130《赫连勃勃载记》，第 3204 页；《资治通鉴》卷 114，晋安帝义熙四年五月、七月条，第 3607、3608 页。

2 《晋书》卷 118《姚兴载记下》，第 2992 页；《资治通鉴》卷 114，晋安帝义熙五年正月条，第 3612 页。

3 《晋书》卷 118《姚兴载记下》，第 2992~2993 页；《资治通鉴》卷 114，晋安帝义熙五年二月条，第 3613 页。

详）进至五井（在平凉郡内，今地不详），掳掠平凉杂胡七千余户，进屯依力川（在今宁夏回族自治区固原市原州区东南）。[1]依力川是自陇山东麓通往长武、彬县等地的要径。勃勃进屯此地，极大地威胁着后秦对岭北地区的统辖。

弘始十一年（龙升三年，409）九月，姚兴率军至贰城（今陕西省黄陵县西北），打算以此为大本营，征讨夏国。他令安远将军姚详、辅国将军敛曼嵬及镇军将军彭白狼分别督运租赋以为粮草。趁后秦军力分散之际，勃勃发动突袭，姚兴未战先惧，打算留步军拒守，自己率轻骑前往姚详处与诸将会合，被右仆射韦华谏止。姚兴派左将军姚文宗率禁军、中垒将军齐莫统氏兵拒战，勃勃佯退，设伏以待，姚兴令姚榆生等追击，被夏国伏兵夹击，姚榆生等被擒。姚兴留姚详率禁军五千守贰城，自己返回长安。[2]之后，勃勃又进攻后秦岭北地区，先后攻占了王奚据守的敕奇堡（今甘肃省平凉市崆峒区西北）、金洛生据守的黄石固（今宁夏回族自治区固原市原州区东南）和弥姐豪地据守

1 《晋书》卷130《赫连勃勃载记》，第3204页；《资治通鉴》卷114，晋安帝义熙五年五月条，第3614页。
2 《晋书》卷130《赫连勃勃载记》，第3204页；《晋书》卷118《姚兴载记下》，第2993页；《资治通鉴》卷115，晋安帝义熙五年九月条，第3619~3620页。

的我罗城（今甘肃省平凉市崆峒区北）。将当地民众七千余家徙至大城，以其丞相右地代领幽州牧，在此镇守。[1]此役，勃勃在"河西"贰城取得胜利后，又率军进攻岭北地区。

弘始十二年（龙升四年，410）三月，夏国分三路进攻后秦：其一，尚书胡金纂率骑一万攻平凉（治鹑阴，今甘肃省华亭县西）；其二，勃勃兄子左将军罗提率步骑一万攻后秦北中郎将姚广都驻守之定阳（今陕西省延安市宝塔区东南固县镇）；其三，勃勃率军越过陇山，攻击后秦陇右地区。姚兴率军救援平凉，胡金纂兵败被杀。罗提顺利攻占定阳，擒获姚广都，坑杀守军四千余人。勃勃在攻占白崖堡（今甘肃省清水县西）后，又进攻清水（今甘肃省清水县），后秦略阳（治临渭，今甘肃省天水市麦积区东，清水是略阳郡辖县）太守姚寿都弃城奔上邽，勃勃又将临渭城民一万六千户迁徙至大城。姚兴自安定率军追至寿渠川（今甘肃省镇原县西北），不及而返。为躲避夏国的侵袭，曹炽、曹云和王肆佛各率数千户内徙，姚兴将王肆佛安置在湟山泽（今址不详），将曹炽、曹云安置于陈仓（今陕西省宝鸡市渭滨区东，在渭

---

1 《晋书》卷130《赫连勃勃载记》，第3204页；《资治通鉴》卷115，晋安帝义熙五年九月条，第3620页。

水北岸）。[1]此役，勃勃兵分三路，分别进攻后秦“河西”、岭北和陇右地区。

据市来弘志先生研究，至此，赫连勃勃才确立了其大致的势力范围——河套草原和高平河流域，即原来匈奴铁弗部的住地、后秦任命赫连勃勃守备的大城周边、没弈于统率高平鲜卑所据的高平河谷流域以及鲜卑薛干部活动的三城附近区域。后秦军亦不敢轻易地侵入三城和高平连接线以北地区。[2]

弘始十三年（龙升五年，411）正月，因为夏国进逼，镇守杏城（今陕西省黄陵县西南）的姚详在粮草断绝后南奔大苏（今陕西省黄陵县南），勃勃遣其平东将军鹿弈于追击，尽数擒获姚详及其部众，姚详被勃勃数罪而斩之。后秦遣卫大将军姚显前来接应，不及，遂进屯杏城。[3]之后，勃勃率骑三万攻安定（治安定县，今甘肃省泾川县北），在青石北原（在今甘肃省泾川县西北）大败后秦

1　《资治通鉴》卷115，晋安帝义熙六年三月条，第3629~3630页；《晋书》卷118《姚兴载记下》，第2994页；《晋书》卷130《赫连勃勃载记》，第3204~3205页。

2　市来弘志：《赫连勃勃的领土扩大过程与农牧区分界线》，桑亚戈译，史念海主编《汉唐长安与关中平原》（《中国历史地理论丛》增刊），1999，第382~383页。

3　《资治通鉴》卷115，晋安帝义熙七年正月条，第3643页；《晋书》卷118《姚兴载记下》，第2995页；《晋书》卷130《赫连勃勃载记》，第3205页。

尚书杨佛嵩，降其众四万五千，缴获戎马二万匹。又进攻党智隆据守的东乡（今址不详，在安定城附近），党智隆投降，勃勃以其为光禄勋，将东乡民众三千余户徙至贰城。后秦镇北参军王买德背秦而奔夏，勃勃以其为军师中郎将。[1]此年，夏国依然是从岭北和"河西"两个方向对后秦展开进攻。

弘始十四年（龙升六年，412）十月，姚兴任命杨佛嵩为都督岭北讨虏诸军事、安远将军、雍州刺史，率领岭北地方现有的军队进讨夏国，杨佛嵩战败被俘，绝食而死。[2]这是后秦最后一次主动进攻夏国。随后，姚兴令姚绍、姚弼率禁卫诸军镇抚岭北以善后。[3]此后，由于姚弼争储，内乱不已，对于夏国的攻势只能被动应对，无暇亦无力主动出击。

弘始十六年（夏凤翔二年，414）五月，贰城羌叛乱，姚兴派遣后将军姚敛成、镇军将军彭白狼、北中郎将姚洛都进讨，姚敛成为羌所败，诣见赵兴（治今甘肃省宁县附近）太守姚穆自首服罪，姚穆打算将其送往长安治

---

1 《资治通鉴》卷116，晋安帝义熙七年正月条，第3643页；《晋书》卷130《赫连勃勃载记》，第3205页。

2 《资治通鉴》卷116，晋安帝义熙八年十月条，第3650页；《晋书》卷118《姚兴载记下》，第2997页。

3 《晋书》卷118《姚兴载记下》，第2997页。

罪，姚敛成大怒，遂逃奔夏国。[1]此时，"妖贼"李弘又在贰城造反，当地氐人仇常起兵响应，已身染重病的姚兴亲自前往平叛，以阵斩仇常并擒获李弘平息了这场叛乱。[2]由此可见，处于后秦与夏国前线的贰城军心不稳，常常发生反叛等事件，这使得后秦防守夏国进攻的处境更加艰难。

弘始十七年（凤翔三年，415）三月，勃勃进攻后秦"河西"地区重镇杏城，经过二十日的攻坚战，夏国军队攻克杏城，俘虏后秦守将姚逵、姚大用、姚安和、姚利仆、尹敌等将领，并坑杀守城士卒两万人。为防止夏国军队乘胜南下，姚兴率军进入北地（治泥阳，今陕西省铜川市耀州区南），并派遣广平公姚弼和辅国将军敛曼嵬等率军据守新平（治新平，今陕西省彬县），防止夏国军队越过子午岭侵扰岭北。[3]九月，勃勃遣其将赫连建率数千骑进攻平凉（治鹑阴，今甘肃省华亭县西），在俘获后秦平凉太守姚周都后，率军沿回中道即今千河河谷进入今凤翔等关中西部地区。姚弼在龙尾堡（今陕西

1　《晋书》卷118《姚兴载记下》，第2997页；《资治通鉴》卷116，晋安帝义熙十年五月条，第3664页。

2　《晋书》卷118《姚兴载记下》，第2998页；《资治通鉴》卷116，晋安帝义熙十年五月条，第3664页。

3　《资治通鉴》卷117，晋安帝义熙十一年三月条，第3677页；《晋书》卷130《赫连勃勃载记》，第3206页。

省岐山县东）截击，大破之，俘赫连建，送至长安。[1]夏
国攻占杏城和平凉后，在东线，沿延州道南下，过北地
郡即至长安城下；在西线，由平凉出发，沿泾河上游河
谷及与其平行的支流河谷自西而东，即可进攻安定、新
平等郡，进而南下进攻关中西部地区。

后秦永和元年（凤翔四年，416）六月，仇池杨盛
在攻占祁山（在今甘肃省礼县东）后，北上进逼后秦秦
州，后秦后将军姚平率军救援，杨盛退兵，姚平与上邽
守将姚嵩率军追击。趁此之际，勃勃率骑四万袭上邽。
随后，姚嵩战死于竹岭（在今甘肃省天水市秦州区西
南）。于是，经过二十日的围攻，勃勃攻克上邽，杀后
秦秦州刺史姚军都及守城将士五千余人，并将上邽城破
坏殆尽。之后，翻越陇山进入岭北地区，进攻阴密（今
甘肃省灵台县西，在达溪河北岸），杀后秦守将姚良子
及将士万余人，并以其子赫连昌为使持节、前将军、雍
州刺史，镇阴密。后秦征北将军姚恢弃守安定，奔还长
安。安定人胡俨、华韬等率户五万据城降夏。勃勃令镇
东将军羊苟儿率鲜卑五千镇守。之后，勃勃又率军南下
进攻雍城（今陕西省凤翔县南），后秦雍城守将镇西将

---

1 《资治通鉴》卷117，晋安帝义熙十一年九月条，第3681页；《晋书》卷
118《姚兴载记下》，第3001页。

军姚谌弃守奔长安，勃勃占据雍城，又东向抄掠郿城（今陕西省眉县东，在渭河北岸）。后秦东平公姚绍及征虏将军尹昭、镇军将军姚恰等率步骑五万进击，后秦军队进至横水（今陕西凤翔县东南三十里横水乡），勃勃退向安定，胡俨等杀羊苟儿及所将鲜卑，闭门拒守，又以安定降后秦。姚绍率军在马鞍阪（今甘肃省平凉市崆峒区东）打败夏国军队后，继续追击至朝那（今宁夏回族自治区彭阳县西南），不及而还。[1] 至此，虽然岭北重镇安定依然在后秦手中，不过已是孤城悬守，夏国在岭北地区已经占据优势，其兵锋亦已越过岭北进入关中西部地区。

八月，刘裕自建康出发，督率诸将数道伐秦（详见后文）。[2] 听闻此消息后，勃勃认为："刘裕伐秦，水陆兼进，且裕有高世之略，姚泓岂能自固！吾验以天时人事，必当克之。又其兄弟内叛，安可以距人！裕既克长安，利在速返，正可留子弟及诸将守关中。待裕发轸，吾取之若拾芥耳，不足复劳吾士马。"[3] 简言之，勃勃对当时的

---

1 《资治通鉴》卷117，晋安帝义熙十二年六月条，第 3687~3688 页；《晋书》卷 118《姚泓载记》，第 3010 页；《晋书》卷 130《赫连勃勃载记》，第 3207 页。

2 《资治通鉴》卷117，晋安帝义熙十二年八月条，第 3689~3690 页。

3 《晋书》卷 130《赫连勃勃载记》，第 3207~3208 页。

形势进行了评估，认为刘裕伐秦必然会取得胜利，但是不能久留关中，在后秦灭亡而刘裕南返后，夏国可以坐收渔翁之利，以比较小的代价取得关中地区。

后秦永和二年（夏凤翔五年，417）正月，后秦征北将军姚恢焚庐舍，率三万八千安定镇户自岭北趋长安，以清君侧之名反叛。[1] 夏国或趁此机会进据安定，后秦岭北郡县镇戍皆望风而降。于是，夏国尽有岭北之地。[2] 此后，后秦灭亡前，夏国再未对其用兵。

综上所述，赫连勃勃叛秦自立后，就制定了从岭北和晋陕黄河以西的"河西"地区同时进攻后秦的战略，并积极付诸行动，几乎是无年不战，在刘裕灭后秦前夕，其已经完全占领了关中以北地区。只欲假刘裕之手灭秦，然后在刘裕退兵后占领关中地区。对后秦而言，夏国是其灭亡的掘墓人。夏国对后秦北境的不断侵袭，极大地削弱了后秦的国力与兵力。且由于夏国对后秦虎视眈眈，使得后者不免有后顾之忧，不能集中全力抵抗刘裕，这在客观上又为刘裕灭亡后秦提供了助力。

---

1 《资治通鉴》卷 117，晋安帝义熙十三年正月条，第 3698~3699 页；《晋书》卷 118《姚泓载记》，第 3013 页。
2 《晋书》卷 130《赫连勃勃载记》，第 3208 页。

第三节　刘裕伐秦与后秦灭亡

一　后秦与东晋关系的恶化

孝武帝死后，东晋政局复杂多变，各种政治势力和人物此起彼伏。在政治斗争中失利的人物经常逃入与东晋接壤的后秦、南燕和北魏境内。同时，为了自保，后秦采取扶弱抑强的对外策略，试图建立多元均势的政治格局，避免一家独大。此外，掌握东晋政权的权臣往往通过北伐及恢复中原来增加其声望地位，夺取权力，而后秦立国关中，并控制西晋旧都洛阳，不可避免地成为北伐的对象。因此，后秦与东晋的关系随着刘裕在东晋政权内部地位的日益升高而恶化。

弘始四年（东晋元兴元年，402）正月，桓玄举兵东下，谋图篡晋。[1]二月，晋宗室、襄城（东晋侨置于春谷县，在今安徽省繁昌县荻港镇南，位于长江南岸）太守司马休之战败弃城出逃。[2]三月，北府兵首领刘牢之降桓玄后，被削夺军权，于是又密谋讨玄，因僚属不支持而出走，后自杀。[3]刘牢之子刘敬宣、婿广陵（治广陵，在

1　《资治通鉴》卷112，晋安帝元兴元年正月条，第3535页。

2　《资治通鉴》卷112，晋安帝元兴元年二月条，第3537页。

3　《资治通鉴》卷112，晋安帝元兴元年三月条，第3540页。

今江苏省扬州市广陵区西北）相高雅之和司马休之俱奔洛阳，并以宗族子弟为质向后秦求援，姚兴给他们符信，让他们在关中地区募兵，在募集到数千人后，返回彭城（治彭城，今江苏省徐州市鼓楼区）地区屯据，招集故旧。[1] 十月，桓玄大杀北府旧将，吴兴太守高素、将军竺谦之及其从兄郎之、刘袭及其弟季武等皆死于此。刘袭兄冀州刺史刘轨邀集司马休之、刘敬宣、高雅之等于山阳（今江苏省淮安市淮阴区）谋划起兵讨玄。起事失败后，刘轨等出逃，北府旧将辅国将军袁虔之、宁朔将军刘寿、冠军将军高长庆、龙骧将军郭恭等人亦因不见容于桓玄而随刘轨等逃亡。众人本打算出奔北魏，但行至陈留（治小黄，今安徽省亳州市谯城区）南部时，分兵二路：刘轨、司马休之、刘敬宣、高雅之等奔南燕；袁虔之、刘寿、高长庆、郭恭等奔后秦。[2] 十二月，袁虔之等到长安后，姚兴和他们就桓玄及东晋当时的政局进行了一次对话，姚兴云："桓玄虽名晋臣，其实晋贼，其才度定何如父也？能办成大事以不？"袁虔之答曰："玄籍世资，雄踞荆楚，属晋朝失政，遂偷窃宰衡。安忍无亲，多忌好杀，位不才授，爵以爱加，无公平之度，不如其

---

1 《资治通鉴》卷112，晋安帝元兴元年三月条，第3541页；《宋书》卷47《刘敬宣传》，第1535页。
2 《资治通鉴》卷112，晋安帝元兴元年十月条，第3544~3545页。

父远矣。今既握朝权，必行篡夺，既非命世之才，正可为他人驱除耳。此天以机便授之陛下，愿速加经略，廓清吴楚。"[1]简言之，关于桓玄专权后东晋政局的走向，袁虔之认为其一定会篡晋，而其才德不足以成为开国之君，只能成为东晋的末世群雄，为新朝发挥"驱除"的作用，并建议后秦趁机出兵东晋。[2]

弘始五年（东晋元兴二年，403），东晋顺阳（治酂，今湖北省老河口市西北西集街北）太守彭泉以郡降后秦，姚兴派遣杨佛嵩率骑五千与荆州刺史赵曜前往接应，遂攻陷南乡（治南乡，今河南省淅川县西南丹江水库内），并向东略地至梁国（都睢阳，今河南省商丘市南）。[3]据牟发松等先生研究，东晋汉水以北南乡、顺阳、南阳（治宛，今河南省南阳市宛城区）、新野（治新野，今河南省新野县）、舞阴（治舞阴，今河南省泌阳县西北）和淮河以北襄城（治襄城，今河南省襄城县）、颍川（治阳翟，今河南省禹州市）、陈郡（治陈，今河南省淮阳县）、梁郡（治睢阳，今河南省商丘市睢阳区）、汝阳（治汝阳，今河南省商水县西北）、南顿（治南顿，今河南省项

---

1 《晋书》卷117《姚兴载记上》，第2982~2983页。

2 关于"驱除"，参见徐冲《中古时代的历史书写与皇帝权力起源》，上海古籍出版社，2017，第87~91页。

3 《晋书》卷117《姚兴载记上》，第2983页。

城市西南）诸郡当于此时陷于后秦。[1] 桓玄遣使后秦，请求放还洛阳城陷时被俘的河南太守辛恭靖和何澹之。姚兴遣还何澹之，辛恭靖亦遁归。[2] 之后，东晋汝南（治涂口，今湖北武汉市江夏区东）太守赵策委叛，奔后秦。[3] 牟发松等先生认为，后秦或于此时乘势取得新蔡郡（治新蔡，今河南省新蔡县）。[4] 弘始六年（东晋元兴三年，404）五月，桓玄兵败身死。[5] 次年正月，东晋军队攻陷江陵城（今湖北省荆州市荆州区）。桓楚政权卫将军、新安王桓谦，临原王桓怡，雍州刺史桓蔚，左卫将军桓谧，中书令桓胤，将军何澹之及温楷等桓氏余党皆逃奔后秦。[6]

弘始七年（东晋义熙元年，405）七月，刘裕遣大参军衡凯之出使后秦，诣见姚显，希望相互通使，和平往

1　牟发松、毋有江、魏俊杰：《中国行政区划通史·十六国北朝卷》，第334页。

2　《晋书》卷117《姚兴载记上》，第2984页；《晋书》卷89《忠义·辛恭靖传》，第2321页。

3　《晋书》卷117《姚兴载记上》，第2984页。

4　牟发松、毋有江、魏俊杰：《中国行政区划通史·十六国北朝卷》，第334页。

5　《资治通鉴》卷113，晋安帝元兴三年五月条，第3571~3572页；《晋书》卷99《桓玄传》，第2601页。

6　《资治通鉴》卷114，晋安帝义熙元年正月条，第3578~3579页；《晋书》卷117《姚兴载记上》，第2985页。

来。姚显派遣吉默报聘，之后聘使往还不绝。在此期间，东晋请求后秦归还彭泉和赵策降秦时被后秦占领的南乡等郡，群臣反对，姚兴云："天下之善一也。刘裕拔起细微，能诛讨桓玄，兴复晋室，内釐庶政，外修封疆，吾何惜数郡，不以成其美乎！"易言之，基于建立多元均势的政治格局的考虑，面对北魏在关东地区的席卷之势及对后秦的虎视眈眈，他希望交好上下统一而非分裂混战的东晋，以牵制北魏，而刘裕正在兴复晋室，自己愿意玉成此事。于是，他归还了东晋南乡等十二郡。[1]

弘始六年（东晋元兴三年，404）三月，东晋尚书左仆射王渝合家被刘裕诛杀，只有其孙王慧龙侥幸逃出，前往江陵投奔其叔祖父王忱故史、荆州前治中习辟疆。[2]次年九月，东晋使持节、都督荆益梁宁秦雍六州诸军事、荆州（治江陵，今湖北省荆州市荆州区）刺史、征虏将军、领南蛮校尉魏咏之卒，习辟疆与荆州前别驾刘期公、江陵令罗修和土人王腾等谋举兵反叛，共推王慧龙为盟主，聚集兵马，准备夺取江陵城。然而，刘裕得知魏咏之死讯后，担心江陵有变，急遣其弟刘道规坐镇荆州，

---

1 《资治通鉴》卷114，晋安帝义熙元年七月条，第3585页。

2 《晋书》卷10《安帝纪》，第256页；《晋书》卷75《王渝传》，第1970页；《魏书》卷38《王慧龙传》，第969页。

于是王慧龙等的计划未能实现。不得已,罗修偕同王慧龙等北上襄阳(今湖北省襄阳市襄城区),在东晋雍州(寄治襄阳)刺史鲁宗之帮助下,经虎牢关(今河南省荥阳市西北)投奔后秦。[1]

后秦弘始九年(东晋义熙三年,407)八月,为了让从南燕逃归东晋的刘敬宣拥有足够的军功,刘裕上表,遣其率兵五千西征谯蜀,并以刘裕弟刘道规为征蜀都督。[2]九月,面对刘敬宣来势凶猛的进攻,谯蜀成都王谯纵遣使称藩于后秦,联合后秦对抗东晋的攻伐。[3]次年五月,谯纵又上表姚兴乞师,并请求后秦派桓氏余党桓谦入蜀,希望借助桓氏家族在荆州地区的深厚根基和声望来阻滞刘敬宣的进攻,姚兴在征询了桓谦的意见后遣其入蜀;同时,谯纵又暗通卢循,试图相互协作,牵制刘裕对他们的攻伐。[4]七月,刘敬宣率军过三峡后,令振武将军、巴东太守温祚率军二千沿外水(今四川省成都市府河及其下游岷江)北上佯攻,自己率益州刺史鲍陋、辅国将军文处茂、龙骧将军时延祖由垫江(今重庆市合川区)

---

1 《魏书》卷38《王慧龙传》,第969页;《资治通鉴》卷114,晋安帝义熙元年七月条,第3585页。

2 《资治通鉴》卷114,晋安帝义熙三年八月条,第3601页。

3 《资治通鉴》卷114,晋安帝义熙三年九月条,第3601页。

4 《资治通鉴》卷114,晋安帝义熙四年五月条,第3606页。

沿今涪江向西北进攻。谯纵再次向后秦求援，姚兴派平西将军姚赏、南梁州刺史王敏率兵两万赴援。当进至距成都五百里的黄虎城（在今四川省射洪县东南）时，刘敬宣军遭到谯蜀辅国将军谯道福的阻击，相持六十余日，大小十余战。后因粮尽，加之军中疾疫流行，刘敬宣引军还。[1] 之后，谯纵遣使后秦，拜谢其出师救援之恩。弘始十一年（义熙五年，409）正月，姚兴亦遣其兼司徒韦华出使谯蜀，持节策拜谯纵为大都督、相国、蜀王，加九锡，备物典策一如魏晋故事，承制封拜悉如王者之仪。[2]

弘始十一年（义熙五年，409）三月，刘裕出师征讨南燕。[3] 六月，刘裕围南燕皇帝慕容超于首都广固（今山东省青州市西北），南燕遣尚书令韩范向后秦乞师求援，姚兴令卫将军姚强率步骑一万，随韩范前往洛阳，与洛阳镇将姚绍会合之后前往救援南燕。[4] 七月，姚兴遣使威胁刘裕说："慕容氏相与邻好，今晋攻之急，秦已遣铁骑十万屯洛阳；晋军不还，当长驱而进。"试图吓阻刘裕对

1 《资治通鉴》卷114，晋安帝义熙四年七月条，第3609页；《宋书》卷47《刘敬宣传》，第1538页。
2 《晋书》卷118《姚兴载记下》，第2992页；《资治通鉴》卷115，晋安帝义熙五年正月条，第3612页。
3 《晋书》卷10《安帝纪》，第261页。
4 《晋书》卷128《慕容超载记》，第3183页；《资治通鉴》卷115，晋安帝义熙五年六月、九月条，第3617~3618、3620页。

南燕的征伐。然而，刘裕对此完全不理会，反而对后秦
使者说："语汝姚兴：我克燕之后，息兵三年，当取关、
洛。今能自送，便可速来！"[1]九月，姚兴在贰城大败于夏
国赫连勃勃，无奈追回姚强军。[2]后秦弘始十二年（南燕
太上六年，410）二月，刘裕攻破广固城，俘慕容超，南
燕灭亡。[3]

　　桓玄之乱时，司马国璠和弟弟司马叔璠北逃奔南燕。
南燕灭亡后，走投无路的司马国璠、司马叔璠兄弟和司
马叔道于弘始十二年（410）六月一起投奔后秦，姚兴问
云："刘裕方诛桓玄，辅晋室，卿何为来？"司马国璠等
人答曰："裕与不逞之徒削弱王室，宗门能自修立者莫不
害之。是避之来，实非诚款，所以避死耳。"对于司马国
璠这番回答，姚兴表示赞赏，任命国璠为建义将军、扬
州刺史，叔道为平南将军、交州刺史，并赐给他们住宅。[4]
弘始十六年（东晋义熙十年，414），司马国璠兄弟率众
数百偷渡淮河，趁夜进入广陵城，但被东晋青州刺史领

1 《资治通鉴》卷 115，晋安帝义熙五年七月条，第 3618 页。
2 《资治通鉴》卷 115，晋安帝义熙五年九月条，第 3620 页；《晋书》卷
128《慕容超载记》，第 3183 页。
3 《资治通鉴》卷 115，晋安帝义熙六年二月条，第 3626~3627 页；《晋书》
卷 128《慕容超载记》，第 3184 页。
4 《晋书》卷 118《姚兴载记下》，第 2993 页；《资治通鉴》卷 115，晋安
帝义熙六年六月条，第 3635~3636 页。

广陵相檀祇击退。[1]

　　乘刘裕率军征讨南燕之机，卢循听从徐道覆的建议，于弘始十二年（义熙六年，410）再次起兵，剑指建康。[2]随后，相继战胜领兵抵抗的江州刺史何无忌和前来讨伐的卫将军刘毅，获得数百艘船只、大量辎重物资及兵众。不过，刘裕在听闻后，迅速回师守卫建康，卢循等进攻建康遇挫。七月，卢循退兵寻阳（今湖北省黄梅县西南），意图转取荆州继续与东晋对抗。[3]八月，谯纵遣其侍中谯良、太常杨轨入秦，请求乘卢循起兵之机，双方共同出兵讨晋，姚兴应允。谯纵派其荆州刺史桓谦、梁州刺史谯道福率众两万东攻江陵（今湖北省荆州市荆州区），姚兴派前将军苟林率骑兵与之配合。苟林在寻阳战败自荆州东下支援建康的东晋荆州司马王镇之等人，卢循听闻后，以其为南蛮校尉，分配一些自己的军队给苟林，让他进攻江陵。此外，桓氏家族在荆州长期经营，其故吏部曲遍布荆楚，桓谦一路招募义旧，有两万民众投效。之后，桓谦屯军枝江（今湖北省枝江市东北），苟林驻军江津（在今湖北省荆州市荆州区南长江中

1　《资治通鉴》卷116，晋安帝义熙十年条，第3672页。

2　《资治通鉴》卷115，晋安帝义熙六年二月条，第3627~3628页。

3　《资治通鉴》卷115，晋安帝义熙六年三月、五月、七月条，第3628~3629、3631~3632、3635~3636页。

沙洲上），从长江上下游对江陵形成包围。东晋雍州刺史
鲁宗之率众数千自襄阳（今湖北省襄阳市襄城区）驰援
江陵。在鲁宗之的支援下，东晋荆州刺史刘道规在枝江
（今湖北省枝江市东北）大败桓谦，并追斩之；又进讨苟
林，苟林遁走，后被斩于巴陵（治巴陵，今湖南省岳阳
市岳阳楼区）。[1]

弘始十七年（东晋义熙十一年，415）正月，为了
排除代晋自立的潜在障碍，刘裕亲自率军讨伐东晋宗室、
荆州刺史司马休之。雍州刺史（侨置于襄阳，今湖北省
襄阳市襄城区）鲁宗之虑及自己原为刘毅旧部，恐亦不
见容于刘裕，于是和东晋辅国将军、竟陵（治石城，今
湖北省钟祥市）太守鲁轨一同起兵，与司马休之联合对
抗刘裕。[2] 二月，司马休之一面上表刘裕罪状，整兵备战；
一面分别遣使后秦、北魏求援，后秦派遣征虏将军姚成
王和司马国璠率骑兵八千赴援。五月，当后秦军队行至
南阳（治宛，今河南省南阳市宛城区）时，听闻司马休
之等人起兵失败的消息，于是还师。司马休之及其子谯
王文思，鲁宗之及其子鲁轨，新蔡王司马道赐，宁朔将

---

1 《资治通鉴》卷 115，晋安帝义熙六年八月、九月条，第 3637~3638、
3638 页。
2 《资治通鉴》卷 117，晋安帝义熙十一年正月条，第 3673~3674 页；《晋
书》卷 10《安帝纪》，第 264 页。

军、梁州刺史马敬，宁朔将军、南阳太守鲁范等亡奔后
秦。司马休之等到长安后，后秦任命司马休之为镇南将
军、扬州刺史，对鲁宗之等亦各有拜授。[1] 次年正月，鲁
宗之将兵进攻襄阳，半道而卒，其子鲁轨被东晋雍州刺
史赵伦之击败。[2] 这是后秦最后一次主动对东晋的进攻，
二月，刘裕即戒严，准备伐秦。[3]

　　如前所述，后秦自派军至姑臧迎吕隆内徙后，不再
以扩张领土为务，而是对外修结邻好，希望建立和平的
周边关系。同时，为了自保，它采取扶弱抑强的对外策
略，试图建立多元均势的政治格局，避免一家独大。因
此，一方面，当桓玄和刘裕遣使后秦，希望放还东晋被
俘官员或归还被占领土时，姚兴都基本答应了其请求，
这是因为他希望与东晋权臣之间建立友好的关系。同时，
由于东晋末年政局波诡云谲，为了应对这一局面，后秦
两边押宝，也收容支持暂时失败的一方，以减弱东晋政
局动荡对后秦与其关系的影响。另一方面，姚兴与谯蜀、
南燕等通使，在东晋进攻它们的时候，都曾派兵支援，
以保持多政权并立的局面，避免东晋一家独大而威胁后

1　《资治通鉴》卷117，晋安帝义熙十一年二月、五月条，第3674、3678页；
《晋书》卷118《姚兴载记下》，第3000~3001页。
2　《资治通鉴》卷117，晋安帝义熙十二年正月条，第3684页。
3　《资治通鉴》卷117，晋安帝义熙十二年二月条，第3686页。

秦。此外，南燕政权灭亡后，后秦有唇亡齿寒之感，开始支持谯蜀和东晋流亡后秦的反刘裕势力对东晋的攻伐和侵袭，试图以此阻止刘裕对后秦的进攻。而这一系列的行动，却为刘裕伐秦提供了口实。在伐秦时，东晋军队曾进占北魏滑台（在今河南省滑县东南）以借道。在回答北魏叔孙建的问询时，刘裕有云："洛是晋之旧京，而羌姚据之。晋欲修复山陵之计久矣，而内难屡兴，不暇经营。司马休之、鲁宗之父子、司马国璠兄弟、诸桓宗属，皆晋之蠹也，而姚氏收集此等，欲以图晋，是以伐之。"[1] 在其中，刘裕指出，其之所以伐秦，其一，是为了收复旧京洛阳，修复西晋诸帝山陵；其二，是因为后秦收留东晋反刘裕势力，威胁东晋政权的稳定。

二　刘裕灭后秦

徐冲先生指出，"在始于魏晋的'禅让'王朝更替模式之下，新王朝创业之主的身份最初也是前代王朝之臣子，但却没有站在前代王朝的对立面否定这一身份；相反，其所采取的立场是将这一身份发扬光大，竭心尽力来平定前代王朝之末世乱局，由此成为前代王朝之'功臣'，实现'臣'之身份的最大化；既而由此开启王朝

1　《魏书》卷29《叔孙建传》，第785~786页。

更替的契机，以功德为公、为王，开建王国，遇以殊礼，其身份一步步实现'去臣化'；最后由其本人或者继任者接受前代皇帝的禅让，正式即位建立新朝。"[1] 希图代晋自立的东晋权臣们亦遵循这一模式开启其"禅让"之路。桓温为自己制定了"先立功河朔，还受九锡"的代晋之路。[2] 桓玄亦曾"上表请帅诸军扫平关、洛"。[3] 显然，对刘裕而言，"廓清中畿、光复旧京"是其代晋自立的必要条件。《魏书·岛夷刘裕传》中即云："裕志倾僭晋，若不外立功名，恐人望不许，乃西伐姚泓。"[4] 这正如徐冲先生所言，攻灭后秦姚泓，一举克复魏晋旧都洛阳与长安，只能视为刘裕集团按照魏晋以来"禅让"模式的意识形态要求，为取得王朝更替的正当资格——"最大化"王朝"功臣"的身份——而进一步采取的行动。[5]

关于刘裕伐秦的时机，《宋书·武帝纪》中有云："初公平齐，仍有定关、洛之意，值卢循侵逼，故其事不谐。荆、雍既平，方谋外略。会羌主姚兴死，子泓立，兄弟

1　徐冲：《中古时代的历史书写与皇帝权力起源》，上海古籍出版社，2017，第16页。

2　《晋书》卷98《桓温传》，第2577页。

3　《资治通鉴》卷113，晋安帝元兴二年正月条，第3548页。

4　《魏书》卷97《岛夷刘裕传》，第2309页。

5　徐冲：《中古时代的历史书写与皇帝权力起源》，第26页。

相杀，关中扰乱，公乃戒严北讨。"[1] 易言之，义熙六年，在灭亡南燕后，刘裕曾打算继续西向伐秦，只是因为卢循在广州再次起兵而放弃。义熙十一年五月，在平定了荆州刺史司马休之和雍州刺史鲁宗之后，刘裕就将伐秦提上了日程。后秦永和元年（东晋义熙十二年，416）正月，姚兴卒，姚泓继立，刘裕决定乘机伐秦。

如前所述，弘始十一年（东晋义熙五年，409）七月，对于前来以出兵威胁东晋停止进攻南燕的后秦使节，刘裕明言自己将在灭燕三年之后伐秦。因此，至迟不晚于南燕灭亡，后秦朝廷已经知晓了刘裕伐秦的意图，也相应地进行了布置。其一，派遣流亡后秦的司马国璠兄弟、司马休之等对东晋边境地区进行侵扰；其二，与谯蜀共同出兵进攻荆州地区，并与卢循在战略上相互配合；其三，与北魏联姻，增进秦、魏友谊，以共抗东晋。前两点前已述及，不赘。关于第三点，详述如次。

如前所述，弘始九年（北魏天赐四年，407）后秦与北魏解仇讲和后，刘勃勃叛秦自立，后建立夏国，并不断侵扰后秦的岭北和"河西"地区。弘始十一年（北魏天赐六年，409）三月，后秦遣使北魏。[2] 关于此次遣

---

1 《宋书》卷2《武帝纪中》，第38页。
2 《魏书》卷2《太祖纪》，第48页。

使的目的和细节，史书阙载。笔者认为，后秦此次主动遣使北魏，极有可能是为了联合后者共同对付夏国赫连勃勃。然而，当时道武帝因服食寒食散已陷入混乱，无暇外顾，此次遣使或无功而返。弘始十二年（北魏永兴二年，410）二月，南燕灭亡。弘始十三年（北魏永兴三年，411）六月，后秦遣使北魏。[1]弘始十四年（东晋义熙八年，412）十二月，刘裕令朱龄石等率军伐蜀。[2]弘始十五年（北魏永兴五年，413）三月庚午，姚兴遣使北魏修好。[3]显然，后秦日益感受到来自东晋的威胁，对于其对外用兵愈来愈敏感。七月，谯蜀灭亡。[4]至此，刘裕已经完全解决了内部问题，统一了长江流域，成为后秦、北魏南面的强邻。于是，后秦和北魏都需要与对方进一步结好以对抗东晋。在这种背景下，十一月，"魏主嗣遣使请昏于秦，秦王兴许之"[5]。弘始十六年（北魏神瑞元年，414）八月戊子，北魏明元帝"诏马邑侯元陋孙使于姚兴"[6]。同月辛丑，姚兴遣兼散骑常侍、尚书吏部郎严康至

---

1 《魏书》卷3《明元帝纪》，第59页。

2 《资治通鉴》卷116，晋安帝义熙八年十二月条，第3656页。

3 《资治通鉴》卷116，晋安帝义熙九年三月条，第3658页；《魏书》卷3《明元帝纪》，第61页，第76页注［六］。

4 《资治通鉴》卷116，晋安帝义熙九年七月条，第3661~3662页。

5 《资治通鉴》卷116，晋安帝义熙九年十一月条，第3663页。

6 《魏书》卷3《明元帝纪》，第63页。

北魏报聘。[1] 在如此短的时间内后秦和北魏相互遣使，极有可能是就婚礼的细节与对方作详细的沟通。[2] 弘始十七年（北魏神瑞二年，415）十月壬子，"姚兴使散骑常侍、东武侯姚敞，尚书姚泰，送其西平公主来，帝以后礼纳之"[3]。关于此次北魏向后秦的请婚，姚兴和其平阳太守姚成都曾进行过一次讨论，《晋书·姚兴载记下》中记述：

> 时魏遣使聘于兴，且请婚。会平阳太守姚成都来朝，兴谓之曰："卿久处东籓，与魏邻接，应悉彼事形。今来求婚，吾已许之，终能分灾共患，远相接援以不？"成都曰："魏自柴壁克捷已来，戎甲未曾损失，士马桓桓，师旅充盛。今修和亲，兼婚姻之好，岂但分灾共患而已，实亦永安之福也。"兴大悦，遣其吏部郎严康报聘，并致方物。[4]

其中，姚兴明言，其答应北魏的请婚，是希望能够"分灾共患，远相接援"，但不确定北魏是否可以依凭。知悉

---

1 《魏书》卷95《羌姚苌附姚兴传》，第2255页；《晋》卷118《姚兴载记下》，第2999页。

2 陈勇：《拓跋嗣与姚兴联姻考》，《文史哲》2017年第5期。

3 《魏书》卷3《明帝纪》，第65页。

4 《晋书》卷118《姚兴载记下》，第2999页。

北魏情势的姚成都认为，柴壁之战以降，北魏"戎甲未曾损失，士马桓桓，师旅充盛"，是北方最强大的军事存在，双方和亲，不仅可以"分灾共患"，而且是后秦"永安之福"。姚兴于次年二月去世，此时已入弥留，对此时的后秦而言，夏国和东晋的军事进攻是其面临的主要威胁，而北魏与夏国赫连氏是世仇，且亦存在遭到东晋攻伐的风险。因此，姚兴希望通过联姻与北魏形成联盟，以对抗来自夏国和东晋的威胁。

因此，双方都十分重视此次联姻。《魏书·皇后列传》中记述：

> 明元昭哀皇后姚氏，姚兴女也，兴封西平长公主。太宗以后礼纳之，后为夫人。后以铸金人不成，未升尊位，然帝宠幸之，出入居处，礼秩如后焉。[1]

姚兴以自己女儿而非宗室女远嫁，表现了对这桩婚事的重视和诚意。而西平公主在北魏伊始即获得尊崇，虽因铸金人不成而没有成为皇后，但却享受皇后的待遇。可见北魏方面亦非常重视此次与后秦的联姻。

后秦永和元年（东晋义熙十二年，416）二月，刘

---

[1] 《魏书》卷13《皇后列传》，第381页。

裕操纵东晋朝廷给自己加"中外大都督"之号，并令东晋举国戒严，进行全面军事动员，准备伐秦。[1] 八月，经过半年的精心准备，伐秦之役正式开始。刘裕亲自率晋军主力从建康（今江苏省南京市城区）向彭城（今江苏省徐州市城区）进发。前锋诸军，兵分东、中、西三路，剑指河南。东路军由督前锋诸军事、冀州刺史王懿（字仲德，以字行）统领，自青齐地区（南燕故地）西进，向济水北岸、黄河南岸的北魏重要据点滑台城（在今河南省滑县东南）进逼。同时，监督龙骧将军朱牧、宁远将军竺灵秀、严纲等开通巨野泽（在今山东省菏泽市巨野县北）进入黄河的河道，以沟通泗水和黄河。中路军由建武将军沈林子、彭城内史刘遵考率领，他们从彭城出发，溯汴河而上，负责攻占汴河沿线，并掘开石门（黄河分流入汴水水口，在今河南省荥阳市东北），以沟通汴河和黄河。西路军由龙骧将军王镇恶、冠军将军檀道济率领，他们从寿阳（今安徽省寿县）出发，沿颍水北上，进攻许昌（今河南省许昌市建安区东）、洛阳（今河南省洛阳市城区东）；同时，新野（治新野，今河南省新野县）太守朱超石、宁朔将军胡藩自新野西北向进趋

---

1 《资治通鉴》卷117，晋安帝义熙十二年二月条，第3686页。

阳城（今河南省登封市东南告城镇）。[1]

九月，刘裕抵达彭城。前锋诸将亦进展顺利。东路军进逼滑台，北魏兖州刺史尉建率众弃城，王仲德率军进据滑台。中路军自汴入河，襄邑（今河南省睢县）人董神虎聚众千余人投降，沈林子与其一起进攻仓垣（今河南省开封市东北），后秦兖州刺史韦华弃城逃往成皋（今河南省荥阳市西北），晋军进占仓垣。西路军沿颍水向西北，后秦新蔡（治新蔡，今河南省新蔡县）太守董遵不降，道济攻拔新蔡，执杀董遵。后秦徐州刺史姚掌以项城（今河南省项城市西南）降道济，其他屯守皆望风而降。晋军继续北上攻占许昌，俘虏了后秦颍川太守姚垣和大将杨业。[2] 十月，后秦阳城、荥阳（今河南省荥阳市东北）守军投降，至此，洛阳外围的关隘悉数被晋军控制。逃至成皋的韦华亦向檀道济投降。面对这种情势，后秦镇守洛阳的征南将军、陈留公姚洸遣使长安求援。姚泓遣越骑校尉阎生率骑三千、武卫将军姚益男

1　《资治通鉴》卷 117，晋安帝义熙十二年八月条，第 3689~3690 页；《宋书》卷 2《武帝纪中》，第 39 页；《宋书》卷 46《王懿传》，第 1512 页；参见李硕《南北战争三百年：中国 4-6 世纪的军事与政权》，上海人民出版社，2018，第 275~276 页。

2　《资治通鉴》卷 117，晋安帝义熙十二年九月条，第 3691~3693 页；《晋书》卷 119《姚泓载记》，第 3010~3011 页；参见李硕《南北战争三百年：中国 4-6 世纪的军事与政权》，第 277~279 页。

将步卒一万赴援，助守洛阳；并遣征东将军、并州牧姚
懿南屯陕津（在今河南省三门峡市陕州区西北，黄河北
岸），以为声援。援军未到，姚洸受司马姚禹等的蛊惑，
分兵戍守洛阳城东的巩城（在今河南省巩义市西南）和
城南的柏谷坞（在今河南省偃师市东南），前往巩城的广
武将军石无讳中途奔回，前往柏谷坞的宁朔将军赵玄战
死，所部几乎被全歼。随后，道济进逼洛阳，姚洸出降。
此时后秦阎生率领的增援骑兵已进至新安（今河南省义
马市西），姚益男率领的步兵亦进至湖城（今河南省灵宝
市西北），在听闻洛阳陷落的消息后，原地驻守，以阻止
晋军西进长安。[1]

　　至此，东晋前锋诸军已经实现了占领河南的作战任
务，但自泗入河和自汴入河的航道尚未凿通。按照刘裕的
部署，东路晋军戍守滑台，中路和西路晋军据守洛阳，等
上述两条航道修通后，刘裕率主力及粮草辎重经水路进入
洛阳，与前锋诸军会合，然后溯黄河而西，前往关中。

　　十二月，姚懿听从其司马孙畅的建议，计划偷袭长
安，废姚泓以自立。姚泓与东平公姚绍秘密商议后，一
面遣使持诏征还孙畅，一面遣抚军将军姚讚（《资治通

1　《资治通鉴》卷 117，晋安帝义熙十二年十月条，第 3693~3695 页；《晋
书》卷 119《姚泓载记》，第 3011~3012 页；参见李硕《南北战争三百年：
中国 4-6 世纪的军事与政权》，第 277~279 页。

鉴》作"赞"）、冠军将军司马国璠及建义将军蚍玄进屯陕津，武卫将军姚驴进屯潼关（今陕西省潼关县东北），以防其西袭长安。姚懿遂举兵称帝，试图以匈奴堡（今山西省临汾市尧都区西南）储存的谷物招徕部众，但遭到宁东将军、匈奴堡守将姚成都的拒绝。姚懿在劝诱无效后，派骁骑将军王国率甲士数百进攻姚成都，但被姚成都击擒。于是，姚成都传檄诸城，征兵调食以讨懿。姚懿举兵后，应者寥寥，只有临晋（今陕西省大荔县东）数千户响应，姚成都引兵从蒲津渡过黄河，击灭临晋叛户，蒲坂（今山西省永济市西南）镇民郭春、王奴举兵围懿，姚绍乘机进入蒲坂，诛杀孙畅，囚禁姚懿，最终平定了此次叛乱。[1]

　　永和二年（东晋义熙十三年，417）正月，征北将军、安定镇将姚恢率三万八千安定镇户自安定趋长安，自称大都督、建义大将军，以除君侧之恶为名举兵。扬威将军姜纪率众从之，当姚恢军将至阴密（今甘肃省灵台县西）时，建节将军彭完都弃阴密奔长安。之后，姚恢经新支（今地不详）南攻郿城（今陕西省眉县东，在渭河北岸），镇西将军姚谌战败，长安大震。姚泓一面遣使

1　《资治通鉴》卷 117，晋安帝义熙十二年十二月条，第 3695~3697 页；《晋书》卷 119《姚泓载记》，第 3012~3013 页。

征召姚绍，一面遣姚裕及辅国将军胡翼度据守沣河西岸。扶风（治池阳，今陕西省泾阳县西北）太守姚俊等投降姚恢。姚绍自蒲坂率轻骑驰援长安，并令姚恰、司马国璠将步卒三万奔赴长安。姚绍与姚恢相持于灵台（今陕西省西安市长安区西南）。同时，姚讚亦以宁朔将军尹雅为弘农（治弘农，今河南省灵宝市北）太守，防备晋军自潼关进入关中，自己率军还长安。在这种情势下，姚恢的形势不容乐观，其部众齐黄等诣降。姚恢进逼姚绍，姚讚从其后进击，姚恢大败，他和他的三个弟弟都被诛杀。姚恢之乱至此亦以失败告终。[1]

蒲坂和安定分别是后秦在河东和岭北地区的政治、军事中心，屯驻有相当数量的军队，姚懿和姚恢的叛乱虽然最终被后秦平定，但这严重地损害了后秦的军力和国力。尤其是为了平定姚恢之乱，姚绍和姚讚都从抗晋前线回撤关中，使得后秦东线空虚，为东晋前锋诸军进逼蒲坂和潼关等关中东部门户提供了可乘之机。

姚恢之乱的同时，王仲德所部终于开通了泗水进入黄河的航道，而汴水进入黄河的航道一直未能开通。刘

---

1 《资治通鉴》卷118，晋安帝义熙十三年正月条，第3698~3699页；《晋书》卷119《姚泓载记》，第3013~3014页。

裕所部只得溯泗水而上，入黄河后西行。[1]二月，在获知上述后秦内乱消息后，东晋前锋诸将决定不顾刘裕之前的部署，立即向关中进军。王镇恶从洛阳循洛水西上宜阳（今河南省宜阳县西，在洛水北岸），遣毛德祖攻占尹雅据守的蠡城（今河南省洛宁县西，在洛水北岸），自己率军北上，沿黄河南岸进抵潼关（在今陕西省潼关县东北，渭河入黄河处南岸）。檀道济和沈林子不愿灭秦之功被镇恶独占，亦率部西进。他们从陕县（今河南省三门峡市陕州区西）北渡黄河，试图从蒲坂（今山西省永济市西南蒲州镇）渡河进入关中。进入河东地区后，他们攻拔襄邑堡（今山西省芮城县东），后秦河北（治河北，今山西省芮城县北）太守薛帛出奔河东郡（治安邑，今山西省夏县西北）。道济进攻蒲阪，后秦并州刺史尹昭坚守，双方僵持。道济派苟卓进攻匈奴堡，又被后秦宁东将军姚成都击败。姚泓遣姚驴救援蒲坂，胡翼度据守潼关，姚驴和尹昭内外夹攻道济和沈林子。在沈林子的建议下，道济等南向渡河，与镇恶合兵，一起进攻潼关。姚泓又以东平公姚绍为太宰、大将军、都督中外诸军事、假黄钺，改封鲁公，令其督武卫将军姚鸾等率步骑五万前往潼关；并令姚讚率七千禁军自渭北而东，据守蒲津（黄河渡口，在今

1　《宋书》卷2《武帝纪》，第43页。

山西省永济市蒲州镇与陕西省大荔县朝邑镇之间黄河上）。[1]

三月，姚绍至潼关后，引兵出战，檀道济、沈林子等逆击，大破秦军。姚绍留姚鸾据险固守，自己引还定城（今陕西省华阴市东）。沈林子将锐卒夜袭姚鸾营地，鸾战死，士卒九千人没于阵。沈林子又北上邀击姚讚，姚讚大败，单骑奔定城。薛帛据河曲（胡三省注：蒲坂、河北郡之间，谓之河曲）叛降东晋。[2]

然而，此时的情况，正如李硕先生所言，"当王、檀、沈三将擅自西进之后，军粮供应的问题逐渐暴露出来。新占领的河南地区人少地贫，资源有限，且与潼关战场之间隔着崎岖的豫西山地，难以通过陆地向战场运送军粮。而王、檀、沈三将没有舰队，也无法利用黄河航道从后方运粮。所以从开始西征后的三个多月时间内，三将只能靠与秦军作战缴获粮食，以及从战场附近的民户中征集。这数月恰是没有任何作物收获的青黄不接之时，前线晋军的处境极为窘迫"[3]。东晋前锋诸军虽然在具体的战役中取得了胜利，但双方依然在潼关及其附近地

1 《资治通鉴》卷 118，晋安帝义熙十三年二月条，第 3700 页；《晋书》卷 119《姚泓载记》，第 3014~3015 页。
2 《资治通鉴》卷 118，晋安帝义熙十三年三月条，第 3701 页；《晋书》卷 119《姚泓载记》，第 3015~3016 页。
3 李硕：《南北战争三百年：中国 4~6 世纪的军事与政权》，第 281 页。

区僵持。晋军未能进入关中地区，使其后勤补给不足的问题日益显现。他们一方面派人到黄河下游刘裕处，希望能从速为前线提供粮援；一方面让王镇恶到弘农等地筹粮。[1]姚绍也知晓晋军的困难，他对部下说："道济等远来送死，众旅不多，婴垒自固者，正欲旷日持久，以待继援耳。吾欲分军迳据阌乡，以绝其粮运，不至一月，道济之首可悬之麾下矣。济等既没，裕计自沮。"阌乡在今河南灵宝市西北，双桥河入黄河口处东岸。胡翼度谏止了这一计划。之后，姚绍又派其长史姚恰（《宋书》作"伯子"）、宁朔将军安鸾、护军将军姚墨蠡（《宋书》作"默驴"）和河东太守唐小方等率三千骑兵屯据河北郡（治河北，今山西省芮城县北）之九原（今地不详），以断绝河东地区对檀道济的粮援。恰在此时，刘裕派遣为前线运送粮草和兵力的严纲、竺灵秀与沈林子等会合，于是，在姚恰等渡河时，沈林子和严纲、竺灵秀邀击，恰、墨蠡和小方等战死，其所部全军覆没。姚绍在听闻姚恰败死的消息后，将后事托付给姚讚，并令恢武将军姚难据守潼关西，忿恚而卒。[2]

1　《宋书》卷45《王镇恶传》，第1487页；《资治通鉴》卷118，晋安帝义熙十三年三月条，第3702~3703页。
2　《资治通鉴》卷118，晋安帝义熙十三年四月条，第3704页；《晋书》卷119《姚泓载记》，第3015~3016页；《宋书》卷100《自序》，第2695页。

后秦主力与东晋前锋诸军在潼关僵持时，刘裕命荆襄和汉中一带的东晋军队乘机翻越秦岭，进军关中。沈田子和傅弘之经武关道、姚珍经子午道、窦霸经洛谷道向关中进发。七月，刘裕水军溯黄河而上，进至陕县。田子和弘之进占青泥（今陕西省蓝田县南），姚泓令给事黄门侍郎姚和都屯据峣柳（今陕西省蓝田县县城）以拒之，并遣姚强拒珍，姚万拒霸。[1] 刘裕亦令潼关前线的沈林子秘密向西南方迂回，越山开道，支援沈田子部。同时，后秦遣使北魏乞师。北魏派遣司徒、南平公长孙嵩（即拔拔嵩），正直将军、安平公叔孙建（即乙旃眷）进据河内郡（治野王，今河南省沁阳市），游击将军王洛生进屯河东郡（治安邑，今山西省夏县西北），声援后秦。[2]

后秦既要面对东晋在东线对潼关和蒲坂的进攻，又要处理沈田子等翻越秦岭后从南线对长安的威胁，形势愈发危急。八月，沈林子与沈田子两军在青泥会合。姚泓决定先击灭沈田子等军，然后倾巢东出，与东晋主力在东线决战。于是，他令姚裕率领八千步骑为前锋，自

---

1 《资治通鉴》卷118，晋安帝义熙十三年七月条，第3706页；《晋书》卷119《姚泓载记》，第3015页。

2 《晋书》卷119《姚泓载记》，第3016页；《资治通鉴》卷118，晋安帝义熙十三年七月条，第3706页。

己亲率主力以为后继，进攻青泥。姚裕被沈田子等打败，姚泓遂退还灞上（今陕西省西安市东北白鹿原北首）。面对这种情形，关中许多郡县和沈田子等暗通款曲。刘裕主力此时亦已进至潼关。他任命朱超石为河东太守，令其与振武将军徐猗之和归降的后秦河北太守薛帛会合后，进攻蒲坂。姚讚率军拒守潼关西以阻止刘裕等从潼关进入关中，姚难屯守香城（今陕西省大荔县朝邑镇东）以防止晋军由蒲津渡河进入渭北地区。秦平原公、镇东将军姚璞与姚和都迎战朱超石等，徐猗之阵亡，朱超石弃众奔还潼关。此外，姚讚遣司马休之及司马国璠经轵关（今河南省济源市西北）前往河内郡，引导北魏军队从后方进攻晋军。[1] 至此，东晋与后秦军队依然在潼关、蒲坂一线僵持。沈田子等虽进入蓝田，但其所部兵力有限，并未危及后秦的根基。

为打破这种僵局，王镇恶主动请缨，决心率水军从黄河中行船进入渭水，然后溯渭水西向长安，以绕过后秦重兵防守的潼关。为此，他带领部下制作吃水较浅的"蒙冲小舰，行船者悉在舰内"[2]，可冒着矢石逆流而进。发现这一新动向后，姚难率军从香城西行，与镇北将军姚

---

1 《资治通鉴》卷118，晋安帝义熙十三年八月条，第3707~3708页；《晋书》卷119《姚泓载记》，第3016~3017页。
2 《宋书》卷45《王镇恶传》，第1487页。

强在泾上（今址不详，疑在今陕西省西安市高陵区泾河入渭河口附近）合兵，阻击王镇恶军。姚泓自灞上还军石桥（在汉长安城东北）。因渭水泛滥，无法渡河，姚讚等退守郑县县城（今陕西省渭南市华州区）。王镇恶令毛祖德进攻姚强等，秦军大败，姚强战死，姚难遁还长安。刘裕率军亦尾随姚讚等进至郑县。至此，潼关失守，关中东部门户大开。姚泓只能重新布置防守。他令姚裕和尚书庞统屯兵宫中，姚洸屯守沣河（在汉长安城西）西岸，尚书姚白瓜徙四军杂户入长安协守，姚丕守渭桥（汉长安城北稍西），姚泓驻守逍遥园（汉长安城北）。八月二十三日（壬戌）清晨，王镇恶率军进至渭桥附近，大败姚丕军，姚泓前往救援，因为战场靠近渭河且地形狭窄，导致秦军内部相互踩踏，姚谌等后秦重要人物阵亡，姚泓只身逃回皇宫，王镇恶从平朔门进入长安城，姚泓与姚裕等出奔石桥。姚讚连夜率军奔赴石桥，试图与姚泓会合，但因遭到晋军的阻击而未能实现，部众随之溃散。姚泓无奈出降。[1]

　　九月，刘裕进入长安，据守蒲坂的姚璞、尹昭投降，姚讚亦率宗族百余人诣降刘裕，刘裕皆杀之。姚

1 《资治通鉴》卷118，晋安帝义熙十三年八月条，第3708~3709页；《晋书》卷119《姚泓载记》，第3017页。

泓被送斩建康。后秦余众十万余口西奔陇上，沈林子追击至槐里（今陕西省兴平市东南），俘虏数万人。匈奴堡镇将姚成都及其弟和都举镇降魏。[1]至此，后秦灭亡。

---

1 《资治通鉴》卷118，晋安帝义熙十三年九月条，第 3709~3712 页。

第四章
后秦的政权结构

 周伟洲先生认为，"十六国时，内迁五胡虽然居地、习俗等有别，且内迁和建立政权时间不同，但无论怎样，他们建立的政权形式最终还是承袭秦汉魏晋以来汉族所建政权形式，其政治、经济和意识形态莫不以汉族政权为模式"，"十六国五胡所建政权的官制，无论是最高统治者的名号，或是中枢、军事和地方的官制，基本上是承袭汉魏以来的官制"。[1] 徐美莉先生亦指出，"十六国时期，当一个权力集团发育到足以创建国家，行政中枢制度随之建立，当此之时，魏晋时期发展成熟的尚书、中书、门下三省有机结合的行政中枢制度成为普遍的选择"，"三省参政决策，中书省撰写诏书，门下省宣下诏书，尚书省或者承接诏令，或者根据政务原则做

1　周伟洲：《十六国官制研究》，《文史》2002 年第 1 辑。

出命令，并下达尚书符令各部门执行，这样一种中枢运行的基本模式是运作于十六国的"。[1]综上可知，十六国时期各政权的政治制度，主要是承袭了魏晋时期的政治制度。

姚苌在渭北马牧起兵时，自称大将军、大单于、万年秦王，并任命尹详、庞演为左、右长史，姚晃及尹纬为左、右司马，狄伯支等为从事中郎，羌训等为掾属，王据等为参军，王钦卢、姚方成等为将帅。[2]这些职官均为大将军军府和秦王王府的属官，未见为大单于设置属官。易言之，其只有大单于之号，而无类似单于台之类的机构。据周伟洲和俄琼卓玛等先生的统计，姚苌在长安即皇帝位后，其设立的职官均采用华夏式的职官名称，而未见北族式的职官名号。[3]简言之，后秦的政治军事体制，亦是承袭了汉魏以来华夏式的政治体制。

冯君实先生指出，"关于十六国的官制，不但在封建正史和典章制度史，如《晋书》、《宋书》、《魏书》《通典》等书的'职官'志典部分，没有予以收录，就

---

[1]　徐美莉:《十六国的行政中枢制度及其新因素》,《甘肃民族研究》2013年第4期。

[2]　《资治通鉴》卷105，晋孝武帝太元九年四月条，第3327页;《晋书》卷116《姚苌载记》，第2965~2966页。

[3]　周伟洲:《十六国官制研究》,《文史》2002年第1辑;俄琼卓玛:《后秦史》，第123~145页。

是集官私典籍大成的类书有关职官部分，也不予收录，以致影响到近代所出关于古代官制著作，也只偶然提到十六国的个别官制。清人所撰十六国有关将相大臣表，算是系统整理十六国官制的著作，但也仅是依汉魏以来的传统官制，择其要职，排比任官人名，并未对各有关官职的职能予以剖判"[1]。时至今日，这依然可以用来概括十六国官制的研究现状。有鉴于此，笔者无力亦无心全面讨论后秦的政治军事等制度，只是打算从政权结构的角度对后秦颇具特色的一些政治军事制度进行研究。

需要强调的是，前秦建元二十年（384）四月，姚苌在渭北马牧起兵。至皇初元年（394），姚兴才最终执杀苻登，彻底将前秦残余势力赶出岭北和关中地区，结束了战时状态。此后，后秦开始了其在东、西方向上的扩张。至弘始四年（402），后秦与北魏之间发生了著名的柴壁之战，此役后秦倾全国之力，结果大败，损失巨大。之后，后秦虽采取了一些措施试图偃兵修文，但直至其灭亡，依然战事不断。简言之，后秦政权自始至终一直战事连绵，这是考察后秦政权结构最重要的背景。

1　冯君实：《十六国官制初探》，《东北师范大学学报》（哲学社会科学版）1984 年第 4 期。

第一节　堡壁、诸营与军镇

一　后秦境内的堡壁势力

西晋末年，八王之乱、流民起义和内徙北族起兵接踵而至。在板荡之际，为了自保和生存，以原有的庄园、聚坞或是宗族附从、部落为基础，形成了大大小小，遍布于各地的坞堡垒壁。敦煌本《晋纪》中记载："永嘉大乱，中夏残荒，堡壁大帅，数不盈册，多者不过四五千家，少者千家、五百家。"[1]齐涛先生指出，"坞壁在十六国时代有很多称呼，坞、村坞、堡、村堡、壁、垒、垒壁等等，有人把它们称作武装自卫集团，也有人认为它们是东汉以来豪族庄园武装化的结果，还有人认为它们是宗法血缘关系与晋末战乱的产物。其实，十六国时期的坞壁本身就是一个十分复杂多样的社会与军事组织，很难为它下一个确切、统一的定义"[2]。田昌五等先生认为，"十六国时期的坞堡垒壁组织，可分为少数民族的与汉族

1　罗振玉编纂《鸣沙石室佚书正续编》，北京图书馆出版社，2004，第182~183 页。

2　齐涛:《魏晋隋唐乡村社会研究》，山东人民出版社，1995，第 1 页。关陇地区的坞壁习称堡壁，因此，笔者在行文中采用"堡壁"而非学术界惯用的"坞壁"。

居民的两种，后者又可分为流民或乞活的与当地居民的两种。根据不同的坞堡垒壁组织的分布特点，大致可将当时的北中国分为三大不同区域"，即并州地区、关陇地区和关东地区。其中，"关陇地区是少数民族聚集较多、分布较广、民族成分较复杂的又一个区域，其中以氐羌为主。在这一地区少数民族的坞堡垒壁组织中，氐羌建立者最多"，其内部结构以酋帅统领部落的屯聚形式为特征。此外，"除了氐羌，关陇地区的其他少数民族，也大多保留有部落制或近乎部落制的社会结构"。[1]

陈琳国先生认为，为了更好地从坞壁攫取人力、物力资源，十六国统治者大都采取优抚坞主的政策，承认坞壁合法身份和作为社会基层机构的地位，任命坞主为将军、都尉或当地守宰，因而大多坞壁得以继续存在下去。[2] 易言之，在某政权统治稳固时，其境内的堡壁势力往往选择归附，并转变为地方行政机构或被纳入军队，堡壁主则相应地成为郡县守令或将尉，但在不同程度上堡壁势力保持了自身的独立性。因此，当某政权处于内外交困之际，堡壁势力为了自存，往往脱离该政权，并根据情势的变化而

1　田昌五、马志冰：《论十六国时代坞堡垒壁组织的构成》，《中国史研究》1992 年第 3 期。
2　陈琳国：《十六国时期的坞堡壁垒与汉人大姓豪族经济》，《晋阳学刊》2007 年第 3 期。

在各政权之间闪转腾挪。如前所述，建初五年（前秦太初五年，390）七月，"冯翊人郭质起兵于广乡以应秦，移檄三辅曰：'姚苌凶虐，毒被神人，吾属世蒙先帝尧、舜之仁，非常伯、纳言之子，即卿校、牧守之孙也。与其含耻而存，孰若蹈道而死。'于是三辅壁垒皆应之；独郑县人苟曜聚众数千附于后秦。秦以质为冯翊太守。后秦以曜为豫州刺史"[1]。从响应的群体来看，郭质移檄三辅的对象，主要是关中地区的堡壁主。他指出，这些堡壁主"世蒙先帝尧、舜之仁，非常伯、纳言之子，即卿校、牧守之孙"。据胡三省注，其中的"先帝"指符坚。据此可知，这些堡壁多曾接受了前秦的统治，而此时却脱离了前秦的统治，又以堡壁的形态出现。《晋书·苻登载记》中记述：

> 初，长安之将败也，坚中垒将军徐嵩、屯骑校尉胡空各聚众五千，据险筑堡以自固，而受姚苌官爵。及苌之害坚，嵩等以王礼葬坚于二堡之间。至是，各率众降登。拜嵩镇军将军、雍州刺史，空辅国将军、京兆尹。[2]

1　《资治通鉴》卷 107，晋孝武帝太元十五年七月条，第 3396~3397 页。
2　《晋书》卷 115《苻登载记》，第 2949 页；参见《资治通鉴》卷 106，晋孝武帝太元十一年十二月条，第 3371~3372 页。

显然，徐嵩和胡空二人聚众"据险筑堡以自固"是典型的堡壁，即后来的徐嵩堡和胡空堡，二者均位于今陕西省彬县西南。胡三省指出，"长安之将败"指"苻坚为慕容冲所困之时"[1]。中垒将军和屯骑校尉是魏晋时期中军中负责京城宿卫的军队将领。徐嵩、胡空二人任中垒将军、屯骑校尉之前的经历已不可考，不过从徐、胡二人在慕容冲围攻长安时即采取聚众筑堡以自固的行动来看，二人极有可能是归附前秦的堡壁主，在归附后二人及其部众被纳入前秦的中军。前秦处于风雨飘摇的境地时，徐、胡二人又率部脱离了前秦的统治，恢复了其独立的形态。徐嵩堡和胡空堡都毗邻当时后秦的政治军事中心——岭北地区，因此徐、胡二人都接受了后秦的官爵，在形式上附属于后秦。但是，当苻登与姚苌争夺岭北地区时，他们又归附前秦。

淝水之战后，前秦政权瓦解。关陇地区再一次陷入战乱，堡壁又现身历史舞台。白雀元年（前秦建元二十年，384）十一月，隐居倒虎山（在今陕西省渭南市临渭区东南）的陇西处士王嘉"入长安，众闻之，以为坚有福，故圣人助之，三辅堡壁及四山氐、羌归坚者四万余

---

1 《资治通鉴》卷106，晋孝武帝太元十一年十二月条，第3371页。

人"[1]。白雀二年（前秦太安元年，385）三月，前秦平原公苻晖自杀后，"关中堡壁三千余所，推平远将军冯翊赵敖为统主，相率结盟，遣兵粮助坚"[2]。五月，西燕慕容冲围攻长安，"虽兵寇威逼，冯翊诸堡壁犹有负粮冒难而至者，多为贼所杀"[3]。由此可见，在前、后秦更迭之际，关中地区堡壁林立的局面复现，且各堡壁均具有一定的经济和军事实力。此外，"推平远将军冯翊赵敖为统主，相率结盟"，说明它们在政治上具有一定的自主权。

于是，关中堡壁不可避免地成为各政权争相拉拢的对象。白雀二年（385）三月，西燕慕容冲在骊山之战中俘获了前秦尚书韦钟，"以其子谦为冯翊太守，使招集三辅之民。冯翊垒主邵安民等责谦曰：'君雍州望族，今乃从贼，与之为不忠不义，何面目以行于世乎！'谦以告钟，钟自杀"[4]。其中"招集三辅之民"只是一种委婉的说法，像邵安民这样的堡壁主才是招集的主要对象。建初元年（前秦太初元年，386）六月，前秦左丞相王永传檄州郡以讨后秦。檄文中有云："今素秋将及，行师令辰，公侯牧守，垒主乡豪，或勠力国家，乃心王室，各率所

---

1 《资治通鉴》卷105，晋孝武帝太元九年十一月条，第3337页。

2 《晋书》卷114《苻坚载记下》，第2926页。

3 《晋书》卷114《苻坚载记下》，第2927页。

4 《资治通鉴》卷106，晋孝武帝太元十年三月条，第3341~3342页。

统，以孟冬上旬会大驾于临晋。""天水姜延、冯翊寇明、河东王昭、新平张晏、京兆杜敏、扶风马郎（《资治通鉴》中作"朗"）、建忠高平牧官都尉王敏等咸承檄起兵，各有众数万，遣使应丕。皆就拜将军、郡守，封列侯"。[1] 其中，将"垒主乡豪"与"公侯牧守"相并列，而垒主与乡豪往往集中于一人之身。由此可知，堡壁主是王永此次传檄的主要对象。易言之，他们是前秦主要拉拢和争取的对象。此外，除了王敏是建忠将军、高平牧官都尉外，其他人都没有官职，应该都是所谓的"垒主乡豪"，前秦对这些"垒主乡豪"进行封官拜爵，以换取其支持和效忠。

《晋书·姚兴载记》中云："兴下书，录马嵬战时将吏，尽擢叙之，其堡户给复二十年。"[2] 此事记述在姚兴遣赵曜屯守金城、王松忿助吕隆守姑臧事之后，齐难率军迎吕隆内徙事之前。前者发生于东晋元兴元年（后秦弘始四年，402）冬，后者发生于元兴二年（弘始五年，403）七月。复免堡户事当发生于其间。马嵬之战是指后秦皇初元年（394）苻登乘姚苌新丧之机，倾巢而出，东攻长安。双方在马嵬堡附近的废桥激战，苻登全军覆没，单骑逃窜。后秦经过此役彻底击败苻登。同时，此役亦

1 《晋书》卷115《苻丕载记》，第2945~2946页；参见《资治通鉴》卷106，晋孝武帝太元十一年六月条，第3365~3366页。
2 《晋书》卷117《姚兴载记上》，第2983页。

是姚兴主政之后首战，对姚兴巩固其统治具有相当重要的意义，在取得此役的胜利后，姚兴才为姚苌发丧，并在马嵬堡附近的槐里即位。显然，马嵬之战中，一些关中地区的堡壁主以后秦将吏的身份率其部众（即堡户）参战。因此，在大约十年之后，这些堡壁主及堡户得到了姚兴的擢叙和复免。易言之，后秦亦获得了一些堡壁势力的支持，这是其在与前秦争夺岭北和关中地区依赖的一支重要力量。那么，当后秦在关陇及其毗邻地区彻底消灭敌对势力，建立稳固统治后，这些堡壁势力应大多接受后秦的统治，少数被后秦消灭。

马志冰先生认为，"十六国时代坞堡垒壁组织的社会职能是多方面的，大致可以分为军事职能、政治职能和经济职能三个方面"。具体而言，"就军事职能而言，一方面，在战乱连绵不断、人民流离失所的形势下，基于抵御外部侵袭、保护自身利益的目的，坞堡垒壁组织的建立，可以使一部分人暂时获得一个免受战火吞噬的避难所，对战乱危害的无限扩大也可起到某种阻遏作用。另一方面，每个坞堡垒壁组织实际就是一个军事武装集团，它们如此众多地普遍分散地存在着，势必对社会的安定构成一种潜在的威胁，成为制造分裂割据的异己因素。归根结底，这些分散的坞堡垒壁组织，以及各据一方的坞堡主们，都并不具备彻底消弭战乱、最终稳定社会的能力。十六国时代社会的动荡、混乱，局势的错综复杂，不能不说与此有关"。政治职能方面，"一方面，在地方行政机构与基层社会组织普遍瘫痪的情况下，利用坞堡垒壁组织，可以把置身于战乱之中的分散居民暂时组织起来，在一定范围内，免遭更大的战祸侵害，也有助于社会机器的继续运转。另一方面，自发组合而成的坞堡垒壁组织和随意署置为地方军政长官的坞堡主，都是统一的中央政权失控的前提下的产物，他们本身就是一种不谐的分裂割据性政治因素"。"至于坞堡垒壁组织的经济职能，则主要体现在组织生产活动方面"，坞堡垒壁组织或是为了满足自给需要，或是为了应付某些贡纳义务的自负需要，积极组织生产活动。[1]接受了后秦统治的堡壁势力，亦具有上述经济、军事和政治三个方面的职能。在承平时期，堡壁主往往以郡县守令或将尉的身份出现，不易被识别；只有在战乱时期，他们在军事、政治等方面的自主性得到相对充分的呈现，才能发现其堡壁主的身份及其治下的堡壁。

汾阴薛强、薛辩（疑即《晋书》中之"薛帛"）父子是河东地区势力强大的堡壁主，文献中关于其的记载

1　马志冰：《十六国时代坞堡垒壁组织的社会职能》，《许昌师专学报》（社会科学版）1991年第3期。

相对较多，由其可以一窥后秦治下的堡壁主和堡壁势力。《魏书·薛辩传》中记述：

> 薛辩，字允白。其先自蜀徙于河东之汾阴，因家焉。祖陶，与薛祖、薛落等分统部众，故世号三薛。父强，复代领部落，而祖、落子孙微劣，强遂总摄三营。善绥抚，为民所归，历石虎、苻坚，常凭河自固。仕姚兴为镇东将军，入为尚书。强卒，辩复袭统其营，为兴尚书郎、建威将军、河北太守。辩稍骄傲，颇失民心。刘裕平姚泓，辩举营降裕，司马德宗拜为宁朔将军、平阳太守。及裕失长安，辩来归国，仍立功于河际。太宗授平西将军、雍州刺史，赐爵汾阴侯。[1]

《北史·薛辩传》中亦云：

> 父强，字威明，幼有大志，怀军国筹略。与北海王猛，同志友善。……及苻坚立，猛见委任。其平阳公融为书，将以车马聘强，猛以为不可屈，乃止。及坚如河东伐张平，自与数百骑驰至强垒下，求

---

1 《魏书》卷42《薛辩传》，第1041页。

与相见。强使主簿责之，因慷慨宣言曰："此城终无生降之臣，但有死节之将耳。"坚诸将请攻之，坚曰："须吾平晋，自当面缚。舍之以劝事君者。"后坚伐晋，军败，强遂总宗室强兵，威振河辅，破慕容永于陈川。姚兴闻而惮之，遣使重加礼命，征拜右光禄大夫、七兵尚书，封冯翊郡公，转左户尚书。年九十八，卒。赠辅国大将军、司徒公，谥曰宣。

辩幼而俊爽，倜傥多大略，由是豪杰多归慕之。强卒，复袭统其营。仕姚兴，历太子中庶子、河北太守。辩知姚氏运衰，遂弃归家保乡邑。及晋将刘裕平姚泓，即署相国掾。寻除平阳太守，委以北道镇捍。及长安失守，辩遂归魏。仍立功于河际，位平西将军、东雍州刺史，赐爵汾阴侯。[1]

综上可知，其一，薛强、薛辩父子是堡壁主，有自己的部众和壁垒。其二，他们具有颇为强大的军事实力，可以"凭河自固"及"威振河辅"，能够抗拒苻坚的重兵压境，打败西燕慕容永。其三，他们在政治上具有相当的独立性，薛强的"不可屈"终止了苻融的礼聘和苻坚的武力恫吓，但又选择出仕后秦。薛辩在刘裕伐秦时，并

---

1 《北史》卷36《薛辩传》，第1323~1324页。

没有为后秦坚守，而是降于刘裕。在东晋军队弃守长安后，又归降北魏。关于其在后秦治下的动向，《晋书·姚兴载记》中记述：

> 慕容永既为慕容垂所灭，河东太守柳恭等各阻兵自守，兴遣姚绪讨之。恭等依河距守，绪不得济。镇东薛强先据杨氏壁，引绪从龙门济河，遂入蒲坂。恭势屈，请降。[1]

杨氏壁在今陕西省韩城市东北、龙门西岸。姚绪在薛强的襄助下，才得以从龙门渡过黄河进入河东地区。而薛氏是河东地区不容小觑的军事和政治势力，因此当其表明了对于后秦政权支持和合作的态度后，柳恭等人只能向后秦请降。如前所述，后秦永和二年（东晋义熙十三年，417）二月，檀道济、沈林子从陕县（今河南省三门峡市西）北渡黄河，攻拔襄邑堡，后秦河北（治河北，今山西省芮城县北）太守薛帛出奔河东郡（治安邑，今山西省夏县西北）。三月，在檀道济、沈林子——击败据守潼关和蒲津的后秦大军后，薛帛以河曲（胡三省注：蒲坂、河北郡之间，谓之河曲）降晋。

1　《晋书》卷117《姚兴载记上》，第 2977 页。

《晋书·赫连勃勃载记》中记述：

> 兴将王奚聚羌胡三千余户于敕奇堡，勃勃进攻
> 之。奚骁悍有膂力，短兵接战，勃勃之众多为所伤。
> 于是堰断其水，堡人窘迫，执奚出降。勃勃谓奚曰：
> "卿忠臣也！朕方与卿共平天下。"奚曰："若蒙大恩，
> 速死为惠。"乃与所亲数十人自刭而死。勃勃又攻兴
> 将金洛生于黄石固，弥姐豪地于我罗城，皆拔之，徙
> 七千余家于大城，以其丞相右地代领幽州牧以镇之。[1]

其中，"王奚聚羌胡三千余户于敕奇堡"，其身份显然是
堡壁主。面对赫连勃勃的劝降，他选择忠于后秦，自刭
而死。另，金洛生和弥姐豪地可能与王奚相同，亦是堡
壁主。

综上所述，关陇地区存在大量的堡壁组织，其在经
济、政治和军事上均具有一定的自主性和独立性，是各
政权争相拉拢的对象。从某种意义上说，后秦平定关陇
地区的过程，一方面是与其他政权相互攻伐的过程，另
一方面是争取这些堡壁势力支持的过程。后秦在关陇及
其毗邻地区战胜其他政权后，这些堡壁势力大多接受了

---

[1] 《晋书》卷130《赫连勃勃载记》，第3204页。

后秦的统治。不过，它们依然或多或少地保持了某种程度的独立性，当后秦政权出现危机时，这些堡壁势力极有可能就此摆脱后秦的控制。建初三年七月，"秦、后秦自春相持，屡战，互有胜负，至是各解归。关西豪杰以后秦久无成功，多去而附秦"[1]。关陇地区的堡壁主是"关西豪杰"的主要组成部分。一般而言，他们以自保为第一要务，对具体政权的忠诚度较低。所以他们会根据前秦和后秦之间战争形势的发展而调整服属的对象。

二　大营与诸营

对后秦政权而言，关陇地区的堡壁势力存在较明显的独立性，后秦王室及其直属的部落民和部曲才是后秦政权的中坚力量。在后秦政权中，他们被称为大营，而接受后秦统治的部落和堡壁则被称为诸营。诸营中对后秦政权抱持较高忠诚度的势力亦是后秦政权的主要支持力量。周伟洲先生指出，"在苻坚淝水之战败后，姚苌在渭北汉族豪门的支持下，起兵反前秦，杀苻坚，占据了长安。当时，关陇局势不稳，氐、羌割据势力和陇右前秦残余苻登等，仍然不断向刚建立不久的后秦进攻。特别是苻登，与姚苌相持多年，双方战事不断，互有胜负，

---

1 《资治通鉴》卷107，晋孝武帝太元十三年七月条，第3384页。

争夺激烈。在这种形势下，姚苌以'大营'、'军营'的形式以统军民"[1]。《晋书·姚苌载记》中有云：

> 初，关西雄杰以苻氏既终，苌雄略命世，天下之事可一旦而定。苌既与苻登相持积年，数为登所败，远近咸怀去就之计，唯征虏齐难、冠军徐洛生、辅国刘郭单、冠威弥姐婆触、龙骧赵恶地、镇北梁国儿等守忠不贰，并留子弟守营，供继军粮，身将精卒，随苌征伐。时诸营既多，故号苌军为大营，大营之号自此始也。[2]

据《资治通鉴》，此事在后秦建初三年七月。[3]关尾史郎先生据此认为，"由于以苻登为首的前秦势力恢复，执意进攻，后秦势力不仅没有顺利实现扩张，君主姚苌自己反而被迫四处转战，且处于劣势地位。因此，随着姚苌自立为王——后秦建立而归属的各方势力（关西雄杰）大多也没有着落，四处流动。其中，由一直归属于后秦且协助后秦的势力形成了名为'大营'的实体组织。当然，成立这样的军营也是迫于前秦的强力进攻，除此之外，

1 周伟洲：《魏晋南北朝时期的护军制》，侯仁之、周一良主编《燕京学报》新6期，北京大学出版社，1999，第30页。
2 《晋书》卷116《姚苌载记》，第2968页。
3 《资治通鉴》卷107，晋孝武帝太元十三年七月条，第3384页。

很难再找到其他理由"[1]。同时，他亦据此分析了"大营"
的结构和功能。

　　第一，大营指君主姚苌直属的军营，是为了区别
于其他的军营（诸营）而被赋予的名称。另外，关于
"诸营"的解释，我认为是指姚氏一族，即宗室诸王
们所控制的军营。因为尽管当时已经平定了以长安为
代表的关中中心部，但长安由皇太子姚兴和苌弟司隶
校尉、征虏将军姚绪守卫，上邽由苌弟都督陇右诸军
事、征西将军、秦州刺史、领护东羌校尉姚硕德镇守
（公元389年，姚苌改派姚硕德镇守安定，又遣其弟
征南将军姚靖镇守阴密），皇帝姚苌自己统领安定至
天水一带，与苻登亲率的前秦军队对峙。也就是说，
身为姚苌之弟的这些将军，分别就任于不同的军营，
而且在大营成立之前也是这样的状态。

　　第二，这个军营，即大营的构成成员之一就是
"子弟"。而这些"子弟"是身为"关西雄杰"的宗

———————————

1　关尾史郎：《"大营"小论——後秦政権（三八四～四一七）軍事力と徙民
措置》，栗原益男先生古稀記念論集編纂委員会編《中国古代の法と社会：
栗原益男先生古稀記念論集》，第183页。此处及下文中对关尾史郎先生论
文直接引用的内容承蒙陕西师范大学外国语学院邓佳梦女士代为译出，谨
致谢忱。

室之外的异姓将军们送到后秦的人质。

第三，"子弟"在大营里从事军需生产和输送（供继军粮）。

第四，将军们统率自己军队（精卒），跟随姚苌转战各地。[1]

其实，后秦"大营"的名称并非始见于此，《晋书·苻坚载记》中记述："姚苌留其弟征虏绪守杨渠川大营，率众七万来攻坚"[2]。不过，关尾史郎先生认为这只是对大规模军营的一般称呼，并非专名。[3]笔者认为，这可能并非确论，仍然有进一步讨论的空间。

如前所述，前秦建元二十年（东晋太元九年，384）四月，姚苌奔渭北后，"西州豪族尹详、赵曜、王钦卢、牛双、狄广、张乾等率五万余家，咸推苌为盟主"[4]。《资治通鉴》记此事曰："天水尹纬、尹详，南安庞演等纠扇羌

1　关尾史郎:《"大营"小论——後秦政権（三八四～四一七）軍事力と徙民措置》，栗原益男先生古稀記念論集編纂委員会編《中国古代の法と社会：栗原益男先生古稀記念論集》，第183~184页。

2　《晋书》卷114《苻坚载记下》，第2922页。

3　关尾史郎:《"大营"小论——後秦政権（三八四～四一七）軍事力と徙民措置》，栗原益男先生古稀記念論集編纂委員会編《中国古代の法と社会：栗原益男先生古稀記念論集》，第182页。

4　《晋书》卷116《姚苌载记》，第2965页。

豪，帅其户口归苌者五万余家，推苌为盟主。"[1]《晋书·姚兴载记下附尹纬传》中与此相类，其文曰："及姚苌奔马牧，纬与尹详、庞演等扇动群豪，推苌为盟主，遂为佐命元功"[2]。之后，姚苌自称大将军、大单于、万年秦王，"以天水尹详、南安庞演为左右长史，南安姚晃、尹纬为左、右司马，天水狄伯支、焦虔、梁希、庞魏、任谦为从事中郎，姜训、阎遵为掾属，王据、焦世、蒋秀、尹延年、牛双、张乾为参军，王钦卢、姚方成、王破虏、杨难、尹嵩、裴骑、赵曜、狄广、党删等为帅"[3]。长史、司马、从事中郎等均为秦王王府大将军府属官。综上，当姚苌奔渭北马牧后，活动于这一地区的西州豪族率其部落或部曲五万余家投归姚苌，并推姚苌为盟主，这些西州豪族及其所部五万余家是后秦政权的元从，直属于姚苌，是后秦"大营"最初的成员和中坚力量。不言而喻，其在后秦政权中具有特殊的地位和作用。

同年五月，姚苌"进屯北地，厉兵积粟，以观时变。苻坚先徙晋人李祥等数千户于敷陆，至是，降于苌，北地、新平、安定羌胡降者十余万户"[4]。北地郡治今陕西省

---

1 《资治通鉴》卷105，晋孝武帝太元九年四月条，第3327~3328页。
2 《晋书》卷118《姚兴载记下附尹纬传》，第3004页。
3 《晋书》卷116《姚苌载记》，第2965~2966页。
4 《晋书》卷116《姚苌载记》，第2966页。

铜川市耀州区南；敷陆即敷城县，在今陕西省洛川县东南；新平郡治今陕西省彬县；安定郡治今甘肃省泾川县北。此时来降的晋人和羌胡均活动于北地郡及其毗邻地区，多为部落或堡壁势力。六月，"坚率步骑二万讨姚苌于北地，次于赵氏坞，使护军杨璧游骑三千，断其奔路，右军徐成、左军窦冲、镇军毛盛等屡战败之，仍断其运水之路。冯翊游钦因淮南之败，聚众数千，保据频阳，遣军运水及粟，以馈姚苌，杨璧尽获之"[1]。频阳县在今陕西省富平县东北，毗邻北地郡，游钦当为五月降于姚苌的堡壁主。据此可知，五月归降后秦的堡壁和部落中至少有一部分留在了原地，而没有和姚苌合军一处。之后，后秦因营中突降大雨而士气复振。于是，姚苌令姚绪留守杨渠川（在今陕西省铜川市耀州区境内）大营，自己率众七万反击。此处的杨渠川大营，当为姚苌直属部众的营垒，虽然可能并非固定的专名，但却和后来的"大营"所指基本相同，可以看作是后者的滥觞。

此外，关于诸营，关尾氏的解释也存在误读。其一，征虏将军齐难等及其所部当即是所谓的诸营，但其却并非后秦宗室诸王。此外，他们亦不是直属于姚苌，而是"身将精卒，随苌征伐"。其二，虽然不能排除存在后秦

---

1 《晋书》卷114《苻坚载记下》，第2921页。

诸将以子弟为质的情况，但文中的"子弟"并没有以人质的身份在大营"供继军粮"，而是留守诸营，为跟随姚苌作战的本营军队提供后勤补给。

唐长孺先生指出，后秦姚氏一开始就以营领户，之所以如此，是为了适应当时以军事组织占有与控制人口普遍流行的形势，"当苻登与姚苌在陕甘一带进行战争时我们只见记载到城堡的得失，甚至苻登的'国都'就在胡空堡，便可想见此时实际上已没有郡县的统属关系，也没有治民与治军之别，有时只为了空名称某一城堡为某郡，而以堡主为太守而已。再推得远些，魏晋以来所发展的堡坞豪帅及其部曲遍布北方，同样的是以军营统户的制度"[1]。此外，如前所述，东迁滠头的姚弋仲部，其内部采取的即是以军事组织管理并占有人口的封建制。后秦立国即以营领户，或亦受此经历影响。

建初七年（392）二月，姚苌寝疾，为收众心，"苌下书，兵吏从征伐，户在大营者，世世复其家，无所豫"[2]。皇初元年（394）七月，在阵斩苻登、完全消灭前秦残余势力后，姚兴"分大营户为四，置四军以领之"[3]。

1　唐长孺：《晋代北境各族"变乱"的性质及五胡政权在中国的统治》，《魏晋南北朝史论丛》，第 166~167 页。

2　《晋书》卷 116《姚苌载记》，第 2972 页。

3　《晋书》卷 117《姚兴载记上》，第 2976 页。

雷家骥先生认为，"西晋前秦皆有前后左右四军，为禁卫军，盖此时苻秦已灭，故已即位为皇帝的姚兴，将在安定之大营本军改编为四军，而其营户则分四军统领之"[1]。自后秦建立后，姚苌一直亲自率军征伐前秦残余势力，后秦中央政务机构完全是围绕着处理与战争相关的事务在运转。大营是这一特点的典型表现。当完全消灭前秦在关中和岭北地区的残余势力后，后秦中央机构开始了由战时向和平时期的转变，大营于是也就被改变为禁卫前后左右四军。

雷家骥先生认为，诸营是接受后秦改编的归降部落和堡壁，他们"平时在营训厉士卒，务农积谷，战时则率军随苌征伐，而以子弟留守本营"[2]。此说甚是。需要补充的是，诸营只是一般称呼，并非专称。这些归降的部落和堡壁之所以被称为诸营，或许与后秦对归降的部酋和堡壁主封拜的官爵中均有将军号有关。姚苌时期，"雷恶地率众降苌，拜为镇东将军"；"南羌窦鸯率户五千来降，拜安西将军"；"苻登骠骑将军没奕（弈）于率户六千降，拜使持节、车骑将军、高平公"；"晋平远将

1　雷家骥：《前后秦的文化、国体、政策与其兴亡关系》，《"国立"中正大学学报》（人文分册）第 7 卷第 1 期，1996。

2　雷家骥：《前后秦的文化、国体、政策与其兴亡关系》，《"国立"中正大学学报》（人文分册）第 7 卷第 1 期，1996。

军、护氐校尉杨佛嵩率胡蜀三千余户降于苌"，"以佛嵩为镇东将军"。[1]这些人率部归附后秦，均获封车骑、四镇、四安等重号将军。在某种程度上，这些部落和堡壁都是某将军的部属，因此可以将其称为营。在战时，称呼这些部落和堡壁为诸营，亦是为了强调其所承担的军事职能。

与大营相类似，诸营之类的称呼在完全平定前秦在关中和岭北地区的残余势力后亦消失。皇初四年（397）九月，"鲜卑薛勃叛奔岭北，上郡、贰川杂胡皆应之，遂围安远将军姚详于金城。（姚兴）遣姚崇、尹纬讨之"。"而租运不继，三军大饥。纬言于崇曰：'辅国弥姐高地、建节杜成等皆诸部之豪，位班三品，督运稽留，令三军乏绝，宜明置刑书，以惩不肃。'遂斩之。诸部大震，租入者五十余万。"[2]其中，姚崇是姚兴弟，封齐公，为中军将军，尹纬时为尚书左仆射，其所率当为后秦中军。辅国将军弥姐高地、建节将军杜成等所部应为不直属于后秦中央的诸营，但这里称其为"诸部"。此外，他们似乎不再承担作战任务，主要负责粮草供给和运输。这似乎暗示，在完全平定前秦在关中和岭北地区的残余势力

1　分别见《晋书》卷 116《姚苌载记》，第 2969、2970、2971、2972 页。

2　《晋书》卷 117《姚兴载记上》，第 2978 页；参见《资治通鉴》卷 109，晋安帝隆安元年九月条，第 3458 页。

后，后秦试图淡化归附的部落和堡壁的军事职能，以求削弱这些部落和堡壁的军事实力。此外，如前所述，后秦弘始五年（403），"兴下书，录马嵬战时将吏，尽擢叙之，其堡户给复二十年"[1]。其中的将吏当为归附后秦的堡壁主及其部属，他们以后秦将吏的身份参加了马嵬之战。他们当属于诸营，但这里亦可能是为了淡化其军事职能，称其部属为堡户而非营户。

综上所述，姚苌亲自统军征伐前秦残余势力，在很大程度上，这是一种战时状态。在姚苌统治时期，后秦皇帝直属的部落民和部曲被称为大营，是后秦政权的基本力量；相对应的，因为后秦对归附的部酋和堡壁主封拜的官爵中多有将军号，这些接受后秦统治的部落和堡壁被称为诸营。在彻底消灭前秦的残余势力后，大营被一分为四，成为禁卫军中的前后左右四军。诸营的军事职能亦被淡化，在某种程度上，它们又成为部落或堡壁。

三 军镇与徙民

如前所述，在与以苻登为代表的前秦残余势力在关中地区对峙时期，后秦政权主要包括两种势力：其一，

---

1 《晋书》卷 117《姚兴载记上》，第 2983 页。

大营，由后秦皇帝直属的部落民和部曲组成；其二，诸营，由归附后秦的部落和堡壁组成。然而，部落和堡壁具有一定程度的自主性和独立性，后秦政权面对它们时往往持一种矛盾的态度：一方面极力拉拢和利用，另一方面又不完全信任。在这种情况下，后秦政权通过徙民并建立军镇来巩固对地方的统治。

周伟洲先生指出，"后秦时，以'都督诸州军事'，或将军之名，兼有或不兼刺史、太守名的武职官员，'镇'某地。这时以军统民的形式大量出现，其管辖之民，也开始称为'镇户'。因而，实际上这种地方行政体制已具有了'军镇'之实，但至今未见有军镇之名"[1]。据此可知，"镇某地"是考察某地已经出现军镇的重要标志。此外，《晋书·姚苌载记》中记载："苌下书令留台诸镇各置学官，勿有所废，考试优劣，随才擢叙。"[2] 其中留台当指长安，诸镇当指诸军镇。由此可知，军镇在姚苌时期已经是比较固定的军政合一的地方建置。

牟发松先生认为，"《晋书·姚苌载记》所记载的那种既从事征战镇守又'供继军粮'的军营，以及以营领户、以户出兵的制度，正是姚兴时军镇与镇户的前身。

1　周伟洲：《魏晋南北朝时期的护军制》，侯仁之、周一良主编《燕京学报》新 6 期，第 31 页。

2　《晋书》卷 116《姚苌载记》，第 2971 页。

但镇户并不等于营户，它毕竟原则上不属于某个将领，而隶属于姚秦国家的某个军镇；原则上不随镇将的调动而移徙。这些镇户所在的军镇，是整个姚秦国家赖以存在的基础。"这些镇或有州郡的名号，"但它们上面直接对国家负责，下面直接统率其镇户，并没有为其统属的县级和乡邑组织"[1]牟氏关于镇和营之间关系的说法极具慧眼。

胡三省云："姚苌之兴也，以安定为根本；后得关中，以安定为重镇，徙民以实之，谓之镇户。"[2]据此，关尾史郎先生认为，"镇人·镇户既不是从各地的土著民中选拔出来的，也不是由保持着部族制的非汉族组成的。如果是通过政府下令实施徙民而形成的，那么州牧与其下属的镇人·镇户间的关系必然是淡薄的"[3]。易言之，通过徙民并将其转化为镇户，后秦政权增加了其在地方上直接控制的人口数量。

关于后秦的镇户，牟发松先生总结指出：其一，这些镇户不属州郡，直接为军将所统。这些军将虽多有刺史、太守头衔，为所镇之处的最高军政长官，但其最重

1　牟发松：《十六国时期地方行政机构的军镇化》，《晋阳学刊》1985 年第 6 期。

2　《资治通鉴》卷 117，晋安帝义熙十二年九月条胡三省注，第 3692 页。

3　关尾史郎：《後秦政権の鎮人・鎮戸制と徙民措置》，《東アジア歴史と文化》第 21 号，2012。

要的职权是统军，或曰统领镇户。其二，正像镇将是军将又是刺史、太守一样，这些镇户是兵又是民。他们构成各军镇的基本军事力量，户为兵籍，人皆军贯。其三，既是镇户，当然有家室老小。凡迁徙流动则合家相随，凡镇守征战则老幼皆兵。其四，不能设想这数以万计的镇户衣食皆取于官廪。虽然不排除征战的非常时期由政府供给粮廪或赏赐有功者，但他们平时必定是要生产的。[1] 其说可从。

东晋太元十一年（386）四月，姚苌进占长安后，在长安即皇帝位，大赦，改元建初，国号大秦。六月，姚苌"徙安定五千余户于长安，以弟征虏绪为司隶校尉，镇长安"，自己率众返回安定。[2] 众所周知，在与苻登对峙时期，姚苌一直亲自率军在岭北和关中西部地区与苻登等作战。这一时期，长安虽然名义上是后秦的首都，但是后秦的政治中枢是姚苌的"大营"。在某种程度上，长安是后秦的一个军镇，征虏将军姚绪以首都所在州最高行政长官——司隶校尉兼任长安镇将，从安定徙来的五千余户实质上成为长安镇户。

如前所述，在听闻姚苌在渭北起兵的消息后，原居

1　牟发松：《十六国时期地方行政机构的军镇化》，《晋阳学刊》1985 年第 6 期。

2　《晋书》卷 116《姚苌载记》，第 2967 页；《资治通鉴》卷 106，晋孝武帝太元十一年四月、六月条，第 3364、3366 页。

于陇西地区的姚氏族人即开始聚众起兵响应。姚苌弟姚硕德自称征西将军，占据冀城（今甘肃省甘谷县西南）；并以其兄孙姚详为安远将军，占据陇城（今甘肃省张家川回族自治县）；以从孙姚训为安西将军，占据赤亭（今甘肃省成县西南），与前秦秦州刺史王统对峙。后秦建初元年（386）八月，姚苌与姚硕德等合兵进攻王统，"天水屠各、略阳羌胡应之者二万余户"[1]。九月，王统以秦州降于后秦。后秦主苌以姚硕德为使持节、都督陇右诸军事、征西将军、秦州刺史，领护东羌校尉，镇上邽。[2] 至此，上邽镇亦基本成形。姚硕德以秦州刺史兼任上邽镇将，姚硕德等所部当徙入上邽成为上邽镇户，而响应姚苌的二万余户天水屠各、略阳羌胡亦极有可能被徙入上邽成为镇户。

建初四年（389）八月，大界之役后，考虑到安定地方狭小且逼近苻登势力范围，姚苌令由秦州退守岭北的姚硕德镇安定，"徙安定千余家于阴密，遣弟征南靖镇之"[3]。阴密县在今甘肃省灵台县西，治所在灵台县西五十

1 《资治通鉴》卷106，晋孝武帝太元十一年八月条，第3368页。
2 《资治通鉴》卷106，晋孝武帝太元十一年九月条，第3369页；《晋书》卷116《姚苌载记》，第2967页。
3 《晋书》卷116《姚苌载记》，第2968页；《资治通鉴》卷107，晋孝武帝太元十四年八月条，第3389页。

里百里乡，位于达溪河（古时称为细川水）沿岸。如前所述，达溪河河谷是由六盘山东麓前往今长武、彬县一带的要道。因此，为了防范苻登由达溪河河谷东进，后秦徙安定千余家于阴密，并令征南将军姚靖镇之，阴密因此亦成为阴密镇。

由上述三例可知，姚秦的军镇具有两个方面的特征：其一，在建立军镇时，会从其他地方徙民以作镇户；其二，军镇的镇将由拥有征、镇、安、平及以上的重号将军的宗室担任。

建初五年（390）四月，前秦镇东将军魏褐飞自称大将军、冲天王，率氐、胡数万人进攻后秦安北将军姚当城于杏城；后秦镇军将军雷恶地叛应之，攻后秦镇东将军姚汉得于李润。"苌议将讨之，群臣咸曰：'陛下不忧六十里苻登，乃忧六百里褐飞？'苌曰：'登非可卒殄，吾城亦非登所能卒图。恶地多智，非常人也。南引褐飞，东结董成，甘言美说以成奸谋，若得杏城、李润，恶地据之，控制远近，相为羽翼，长安东北非复吾有。'于是潜军赴之。"[1] 杏城在今陕西省黄陵县西南，李润在今陕西省大荔县西北。据此可知，杏城、李润是后秦在关中东北部的重

---

[1] 《晋书》卷116《姚苌载记》，第2969页；《资治通鉴》卷107，晋孝武帝太元十五年四月条，第3395页。

要据点。因此，姚苌非常重视魏褐飞、雷恶地等人在这一地区的军事行动，在得知这一消息后，立即率军前往征讨。《太平寰宇记》中记载，"魏、晋陷于狄，不置郡县。刘、石、苻、姚时，于今州（坊州）理西七里置杏城镇，常以重兵守之"。"姚苌置杏城镇，在今县（中部县）东七里。"[1]镇守杏城的姚当城为后秦宗室、安北将军，符合前述对镇将身份的总结。显然，此时杏城已设军镇。《太平寰宇记》记北魏置华州事云："按《郡国记》云，自今奉先县东北五十里李润镇，分秦州置华州理于此。"[2]据此可知，至迟北魏时李润已设镇。此外，永和元年（416）正月，姚兴死后，"姚宣时镇李闰"，在其参军韦宗的鼓动下，"率户三万八千，弃李闰，南保邢望"，企图发动叛乱。[3]其中的"李闰"即李润。据此可知，后秦时李润已经置镇。上述引文中姚苌将李润与杏城并列，说明李润极有可能与杏城的地位相同；同时，镇守李润的姚汉得是镇东将军、后秦宗室，亦符合前述对镇将身份的总结。据此可知，极有可能李润在此时已经设置军镇。

　　建初八年（393）十二月庚子，姚苌卒。"兴秘不发

1　《太平寰宇记》卷35《关西道十一》"坊州"条、"坊州中部县"条，第739、741页。
2　《太平寰宇记》卷28《关西道四》"同州条"，第593页。
3　《晋书》卷119《姚泓载记》，第3008~3009页。

丧，以其叔父绪镇安定，硕德镇阴密，弟崇守长安。"[1] 在政权交接这一特殊时刻，姚兴令其叔、弟镇守安定、阴密、长安三地，当是因为此三地为后秦中央政权直辖的重兵所在。安定是后秦在岭北地区的大本营，阴密、长安有大量的镇户。

后秦永和元年（416）九月，伐秦的晋军前锋已逼近洛阳。后秦君臣商议对策：

> 姚绍闻王师之至，还长安，言于泓曰："晋师已过许昌，豫州、安定孤远，卒难救卫，宜迁诸镇户内实京畿，可得精兵十万，足以横行天下。假使二寇交侵，无深害也。如其不尔，晋侵豫州，勃勃寇安定者，将若之何！事机已至，宜在速决。"其左仆射梁喜曰："齐公恢雄勇有威名，为岭北所惮，镇人已与勃勃深仇，理应守死无贰，勃勃终不能弃安定远寇京畿。若无安定，虏马必及于郿、雍。今关中兵马足距晋师，岂可未有忧危先自削损也。"泓从之。[2]

---

1 《资治通鉴》卷108，晋孝武帝太元十八年十二月条，第3411页。
2 《晋书》卷119《姚泓载记》，第3010~3011页。

显然，后秦曾在安定置镇。此外，姚兴子姚弼在弘始十三年（411）之前曾为雍州刺史，镇安定。[1]这说明安定置镇在此之前。然而，由于史阙有间，置镇的时间和过程已不知其详。然揆理度情，皇初元年（394）七月，在阵斩苻登、完全消灭前秦残余势力后，后秦政权开始了由战时向平时的转变。姚兴此后长住长安，长安成为名副其实的首都，不再具有军镇的性质和功能。与此相应，后秦在安定设置了军镇。

后秦皇初三年（396），后秦陇西王姚硕德攻姜乳于上邽，乳率众降。后秦以硕德为秦州牧，领护东羌校尉，镇上邽。[2]据此可知，后秦又恢复了上邽镇，姚硕德再次出任上邽镇将，并由秦州刺史升任秦州牧。

同年，在西燕灭亡后，姚兴派遣晋王姚绪进攻拥兵自守的西燕河东太守柳恭等，在汾阴薛强的帮助下，姚绪进占蒲坂，柳恭等势屈请降。姚兴以姚绪为并、冀二州牧，镇蒲坂，并徙新平、安定新户六千于蒲坂。[3]至此，蒲坂镇形成，姚绪为蒲坂镇将，徙来的六千新平、安定

---

1 《资治通鉴》卷 116，晋安帝义熙七年正月条，第 3642 页。

2 《资治通鉴》卷 108，晋孝武帝太元二十一年条，第 3436 页；《晋书》卷 117《姚兴载记上》，第 2977 页。

3 《资治通鉴》卷 108，晋孝武帝太元二十一年条，第 3436 页；《晋书》卷 117《姚兴载记上》，第 2977 页。

新户成为蒲坂镇户。

如前所述，弘始元年（东晋隆安三年，399）十月，后秦攻占洛阳。《晋书·地理志》中记载：姚兴克洛阳后，以"豫州牧镇洛阳，兖州刺史镇仓垣"[1]。《魏书·羌姚苌传》中亦云："兴克洛阳后，以其弟东平公绍镇之。"[2] 弘始四年（北魏天兴五年，402）五月，后秦大发诸军伐魏，其中一路是"姚绍率洛东之兵"[3]。弘始十一年（409）六月，南燕向后秦遣使，请兵救援，"兴遣卫将军姚强帅步骑一万随韩范往就姚绍于洛阳，并兵以救南燕"[4]。综上可知，后秦在攻占洛阳后即在洛阳设置军镇，并以姚绍为洛阳镇将，可惜的是，姚绍的将军号文献失载。

后秦弘始十六年（414）五月，姚兴病危，其子姚弼谋作乱，"姚裕遣使以弼逆状告诸兄在藩镇者，于是姚懿治兵于蒲坂，镇东将军、豫州牧洸治兵于洛阳，平西将军谌治兵于雍，皆欲赴长安讨弼"[5]。蒲坂、洛阳置镇前已述及。显然，姚懿是蒲坂镇将，姚洸是洛阳镇将。与姚懿、姚洸并列的姚谌当为雍城镇将。据此可知，后秦

1　《晋书》卷14《地理志上》，第432页。

2　《魏书》卷95《羌姚苌传》，第2253页。

3　《晋书》卷117《姚兴载记上》，第2982页。

4　《资治通鉴》卷115，晋安帝义熙五年九月条，第3620页。

5　《资治通鉴》卷116，晋安帝义熙十年五月条，第3665页；参见《晋书》卷118《姚兴载记下》，第2998~2999页。

在雍城亦置镇。雍城是由陇西翻越陇山进入关中西部道路上的要地，且有多条道路通往岭北地区。或有鉴于此，后秦在雍城设镇。

《魏书·太宗纪》中记载，泰常二年（417）九月，"姚泓匈奴镇将姚成都与弟和都举镇来降"[1]。关于姚成都，文献中还记载了三件事迹：其一，弘始十六年（北魏神瑞元年，414）十一月，"魏遣使聘于兴，且请婚。会平阳太守姚成都来朝，兴谓之曰：'卿久处东藩，与魏邻接，应悉彼事形。今来求婚，吾已许之，终能分灾共患，远相接援以不？'成都曰：'魏自柴壁克捷已来，戎甲未曾损失，士马桓桓，师旅充盛。今修和亲，兼婚姻之好，岂但分灾共患而已，实亦永安之福也。'"[2]。其二，永和元年（416）六月，"并州、定阳、贰城胡数万落叛泓，入于平阳，攻立义姚成都于匈奴堡，推匈奴曹弘为大单于，所在残掠"[3]。其三，永和元年十二月，蒲坂镇将姚懿"举兵僭号，传檄州郡，欲运匈奴堡谷以给镇人。宁东姚成都距之，懿乃卑辞招诱，深自结托，送佩刀为誓，成都

---

1 《魏书》卷3《太宗纪》，第67页。

2 《晋书》卷118《姚兴载记下》，第2999页。

3 《晋书》卷119《姚泓载记》，第3009页；参见《资治通鉴》卷117，晋安帝义熙十二年六月条，第3687页。

送以呈泓"[1]。据此可推测，或在永和元年六月平定曹弘等人的叛乱后，后秦以姚成都为镇将在匈奴堡设军镇，此时姚成都完整的官职可能为平阳太守、宁东将军、镇匈奴堡。

综上所述，后秦先后设置了上邽、安定、阴密、雍城、杏城、李润、蒲坂、匈奴堡和洛阳9个军镇。这些军镇或是地区的政治中心，如上邽、安定、蒲坂和洛阳；或是非华夏人群聚居区，如杏城、李润和匈奴堡；或是交通要地，如阴密、雍城。这些军镇在建立时往往会从他处徙民以为镇户，军镇镇将由后秦宗室出任，且一般有征、镇、安、平等重号将军号。这些军镇是后秦统治地方的重要手段和依凭。

第二节　后秦政权的"宗室的军事封建制"

谷川道雄先生指出，五胡诸国家"有着由帝族宗室分掌军队的倾向，因此可以视其为一种军事封建制。皇权受到这一体制的极大制约，特别是宗室的代表性人物握有强大的兵权，这就防止了皇权的独裁"，"国家权力

1　《晋书》卷119《姚泓载记》，第3013页；参见《资治通鉴》卷117，晋安帝义熙十二年十二月条，第3696~3697页。

与其说为皇帝个人所有，倒不如说归于帝室全体，这一点继承了塞外时期部落联盟国家的特点"。[1]川胜义雄先生将此总结为"宗室的军事封建制"[2]。笔者认为，在某种程度上，确实可以用"宗室的军事封建制"来概括后秦王族的权力结构。

一 "宗室的军事封建制"释义

谷川道雄先生指出，"在此前的匈奴世界，诸王统领并监督着各自的部落联盟。单于一方面直接率领属于他们自己的部落联盟，一方面也拥有整个匈奴世界的最高统治权。在辽阔的塞北，各个部落联盟群之所以能归于单于的统辖治下，是基于单于与诸王之间的血缘关系。""总之，部落联盟群结集于单于权威之下，其结合的纽带是同姓以及异姓之间的血缘关系"。[3]"单于与子弟间的血缘纽带既是部落联盟式匈奴国家的支柱，同时也构成了后来两赵国家的军事体制"，在两赵国家中，这一结构"见之于以皇帝为中心，由皇太子、诸王所实行的

1　谷川道雄：《隋唐帝国形成史论》，李济沧译，上海古籍出版社，2011，第76页。
2　川胜义雄：《魏晋南北朝》，讲谈社，2003，第317~320页。
3　谷川道雄：《隋唐帝国形成史论》，李济沧译，第38页。

对国家军队的管理之中"。[1]据此可知，谷川氏认为，前、后赵的"宗室的军事封建制"，是继承自塞外时期的匈奴部落联盟式国家。

谷川道雄先生还指出，包含胡汉两族的匈奴国家皇权一方面需要将所有权力集于一身，树立起绝对的权威；另一方面必须要以宗室诸王为砥柱。绝对皇权与宗室拥兵之间存在着潜在的矛盾。而这是以部族结合为核心，在中原立国的王朝必然要面对的命运。[2]易言之，在五胡政权中，掌握军队的宗室既是皇权的支柱，又是皇权的威胁；而脆弱的血缘关系又无法防止皇权私权化。这使得皇帝（包括太子）与宗室之间既相互依存又相互矛盾。细言之，"首先，皇帝等试图通过独裁来满足他们无休止的欲望，由此与掌握兵权的宗室诸王产生深刻的矛盾，结果有时导致了主权者的更换。另外，还有压制、疏远宗室内部有声望的人物，从而使得宗室团结出现崩溃的例子"[3]。同时，掌握军队的宗室有时会觊觎皇位，与太子甚至皇帝发生矛盾，这往往会导致出现严重的政治斗争和冲突。为了消弭宗室对皇权的威胁，前、后赵政权采取了一些措施加强皇权，其表现在："后宫的扩充，随之

1　谷川道雄：《隋唐帝国形成史论》，李济沧译，第40页。

2　谷川道雄：《隋唐帝国形成史论》，李济沧译，第41页。

3　谷川道雄：《隋唐帝国形成史论》，李济沧译，第77页。

而起的宦官与外戚势力的膨胀以及干预朝政，与上面两点紧密相连的授权皇太子掌管国政，等等。"然而，"这些举措并没有解决如上权力结构中的矛盾，甚至可以说无视了上述矛盾。只是通过不断地粉饰来夸示皇帝的权威，其结果是导致政治更加颓废"。[1] 易言之，这些措施往往导致胡族的君主变为奢靡无度的暴君，其往往会引发胡汉官僚阶层强烈的反抗，这又会严重削弱政权的基础，甚至导致亡国。

这一矛盾到苻坚时才在一定程度上得到解决。与之前的五胡政权相同，苻坚亦是一边压制宗室，一边加强君主独裁。不过，"苻坚的独裁化基于德治主义并向天下统一的志向发展，因而它能够防止国家权力走向私权化与颓废。所以虽说是在压制宗室，但却并没有像两赵及前燕那样陷入由私权化所引起的权力斗争之中"。"苻坚很有可能对于宗室的特殊地位予以某种承认，同时也试图从内部将其包容在实现国家的统一这一大目标之中，因此在压制的同时也采取了宽容的态度"。[2] 所谓的"德治主义"，是指"天子君临于人民，其态度首先需要以信义来贯彻，这当然也就容易产生宽容。信义与宽容这一

---

1 谷川道雄：《隋唐帝国形成史论》，李济沧译，第41页。

2 谷川道雄：《隋唐帝国形成史论》，李济沧译，第89页。

天子道义上的态度，超越了敌对关系以及种族区别的限制，在把国家引向父亲天子与赤子之民的普遍关系的过程中，应该说它是首要条件"[1]。简言之，苻坚的政治理念依据中国古来的政治道德：在对内统治上，他劝课农桑，抵制奢侈，怜惜人民，遇天灾或凶年则节省宫廷费用，厚待士兵，振兴儒学，建立学官；在对外关系上，从"以德怀远"的原则出发，不对其他政权穷兵黩武，且对归顺的敌人采取优待政策。

之所以采取德治主义，是为了获得服膺华夏式的君主专制和官僚制度的胡汉士人的支持。谷川道雄先生认为，"五胡政权具有两面性，即一方面通过胡族的团结来夸耀其力量，另一方面又通过进用汉族士大夫来显示其存在的正当性"[2]。胡族一般熟悉并服膺塞外匈奴部落联盟式国家的体制，相对而言，汉族士大夫则往往娴习于华夏式的君主专制和官僚制度。当然，"这种区别在实际上并非十分严密。汉人出身作为名将而活跃者不在少数，同时也有身为胡族但具有不低于汉人的教养，且作为文官位居政治枢要的例子。但从总体来看，种族上的区别与政治上所承担的职责的区别是相适应的，这正是当时

1　谷川道雄：《隋唐帝国形成史论》，李济沧译，第 86 页。
2　谷川道雄：《隋唐帝国形成史论》，李济沧译，第 76 页。

的时代特点"[1]。

此外，谷川道雄先生指出，"总体来看，五胡诸国家的一部分君主避免马上称帝而止于天王之号，其原因极有可能来自当时的权力结构，即宗室分掌权力，对君主既支持，同时也有抑制"[2]。细言之，《春秋》的经文及诸传里，周王被称为天王，这是为了表现周王与春秋时期的僭王之间的区别。据此可知，天王是在王这一传统称号的范围内所能体现出的至高无上的权威。当超过这一范围时，就产生了皇帝这一新的称号。五胡时期的君主把政治权力与宗室分享，宗室诸王（公）一般都各自掌握军队，驻扎在首都或是州镇，其所具有的这一血缘关系原封不动地构成了政治军事上的分权体制，可以说是对周代宗法关系在政治上扩大为封建制度的拟制。因此，五胡政权的君主以天王为头衔，一方面表示他们的地位不及"皇帝"，另一方面凸显他们比宗室具有更大的权力。

综上所述，谷川道雄先生认为，受塞外时期的匈奴部落联盟式国家的影响，前、后赵政权的宗室诸王（公）分掌军队，这往往对皇权构成严重的威胁。进而言之，

1 谷川道雄：《隋唐帝国形成史论》，李济沧译，第 89 页注②。
2 谷川道雄：《隋唐帝国形成史论》，李济沧译，第 249 页。

对五胡政权而言，华夏式的皇权与宗室拥兵之间既相互依存，又相互矛盾。前、后赵的君主通过扩充后宫、倚重外戚和宦官等恩倖来加强皇权的独裁，但这又往往导致胡族的君主变成奢靡无度的暴君，继而引发宗室和信服儒家政治理念的胡汉官僚阶层强烈反抗。前秦苻坚则采用德治主义来加强君主独裁并压制宗室。采取德治主义使苻坚获得服膺华夏式的君主专制和官僚制度的胡汉士人的支持，防止了国家权力走向私权化与颓废。与"宗室的军事封建制"相适应，五胡政权的君主采用天王的称号，一方面表示其地位不及皇帝，另一方面表示其与宗室诸王有区别。

二　后秦的宗室与皇权

在建国的过程中，"宗室的军事封建制"在后秦政权中逐渐形成。如前所述，后秦白雀元年（384）六月，苻坚趁后秦新立，率兵伐秦。此役，姚苌弟镇军将军姚尹买率两万劲卒与前秦左军将军窦冲激战，姚尹买战败阵亡。之后，在对前秦反击时，姚苌又留其弟征虏将军姚绪守杨渠川大营。十月，在确定了"先取岭北、再图关中"的建国战略之后，姚苌留其长子姚兴守北地，令宁北将军姚穆守同官川，自己则率众进攻新平。建初元年（386）四月，姚苌进占长安，在长安即皇帝位后，以姚绪为司隶校尉,镇守长安,自己则返回安定。综上可知,在姚苌初起时,即令以其兄弟为代表的宗室出任各种名号的将军并分掌军队,他们或跟随姚苌作战,或据守地方。皇初元年(394)七月,在阵斩苻登、完全消灭前秦残余势力后,后秦政权开始了由战时向平时的转变。跟随君主作战的将军多变成了中央禁卫军的将领,而据守地方的将军往往转化为军镇的将领。为了方便后文讨论,现将见于文献记载的出任将军的后秦宗室进行简单统计,如表一所示。

何兹全先生认为,魏晋时期,"中军系驻京师内外,由中央直辖的军队;外军则系在外各都督分领的军队。""我们还可以将都督诸军事看作是驻在各地的中央官,因之都督所领的兵,虽然称为'外兵'、'外军',以与驻在京师的'中军'相区别;但仍可目之为中央军,两者合起来称中外诸军"[1]。如前所述,后秦的军镇是由魏晋的"都督诸州军事"转化而来,因此,后秦的"外军"即指各军镇统辖的镇民和镇户。此外,后秦的军镇镇将由后秦宗室出任,且一般有征、镇、安、平等将军号。因此,表中的征、镇、安、平将军应多为外军将领,镇

1　何兹全:《魏晋的中军》,《读史集》,上海人民出版社,1982,第259~260页。

表一　后秦宗室担任武官统计

武官官称	姓名	兼领官职	任职时间	关系	出处
太尉	姚旻	尚书令	393.12~		《通鉴》卷108，3411页
大将军	姚弼	尚书令、侍中	411.01~416.02	姚兴子	《通鉴》卷116，3642页
大将军	姚绍	太宰、都督中外诸军事，假黄钺	417.02~	姚苌子	《通鉴》卷118，3700页
车骑将军	姚裕		416.06~	姚兴子	《通鉴》卷117，3688页
卫大将军	姚显		408.07~	姚苌子	《通鉴》卷114，3607页
卫将军	姚强		409.06~		《通鉴》卷115，3620页
武卫将军	姚益男		416.10~416.12		《通鉴》卷117，3694页
武卫将军	姚驴		416.12~417.02		《通鉴》卷117，3696页
	姚鸢		417.02~		《通鉴》卷118，3700页
左卫将军	姚宝安		417.08~		《晋书·姚泓载记》，3017页
护军将军	姚墨蠡		417.04~		《通鉴》卷118，3704页
左将军	姚方成		386.07~392.03		《通鉴》卷106，3366页
	姚文宗		412.10~		《晋书·姚兴载记下》，2996页

武官官称	姓名	兼领官职	任职时间	关系	出处
前将军	姚恢		412.10~416.06		《晋书·姚兴载记下》，2996页
前将军	姚光儿		416.06~417.08		《晋书·姚泓载记》，3010页
前将军	姚烈		417.08~		《晋书·姚泓载记》，3017页
后将军	姚敛成		408.05~	姚苌子	《通鉴》卷114，3607页
后将军	姚平		416.06~	姚苌子	《晋书·姚泓载记》，3009页
抚军将军	姚绍		414.05~416.12	姚苌子	《晋书·姚兴载记下》，2998页
抚军将军	姚讚		416.12~	姚苌子	《通鉴》卷117，3696页
中军将军	姚崇		389.07~402.02	姚苌子	《通鉴》卷107，3388页
中军将军	姚敛成		402.02~408.05	姚兴子	《晋书·姚兴载记上》，2982页
镇军将军	姚弼		408.05~411.05	姚兴子	《通鉴》卷114，3607页
镇军将军	姚尹买		384.05~384.06	姚苌弟	《通鉴》卷105，3329页
镇军将军	姚恰		416.06~		《晋书·姚泓载记》，3010页
征西大将军	姚硕德	秦州牧、领护东羌校尉、镇上邽	400.05~/396~	姚苌弟	《晋书·姚兴载记上》，2977页；《通鉴》卷111，3511页

续表

武官官称	姓名	兼领官职	任职时间	关系	出处
征虏将军	姚绪	司隶校尉/并、冀二州牧，镇蒲坂	384.05~	姚苌弟	《晋书·苻坚载记下》，2922 页；《通鉴》卷 106，3366 页
征西将军	姚成王		415.02~		《通鉴》卷 117，3678 页
征西将军	姚硕德	使持节、都督陇右诸军事、秦州刺史、领护东羌校尉，镇上邽	386.09~	姚苌弟	《晋书·姚苌载记》2967 页；《通鉴》卷 106，3369 页
征东将军	姚懿	并州牧，镇蒲坂	416.10~	姚兴子	《晋书·姚泓载记》，3011 页
征东将军	姚靖	镇阴密	389.08~	姚苌弟	《通鉴》卷 107，3389 页
征南将军	姚方成		392.03~		《通鉴》卷 108，3404-3405 页
征南将军	姚洸	镇洛阳	416.10~	姚兴子	《通鉴》卷 117，3693 页
征北将军	姚㤭	镇安定	416.06~	姚兴子	《通鉴》卷 117，3687 页
镇西将军	姚诘		403.07~412.10		《通鉴》卷 113，3550 页
镇西将军	姚嵩	秦州刺史	412.10~416.06	姚兴子	《晋书·姚兴载记下》，2996 页
镇西将军	姚谌	镇雍城	416.06~	姚兴子	《通鉴》卷 117，3687 页

武官名称	姓名	兼领官职	任职时间	关系	出处
镇东将军	姚汉得	镇李润	390.04~414.05		《通鉴》卷107，3395页
	姚沈	豫州牧，镇洛阳	414.05~417.08	姚苌子	《通鉴》卷116，3665页
	姚璞		417.08~	姚兴子	《晋书·姚泓载记》，3016页
镇北将军	姚强		417.08~		《通鉴》卷118，3708页
安西将军	姚训		386.09~	硕德从孙	《通鉴》卷106，3368页
安南将军	姚熙隆		392.08~		《通鉴》卷108，3407页
安北将军	姚当城	镇杏城	390.04~		《通鉴》卷107，3395页
	姚平		~402.10	姚苌子	《魏书·太祖纪》，44页
平西将军	姚赟		408.07~		《通鉴》卷114，3609页
	姚谌	镇雍城	414.05~416.06	姚兴子	《通鉴》卷116，3665页
平北将军	姚冲		409.01~	姚苌子	《通鉴》卷114，3612页
宁东将军	姚成都	镇匈奴堡	416.12~		《通鉴》卷117，3696页
宁北将军	姚穆		384.10~		《通鉴》卷105，3337页
北中郎将	姚广都		410.03~414.05		《晋书·姚兴载记下》，2994页
	姚洛都		414.05~		《通鉴》卷116，3664页

续表

武官官称	姓名	兼领官职	任职时间	关系	出处
冠军将军	姚讚		414.05~416.12	姚苌子	《晋书·姚兴载记下》，2998 页
立节将军	姚伯寿		412.10~		《晋书·姚兴载记下》，2996 页
积弩将军	姚良国		402.05~		《晋书·姚兴载记上》，2982 页
镇远将军	姚万		416.06~		《晋书·姚泓载记》，3010 页
安远将军	姚详		386.09~	硕德兄孙	《通鉴》卷 106，3368 页
立义将军	姚成都		416.06~416.12		《通鉴》卷 117，3687 页
建威将军	姚娥都		417.01		《晋书·姚泓载记》，3013 页
扬威将军	姚耗		417.08~		《晋书·姚泓载记》，3017 页
建武将军	姚进		417.08~		《晋书·姚泓载记》，3017 页
恢武将军	姚难		416.06~		《晋书·姚泓载记》，3010 页

注：1. 由于文献有阙，这里的任职时间是文献记载中出现的时间。一般而言，某人出任某一武职的时间应早于其在文献中出现的时间。至于其任职结束的时间，主要根据两种情况：其一，文献记载中某人有了新的职官，即以这一时间为其迁转的时间；其二，文献记载中有其他人出任某一武职，则以这一时间为前任职的时间。

2.《通鉴》即《资治通鉴》。

273

守地方。

祝总斌先生指出，"（东汉）太尉主要分管关于军事方面各项事务以及有关官吏的考察、监督"[1]。太尉与司徒、司空三公鼎立，并为宰相。在西晋时期，太尉、司徒和司空又被称为"三司"，他们"仍保留着有一部分宰相权力，并非纯粹尊崇之位"[2]。后秦的太尉当承自魏晋，其是后秦名义上的最高军事职官，虽保留着一部分宰相权力，但在很大程度上具有尊崇之位、荣誉头衔的性质。大将军应为后秦事实上的最高军事职官，姚弼是姚兴最宠爱的儿子，是姚泓太子之位的有力竞争者，其出任大将军是导致后秦政权在姚兴统治后期出现诸子争位的重要原因。姚绍是姚兴去世前后排名第一的顾命大臣，姚泓即位后，"任绍以兵权"[3]。可见，后秦大将军应不常设，是后秦军队的实际掌握者。

卫（大）将军，武卫将军，左、右卫将军均为魏晋时期宿卫宫殿禁军的统帅。护军将军，左、右、前、后将军是担负京城宿卫的禁军统帅。抚军将军、中军将军和镇军将军是中军中的重号将军，冠军将军以下为杂号

1　祝总斌：《两汉魏晋南北朝宰相制度研究》，中国社会科学出版社，1990，第66页。

2　祝总斌：《两汉魏晋南北朝宰相制度研究》，第172页。

3　《晋书》卷119《姚泓载记》，第3012页。

将军。据表一可知，在后秦的武官系统中，后秦宗室不仅数量多，而且分布广。显然，宗室在后秦的军事体系中是重要的存在，宗室分掌军队是后秦政权的一个重要特点。

后秦宗室对皇权的威胁一直存在。在姚苌时期，后秦宗室中最具威望的人物是姚绪和姚硕德。建初元年（386）六月，姚苌任命姚绪为司隶校尉，镇长安。次年七月，姚苌又"以太子兴镇长安"[1]。建初元年九月，姚苌以姚硕德为使持节、都督陇右诸军事、征西将军、秦州刺史，领护东羌校尉，镇上邽。后来，上邽失守，姚硕德东徙，出任安定镇将，在姚苌寝疾时又出任李润镇将。总体而言，姚绪和姚硕德是后秦宗室中掌握军队的代表人物。然而，在姚苌去世时，太尉姚旻、尚书左仆射尹纬、尚书右仆射姚晃、将军姚大目、尚书狄伯支等受遗诏辅政，姚绪和姚硕德并未进入辅政大臣的名单。[2]这似乎暗示姚苌对姚绪、姚硕德二人并不完全信任，而是有所防范。姚苌死后，姚兴秘不发丧，以其叔父姚绪镇安定，姚硕德镇阴密，弟姚崇守长安。在这一权力交接的特殊时期，发生了一件值得玩味的事情。

1　《资治通鉴》卷107，晋孝武帝太元十二年七月条，第3379页。
2　《晋书》卷116《姚苌载记》，第2972页；《资治通鉴》卷108，晋孝武帝太元十八年十二月条，第3411页。

碩德将佐言于碩德曰："公威名宿重，部曲最强，今衰代之际，朝廷必相猜忌，非永安之道也。宜奔秦州，观望事势。"碩德曰："太子志度宽明，必无疑阻。今符登未灭而自寻干戈，所谓追二袁之踪，授首与人。吾死而已，终不若斯。"及至，兴优礼而遣之。[1]

姚碩德的将佐们道出了当时社会对于皇权与掌握军队的宗室之间既相互依赖又相互猜忌的一般认知，基于此，他们认为姚碩德"宜奔秦州，观望事势"。虽然姚碩德拒绝了这一建议，并因此得到了姚兴的"优礼"，将其与姚绪、姚碩德未受遗诏辅政两事合而观之，后秦皇权与分掌军队的宗室之间既相互依赖又相互猜忌的关系昭然若揭。

姚兴即位后，一方面尊崇其叔父姚绪和姚碩德，另一方面在二人身边安插耳目。后秦皇初二年（395），在即皇帝位一年后，姚兴封姚绪为晋王、姚碩德为陇西王，其他宗室和功臣则封公及以下爵位，以尊崇姚绪和姚碩德二人。[2] 弘始元年（399）九月，姚兴降号称天王，并

---

1 《晋书》卷117《姚兴载记上》，第2975页。
2 《晋书》卷117《姚兴载记上》，第2976页；《资治通鉴》卷108，晋孝武帝太元十二年条，第3425页。

"下诏令群公、卿士、将牧、守宰各降一等"[1]。然而，其中并不包括封王的姚绪、姚硕德二人。于是，"姚绪、姚硕德以兴降号，固让王爵"。随后，"兴如河东。时姚绪镇河东，兴待以家人之礼"。姚绪是姚兴的叔父，姚兴待以家人之礼，显然是为了尊崇姚绪。之后，"姚绪、姚硕德固让王爵，许之"[2]。姚绪、姚硕德第一次让王爵在某种程度上具有试探姚兴态度之意，这自然不会得到姚兴的允准。之后，姚兴前往河东与姚绪会面，并待以家人之礼，明显具有安抚姚绪、姚硕德二人之意。经过此次会面，姚兴与姚绪、姚硕德二人之间在某种程度上建立了信任和共识。在这种情况下，二人再次让王爵，并得到了姚兴的许可。但与此同时，"绪、硕德威权日盛，兴恐遭奸佞小人沮惑之，乃简清正君子为之辅佐"[3]。易言之，姚兴在允准姚绪、姚硕德二人让王爵的同时，在他们身边安插了自己的耳目对其进行监视。

1　《资治通鉴》卷111，晋安帝隆安三年九月条，第3496页；《晋书》卷117《姚兴载记上》，第2979页；《魏书》卷95《羌姚苌传》，第2253页。《晋书》和《资治通鉴》记载姚兴降号称王，《魏书》记载姚兴降号称天王。周伯戡根据后秦时期的佛教文献中对于姚兴称号的记述，认为姚兴称"天王"无误（周伯戡：《姚兴与佛教天王》，《台大历史学报》2002年第30期）。
2　姚绪、姚硕德让王爵，姚兴入河东事均见《晋书》卷117《姚兴载记上》，第2980页。
3　《晋书》卷117《姚兴载记上》，第2980页。

之后，姚兴一方面通过立太子、给自己其他儿子封爵和重用后族等措施来加强自己的统治；另一方面则继续尊崇宗室代表姚绪、姚硕德二人，并优容宗室，以获得他们的支持。弘始四年（402）二月，在倾全国之力伐魏前夕，姚兴立其子姚泓为太子。"泓孝友宽和，喜文学，善谈咏，而懦弱多病；兴欲以为嗣，而狐疑不决，久乃立之。"[1] 显然，在姚兴眼中，姚泓并非太子的最佳人选。在发兵攻魏时，姚兴使"（司隶）姚显及尚书令姚晃辅其太子泓，入值西宫"[2]。据此可知，姚兴在伐魏前夕立太子，是为了稳固后方，避免后院起火。分掌兵权的宗室应是其防备的主要对象。柴壁之战，后秦大败，不言而喻，这严重挫伤了姚兴的威望。在这种背景下，姚兴"封子懿、弼、洸、宣、谌、愔、璞、质、逵、裕、国儿皆为公"[3]，显然是为了巩固自己的统治。

此外，弘始五年（403）七月，后凉吕隆表请内徙，"兴遣尚书左仆射齐难、镇西将军姚诘、左贤王乞伏乾归、镇远将军赵曜帅步骑四万迎隆于河西"[4]。吕隆内徙，

1 《资治通鉴》卷112，晋安帝元兴元年二月条，第3536页。
2 《晋书》卷117《姚兴载记上》，第2982页。
3 《晋书》卷117《姚兴载记上》，第2983页；《资治通鉴》卷112，晋安帝元兴元年条，第3547页。
4 《资治通鉴》卷113，晋安帝元兴二年七月条，第3550页。

标志着后凉的灭亡。如前所述，此前后秦在河陇地区用兵，灭西秦，迫降后凉，均以姚硕德为统帅。此后征伐仇池杨盛，亦以姚硕德为统帅。然而，令人意外的是，此次迎降吕隆，却以齐难为统帅。而在此之前，由于姚兴"好游田，颇损农要。京兆杜挺以仆射齐难无匡辅之益，著《丰草诗》以箴之，冯翊相云作《德猎赋》以讽焉。兴皆览而善之，赐以金帛，然终弗能改"[1]。显然，在时人眼中，齐难是姚兴的亲倖，才会将姚兴"好游田"归罪于齐难"无匡辅之益"。然而，在与苻登相持时，姚苌"数为登所败，远近咸怀去就之计"，时任征虏将军的齐难是"并留子弟守营，供继军粮，身将精卒，随苌征伐"的部将之一。[2]皇初二年（395）姚兴大封宗室与功臣爵位时，齐难是排名仅次于尹纬的功臣。[3]可见，在姚苌时期，齐难是后秦异姓功臣的代表。弘始十四年（412）十月，姚兴立昭仪齐氏为后。[4]笔者认为，在时人眼中，齐难由功臣变为亲倖，或与昭仪齐氏有关。易言之，齐氏极有可能是齐难的家人，齐氏入宫使齐难家族成为姚

1　《晋书》卷 117《姚兴载记上》，第 2983 页。

2　《晋书》卷 116《姚苌载记》，第 2968 页。

3　《晋书》卷 117《姚兴载记上》，第 2976 页。

4　《资治通鉴》卷 116，晋安帝义熙八年十月条，第 3654 页;《晋书》卷 118《姚兴载记下》，第 2997 页。

兴后族。这当是时人将姚兴"好游田"归罪于齐难的主要原因。而令齐难率军迎降吕隆，极有可能是姚兴希望齐难分享灭亡后凉之功，以避免姚硕德独占，并提高齐难在后秦朝廷中的威望，从而在某种程度上抗衡甚至限制后秦宗室的权力。

关于尊崇姚绪、姚硕德二人，《晋书·姚兴载记上》中记述：

> 兴班告境内及在朝文武，立名不得犯叔父绪及硕德之名，以彰殊礼。兴谦恭孝友，每见绪及硕德，如家人之礼，整服倾悚，言则称字，车马服玩，必先二叔，然后服其次者，朝廷大政，必谘之而后行。[1]

弘始八年（406）六月，"兴以姚硕德来朝，大赦其境内。及硕德归于秦州，兴送之，及雍乃还"[2]。据此可知，姚兴各个方面都给予姚绪、姚硕德二人殊礼，这是其尊崇二人的明证。显然，他希望借此团结宗室，并获得他们的支持和拥戴。

然而，宗室中依然有人觊觎皇位，不时起兵反叛。

---

1 《晋书》卷 117《姚兴载记上》，第 2985~2986 页。
2 《晋书》卷 117《姚兴载记上》，第 2986 页；《资治通鉴》卷 114，晋安帝义熙二年六月条，第 3589 页。

弘始五年（403）六月，"泫氏男姚买得欲因兴葬母虵氏杀兴，会有告之者，兴未之信，遣李嵩诈往。买得具以告嵩，嵩还，以闻，兴乃赐买得死，诛其党与"[1]。姚买得只见于此处，从其有党羽可推知此次极有可能是政治谋杀，其目的应是夺取皇权。由此可知，宗室是后秦皇权的严重威胁。

如前所述，弘始十一年（409）正月，在齐难率军进讨起兵反秦的刘勃勃失败被俘后，"秦王兴遣其弟平北将军冲、征虏将军狄伯支等帅骑四万击夏王勃勃。冲至岭北，谋还袭长安，伯支不从而止，因鸩杀伯支以灭口"[2]。二月，"兴自平凉如朝那，闻冲谋逆，以其弟中最少，雄武绝人，犹欲隐忍容之。敛成泣谓兴曰：'冲凶险不仁，每侍左右，臣常寝不安席，愿早为之所。'兴曰：'冲何能为也！但轻害名将，吾欲明其罪于四海。'乃下书赐冲死，葬以庶人之礼"[3]。姚冲是姚兴少弟，企图袭击长安，发动政变，遭到狄伯支的反对，遂鸩杀后者。然而，在得知这一逆谋后，姚兴本打算对这起未遂的政变采取隐

---

1 《晋书》卷117《姚兴载记上》，第2978页；《资治通鉴》卷109，晋安帝隆安元年九月条，第3458页。

2 《资治通鉴》卷115，晋安帝义熙五年正月条，第3612页；《晋书》卷118《姚兴载记下》，第2992页。

3 《晋书》卷118《姚兴载记下》，第2992~2993页；《资治通鉴》卷115，晋安帝义熙五年二月条，第3613页。

忍的态度，不追究姚冲。在遭到姚敛成的反对后，以鸩杀狄伯支之罪赐死姚冲，但却未究治其意图发动政变的罪行。由此可知，在面对宗室对皇权的挑战时，姚兴在很大程度上采取容忍的态度，以避免激化宗室与皇权之间的矛盾，从而获得后者对其统治的支持。

在对待宗室的态度上，姚泓继承了姚兴尊崇和优容宗室的立场。弘始十七年（415）九月，"秦王兴药动。广平公弼称疾不朝，聚兵于第。兴闻之，怒，收弼党唐盛、孙玄等杀之。太子泓请曰：'臣不肖，不能缉谐兄弟，使至于此，皆臣之罪也。若臣死而国家安，愿赐臣死；若陛下不忍杀臣，乞退就籓。'兴恻然悯之，召姚讃、梁喜、尹昭、敛曼嵬与之谋，囚弼，将杀之，穷治党与。泓流涕固请，乃并其党赦之。泓待弼如初，无忿恨之色"[1]。对太子姚泓而言，谋图夺嫡的姚弼及其党羽是严重且直接的威胁，在姚兴打算究治姚弼及其党羽时，姚泓却流涕谏止，并待之如初。其中虽有夸张之处，但其优容宗室的态度可见一斑。此外，在姚弼谋图夺嫡时，"姚绍每为弼羽翼，泓亦推心宗事，弗以为嫌。及僭立，任绍以兵权。"[2]易言之，姚泓即位后，不计姚绍曾支

---

1 《资治通鉴》卷117，晋安帝义熙十一年九月条，第3681~3682页；《晋书》卷118《姚兴载记下》，第3002页。
2 《晋书》卷119《姚泓载记》，第3008页。

持姚弼夺嫡之前嫌，接受了姚绍首席受遗辅政大臣的身份，使其成为自己统治时期宗室的代表人物。永和二年（417）二月，在东晋军队进至潼关—蒲坂一线时，"泓进绍太宰、大将军、大都督、都督中外诸军事、假黄钺，改封鲁公，侍中、司隶、宗正、节录并如故，朝之大政皆往决焉"[1]。显然，姚泓希望利用姚绍在宗室中的地位和影响，团结宗室抵抗东晋的军事侵伐，以消除亡国的危险。

当然，掌兵的宗室亦是皇权的维护者。姚兴晚年宠爱其子姚弼，弘始十三年（411）正月，姚兴以姚弼为尚书令、侍中、大将军。这导致后者"势倾东宫，遂有夺嫡之谋矣"[2]。弘始十六年（414）五月，"兴疾笃，弼潜聚众数千人，谋作乱。姚裕遣使以弼逆状告诸兄在藩镇者，于是姚懿治兵于蒲坂，镇东将军、豫州牧洸治兵于洛阳，平西将军谌治兵于雍，皆欲赴长安讨弼。会兴疾瘳，见群臣，征虏将军刘羌泣以告兴。梁喜、尹昭请诛弼，且曰：'苟陛下不忍杀弼，亦当夺其权任。'兴不得已，免弼

---

1 《晋书》卷119《姚泓载记》，第3014页；《资治通鉴》卷118，晋安帝义熙十三年二月条，第3700页。

2 《晋书》卷118《姚兴载记下》，第2995页；《资治通鉴》卷116，晋安帝义熙七年正月条，第3642页。

尚书令，使以将军、公还第。懿等各罢兵"[1]。此次事件中，姚弼对皇权，尤其是太子构成了直接的威胁。而出镇蒲坂、洛阳、雍城等地的宗室成为皇权的维护者，他们在获悉姚弼谋乱的消息后，即谋划率兵讨弼。由此可知，掌兵的宗室不仅有威胁皇权的一面，亦有支持的一面。

不过，需要指出的是，在宗室军事封建体制中，如果说在承平时期通过优容宗室及尊崇其中的代表人物，皇权还可以基本上得到宗室的支持和合作。那么，当面对强大的外敌入侵时，这一策略却让在外掌兵的宗室对皇权的觊觎之心得到释放——手握重兵的宗室经常会乘机起兵叛乱，这与外敌入侵相交织，往往会最终导致王朝的灭亡。后秦政权即是其中一例。

如前所述，永和元年（416）十二月，在东晋军队占领洛阳后，后秦征东将军、并州牧、蒲坂镇将姚懿举兵称帝，谋图偷袭长安，废姚泓以自立。虽应者寥寥，但给东晋前锋诸将率军西进至蒲坂—潼关一线提供了可乘之机，并使得后秦无法调拨河东的军队在今豫西地区进行布防。紧随其后，永和二年（417）正月，后秦征北将军、安定镇将姚恢率三万八千安定镇户自安定趋长安，

---

1 《资治通鉴》卷116，晋安帝义熙十年五月条，第3665页；《晋书》卷118《姚兴载记下》，第2998~2999页。

自称大都督、建义大将军，以除君侧之恶为名举兵。其由安定南下，相继攻陷阴密、郿城，长安大震。在蒲坂—潼关前线的姚绍、姚赞等人无奈回防长安，使得后秦东线空虚，为东晋前锋诸军进逼蒲坂和潼关等关中东部门户提供了可乘之机。简言之，蒲坂和安定分别是后秦在河东和岭北地区的政治重心，屯驻有相当数量的军队，姚懿和姚恢的叛乱虽然最终被后秦平定，但这严重地损害了后秦的军力和国力，是导致后秦亡国的重要原因。

三　后秦的德治主义实践

面对宗室掌兵的威胁，后秦亦继承了前秦苻坚的德治主义，以争取服膺华夏式的君主专制和官僚制度的胡汉士人的支持。这表现在以下四个方面。

其一，建构符合儒家政治理念的君主形象。首先，崇尚节俭。姚苌与苻登相持时，"时天大雪，苌下书深自责罚，散后宫文绮珍宝以供戎事，身食一味，妻不重彩"[1]。关于姚兴，《晋书·姚兴载记》中亦记云："兴性俭约，车马无金玉之饰，自下化之，莫不敦尚清素。"[2] 其

---

1 《晋书》卷116《姚苌载记》，第2968页。
2 《晋书》卷117《姚兴载记上》，第2983页。

次，力行孝道。皇初四年（397）九月，姚兴母虵氏去世，"兴哀毁过礼，不亲庶政。群臣议请依汉魏故事，既葬即吉。兴尚书郎李嵩上疏曰：'三王异制，五帝殊礼。孝治天下，先王之高事也，宜遵圣性，以光道训。既葬之后，应素服临朝，率先天下，仁孝之举也。'尹纬驳曰：'帝王丧制，汉魏为准。嵩矫常越礼，愆于轨度，请付有司，以专擅论。既葬即吉，乞依前议。'兴曰：'嵩忠臣孝子，有何咎乎？尹仆射弃先王之典，而欲遵汉魏之权制，岂所望于朝贤哉！其一依嵩议。'"[1] 此外，姚兴还曾追尊其庶母孙氏为皇太后，并配享太庙。[2] 再次，虚怀纳谏。《晋书·姚兴载记》中云："兴留心政事，苞容广纳，一言之善，咸见礼异。京兆杜瑾、冯翊吉默、始平周宝等上陈时事，皆擢处美官。"[3] 此外，姚兴曾"命百僚举殊才异行之士，刑政有不便于时者，皆除之。兵部郎金城边熙上陈军令烦苛，宜遵简约。兴览而善之，乃依孙吴誓众之法以损益之"[4]。最后，优礼大臣。"兴以大臣屡丧，令所司更详临赴之制。所司白兴，依故事东堂发哀。兴不从，

1　《晋书》卷117《姚兴载记上》，第2977~2978页。

2　《晋书》卷117《姚兴载记上》，第2977页。

3　《晋书》卷117《姚兴载记上》，第2979页。

4　《晋书》卷117《姚兴载记上》，第2980页。

每大臣死，皆亲临之。"[1]

其二，怜惜民众，体恤将士。后秦曾发布了一些诏令，这包括："百姓年七十有德行者，拜为中大夫，岁赐牛酒"，"班命郡国，百姓因荒自卖为奴婢者，悉免为良人"，"听祖父母昆弟得相容隐"。[2]显然，这些都属于儒家仁政的范畴。不过，姚兴亦曾"以国用不足，增关津之税，盐竹山木皆有赋焉"[3]。据此推测，上述诏令可能只是官样文章，并未得到有效的执行。此外，"兴立律学于长安，召郡县散吏以授之。其通明者还之郡县，论决刑狱。若州郡县所不能决者，谳之廷尉。兴常临谘议堂听断疑狱，于时号无冤滞"[4]。重视刑狱，亦是其怜惜民众的一种举措。

后秦政权自立国至灭亡，几乎无年不战，军队是其政权存续的重要保障。因此，其制定了一系列优恤将士的政策。与苻登对峙时，姚苌曾下令："将帅死王事者，加秩二等；士兵战没，皆有褒赠。""将吏亡灭者，各随所亲以立后，振给长育之"。[5]简言之，对于阵亡的将士，

1　《晋书》卷118《姚兴载记下》，第 2997 页。

2　分别见《晋书》卷116《姚苌载记》，第 2968 页；《晋书》卷117《姚兴载记上》，第 2979、2980 页。

3　《晋书》卷118《姚兴载记下》，第 2994 页。

4　《晋书》卷117《姚兴载记上》，第 2980 页。

5　《晋书》卷116《姚苌载记》，第 2968、2970 页。

皆有抚恤，其中无后者，为其立后且进行抚养。姚兴即位后，亦曾下书，"令士卒战亡者守宰所在埋藏之，求其近亲为之立后"[1]。可能是因为阵亡的士兵中未婚无后者众多，因此姚苌、姚兴父子一再下令为其立后。此外，免除赋税徭役亦是体恤士兵的重要举措。姚苌曾下令："兵吏从征伐，户在大营者，世世复其家，无所豫。"[2]弘始五年（403），"兴下书，录马嵬战时将吏，尽擢叙之，其堡户给复二十年"[3]。即位后不久，姚泓亦曾下令："士卒死王事，赠以爵位，永复其家"[4]。简言之，对于战殁的士卒，后秦褒赠爵位，减免赋税徭役，并为无后者立后进行抚育。

其三，重视儒学，旌劝良吏。姚苌曾"立太学，礼先贤之后"，并"下书令留台诸镇各置学官，勿有所废，考试优劣，随才擢叙"。[5]此外，姚兴不仅亲自与宿儒讲论经义，而且为诸生拜师求学提供方便：

> 天水姜龛、东平淳于岐、冯翊郭高等皆耆儒硕

1 《晋书》卷117《姚兴载记上》，第2978页。

2 《晋书》卷116《姚苌载记》，第2972页。

3 《晋书》卷117《姚兴载记上》，第2983页。

4 《晋书》卷119《姚泓载记》，第3009页。

5 《晋书》卷116《姚苌载记》，第2968、2971页。

德，经明行修，各门徒数百，教授长安，诸生自远而至者万数千人。兴每于听政之暇，引龚等于东堂，讲论道艺，错综名理。凉州胡辩，苻坚之末，东徙洛阳，讲授弟子千有余人，关中后进多赴之请业。兴敕关尉曰："诸生谘访道艺，修己厉身，往来出入，勿拘常限。"于是学者咸劝，儒风盛焉。[1]

显然，在姚苌、姚兴父子的努力下，后秦境内的儒学在一定程度上得到了复兴。立太学，置学官，并考试优劣，随才擢叙，正是为了培养符合儒家政治理念的官吏。与此相一致，对于身体力行儒家政治理念的良吏，姚兴亦给予表彰："兴以司隶校尉郭抚、扶风太守强超、长安令鱼佩、槐里令彭明、仓部郎王年等清勤贞白，下书褒美，增抚邑一百户，赐超爵关内侯，佩等进位一级"[2]。

其四，从"以德怀远"的原则出发，对归降的敌人采取优待政策，并避免对其他政权穷兵黩武。建初五年（390）四月，之前投降后秦被拜为镇军将军的雷恶地起兵，进攻李润堡，后兵败请降。"苌待之如初。恶地每谓人曰：'吾自言智勇所施，足为一时之杰。校数诸雄，如

---

1 《晋书》卷117《姚兴载记上》，第 2979 页。

2 《晋书》卷117《姚兴载记上》，第 2980~2981 页。

吾之徒，皆应跨据一方，兽啸千里。遇姚公智力摧屈，是吾分也。'"[1] 正是因为姚苌不计前嫌，雷恶地才诚心归附后秦。建初六年（391）四月，前秦兖州刺史金槌据新平以降后秦，姚苌打算将数百骑进入金槌营。后秦臣僚谏止，苌曰："槌既去苻登，复欲图我，将安所归！且怀德初附，推款委质，吾复以不信待之，何以御物乎！"金槌部下虽有异谋，但因槌不从而止。[2] 弘始二年（400）八月，"乞伏乾归以穷蹙来降，拜镇远将军、河州刺史、归义侯，复以其部众配之"[3]。弘始五年（403）八月，吕隆内徙后，"兴以隆为散骑常侍，超为安定太守，自余文武随才擢叙[4]。综上，整体而言，后秦姚苌、姚兴父子通常会对归降的敌人采取优待的策略，以争取其对后秦政权合作和支持的立场。

不过，可能是吸取了前燕慕容氏诸人在前秦末年叛乱的教训，在特殊时期会除掉存在潜在威胁的归降者。姚苌寝疾，召太子姚兴诣行营。征南将军姚方成向姚兴建言曰："今寇贼未灭，上复寝疾，王统、苻胤等皆有部曲，终为人害，宜尽除之。"姚兴于是诛杀苻胤、王统、

---

1 《晋书》卷 116《姚苌载记》，第 2970 页。

2 《晋书》卷 116《姚苌载记》，第 2971 页。

3 《晋书》卷 117《姚兴载记上》，第 2981 页。

4 《资治通鉴》卷 113，晋安帝元兴二年八月条，第 3550~3551 页。

王广、徐成、毛盛等人，然后赴召。兴至行营后，姚苌怒曰："王统兄弟是吾州里，无他远志，徐成等昔在秦朝，并为名将。天下小定，吾方任之，奈何辄便诛害，令人丧气！"[1] 由此可见，后秦虽然优遇归降的敌人，但并不信任，尤其是拥有部曲宾客的地方豪族或拥有部众的部酋。这亦导致其不能充分利用这些归降者的力量。

　　同时，如前所述，弘始五年（403）八月，后秦派军队至姑臧迎吕隆内徙后，其不再以扩张领土为务，而是偃兵修文——对外修结邻好以建立和平的周边关系，对内兴理内政以增强自身实力。弘始七年（405）七月，东晋请求后秦归还彭泉和赵策降秦时被后秦占领的南乡等郡，群臣反对，姚兴云："天下之善一也。刘裕拔起细微，能讨诛桓玄，兴复晋室，内釐庶政，外修封疆，吾何惜数郡，不以成其美乎！"遂归还了东晋南乡等十二郡。[2] 显然，姚兴希望能够与东晋和平相处，避免兵戎相见，因此不顾群臣反对，归还了此前占领的部分东晋领土。弘始九年（407）五月，通过交还俘虏和人质，与北魏复通，结束了柴壁之战以来的敌对关系。十月，通过放还南燕吕超母妻，后秦与南燕之间建立了友好关系。弘始

---

1 《晋书》卷116《姚苌载记》，第2971~2972页。
2 《晋书》卷117《姚兴载记上》，第2985页；《资治通鉴》卷114，晋安帝义熙元年七月条，第3585页。

十四年（412）六月，乞伏乾归及其诸子十余人为乞伏国仁子乞伏公府所杀，乾归子乞伏炽磐继立，后秦群臣建议乘机攻取西秦。兴曰："乾归先已返善，吾方当怀抚，因丧伐之，非朕本志也。"[1] 此外，如前所述，后秦对陕甘黄土高原北部及河套地区部落采取羁縻的方式进行笼络和统治。建初元年（386），姚苌以在朔方地区游牧的铁弗部首领刘卫辰为大将军、大单于、河西王、幽州牧。同年，西燕慕容永亦以刘卫辰为大将军、朔州牧。[2] 出现这种两属的现象，说明后秦对于铁弗部采取了羁縻的策略。建初五年（390），活动于杏城附近的前秦魏褐飞部被后秦击灭后，贰城（在杏城西北，今陕西省黄陵县西北）胡曹寅、王达可能感受到了威胁和压力，向后秦献马三千匹，姚苌拜寅为镇北将军、并州刺史，达为镇远将军、金城太守。[3] 建初七年（392）二月，活动于高平川（今宁夏清水河）流域的鲜卑破多兰部在被西秦击败后，其首领没弈于率众投降后秦，后秦拜其为车骑将军、高平公。[4] 显然，和刘卫辰一样，后秦通过封官拜爵的方式对这些部落进行羁縻。综上所述，后秦政权对于其境内

---

1 《晋书》卷118《姚兴载记下》，第2997页。

2 《资治通鉴》卷106，晋孝武帝太元十一年十月条，第3370页。

3 《晋书》卷116《姚苌载记》，第2970页。

4 《资治通鉴》卷108，晋孝武帝太元十七年二月条，第3404页。

或毗邻的部落及其他政权并非一味地采取军事征伐的策略，有时亦采取羁縻或友好的方式与之相处。当然，采取这些方式更可能是因为后秦政权本身实力不济，不过在其政治话语中，如同不愿趁西秦新丧出兵征伐相类似，这些行为极有可能被涂抹上"怀抚"的色彩，从而使其成为后秦德治主义在对外关系上的实践。

附论：后秦的天王名号

建初元年（386）四月，姚苌在占领长安后即皇帝位，大赦，改元建初，国号大秦。追尊其父弋仲为景元皇帝，立妻虵氏为皇后、子姚兴为皇太子，置百官。"自谓以火德承苻氏木行，服色如汉氏承周故事。"[1]皇初元年（394）五月，在取得马嵬之役的胜利后，姚兴始为姚苌发丧，即皇帝位于槐里，大赦，改元皇初。谥姚苌曰武昭皇帝，庙号太祖。[2]弘始元年（399）九月，姚兴"降称"天王。《晋书·姚兴载记》中记此事曰：

> 兴以日月薄蚀，灾眚屡见，降号称王，下书令群公卿士将牧守宰各降一等。于是其太尉赵公旻等

---

1 《晋书》卷116《姚苌载记》，第2967页；《资治通鉴》卷106，晋孝武帝太元十一年四月条，第3364页。
2 《资治通鉴》卷108，晋孝武帝太元十九年五月条，第3414页。

五十三人上疏谏曰:"伏惟陛下勋格皇天,功济四海,威灵振于殊域,声教暨于遐方,虽成汤之隆殷基,武王之崇周业,未足比喻。方当廓靖江吴,告成中岳,岂宜过垂冲损,违皇天之眷命乎!"兴曰:"殷汤、夏禹德冠百王,然犹顺守谦冲,未居崇极,况朕寡昧,安可以处之哉!"乃遣昙告于社稷宗庙,大赦,改元弘始。[1]

其中,姚兴的新头衔是"王"而非"天王"。《魏书·羌姚苌传》中则云:"天兴元年,兴去皇帝之号,降称天王,号年洪始。"[2]据校勘记,其中"天兴元年"应为"天兴二年","洪始"原为"弘始",避北魏献文帝讳改。[3]根据当时佛教文献的记载,周伯戡先生指出姚兴的新头衔应是天王而非王。[4]

关于此次由皇帝改称天王的原因,周伯戡先生已指出《晋书》中"日月薄蚀,灾眚屡见"的说法并不能成立。[5]前已述及,对于五胡十六国时期的天王称号,主要

1 《晋书》卷117《姚兴载记上》,第2979~2980页。

2 《魏书》卷95《羌姚苌传》,第2253页。

3 《魏书》卷95《羌姚苌传》校勘记[四一],第2264~2265页。

4 周伯戡:《姚兴与佛教天王》,《台大历史学报》2002年第30期。

5 周伯戡:《姚兴与佛教天王》,《台大历史学报》2002年第30期。

存在四种看法：其一，由于宗室的军事封建制对君权的抑制，天王是一种既承认宗室分权，又体现君主至高无上权威的一种称号，其出自《春秋》。以谷川道雄先生为代表。[1]其二，胡人君主有强烈的自卑情绪，因此不敢称皇帝而称天王。以雷家骥先生为代表。[2]其三，天王号是能够在政治领域向汉、非汉族群，在精神领域向儒、道、佛显示正当性的一种名号。进而言之，天王是出身非汉族群且与汉晋王朝没有直接联系的君主所使用的名号，其意义在于赋予非汉族群出身的君主统治中原的合法性以及总统汉与非汉族群的可能。以松下洋巳和内田昌功先生为代表。[3]其四，天王号来自密教化的佛教转轮王，姚兴的天王号更可能是仿自忉利天的统治者帝释天王。以古正美和周伯戡先生为代表。[4]

---

[1]　谷川道雄：《五胡十六国、北周的天王称号》，李济沧译，《隋唐帝国形成史论》，第245~249页。

[2]　雷家骥：《前后秦的文化、国体、政策与其兴亡关系》，《"国立"中山大学学报（高雄）》1996年第7卷第1期。

[3]　松下洋巳：《五胡十六国の天王号について》，《学習院大学東洋文化研究所調查研究報告》第44号，1999；内田昌功：《東晋十六国における皇帝と天王》，《史朋》第21卷，2008。

[4]　古正美：《东南亚的天王传统与后赵石虎时代的天王传统》，《从天王传统到佛王传统——中国中世佛教治国意识形态研究》，台北：商周出版，2003，第96~98页；周伯戡：《姚兴与佛教天王》，《台大历史学报》2002年第30期。

笔者认为，天王是华夏传统的政治名号。谷川道雄先生已经指出，在《春秋》经传中以天王称呼周天子，而用天王是为了表现周王与春秋时期的僭王者的区别。易言之，春秋时期出现的霸主导致了周朝的政治权威走向多元化，天王这一名号正是在这样一种局面下出现的。[1]此外，两汉时期，亦以天王称呼皇帝。《后汉书·寇恂传》中记述：

> 王莽败，更始立。使使者徇郡国，曰"先降者复爵位"。恂从耿况迎使者于界上，况上印绶，使者纳之，一宿无还意。恂勒兵入见使者，就请之。使者不与，曰："天王使者，功曹欲胁之邪？"[2]

其中，"天王"指已经即皇帝位的更始帝刘玄。据此可知，至迟西汉末年时，人已经用天王指称皇帝。东汉末年，因荆州牧刘表有"郊祀天地，拟斥乘舆"等僭伪行为，朝廷欲以诏书将其罪行公布于天下。孔融上疏谏止，其中有云：

1　谷川道雄：《隋唐帝国形成史论》，李济沧译，第 245~246 页。

2　《后汉书》卷 16《寇恂传》，第 620 页。

窃闻领荆州牧刘表桀逆放恣，所为不轨，至乃郊祭天地，拟仪社稷。虽昏僭恶极，罪不容诛，至于国体，宜且讳之。何者？万乘至重，天王至尊，身为圣躬，国为神器，陛级县远，禄位限绝，犹天之不可阶，日用之不可逾也。每有一竖臣，辄云图之，若形之四方，非所以杜塞邪萌。[1]

其中"天王"亦代指皇帝。由上述两例可知，两汉时人或以天王为对皇帝的敬称。此外，蔡邕《独断》中亦云：

皇帝、皇、王后（疑"后"为衍字——笔者注）、帝，皆君也。上古天子庖犧氏、神农氏称皇。尧、舜称帝。夏、殷、周称王。秦承周末为汉驱除，自以德兼三皇，功包五帝，故并以为号。汉高祖受命，功德宜之，因而不改也。

王者至尊，四号之别名。

王，畿内之所称，王有天下，故称王。

天王，诸夏之所称，天下之所归往，故称天王。

天子，夷狄之所称，父天、母地，故称天子。

> 天家，百官小吏之所称，天子无外，以天下为家，故称天家。[1]

据此可知，王、天王、天子和天家分别是畿内、诸夏、夷狄和百官小吏对君主的称号。

综上所述，在某种程度上，天王名号具有模糊性。其一，在政治权威走向多元化的春秋时期，它指称名义上的共主——周王，以与称王的诸侯国君相区别；其二，在两汉时期，它是时人对皇帝的敬称；其三，蔡邕认为它是诸夏对君主的称呼。蔡邕是东汉末年人，其著《独断》旨在记录知见以备日后修汉志之用。[2] 其观点或代表了时人的看法。

同时，内田昌功先生对五胡十六国天王名号的分类别具慧眼，需要重视。他将其分为两类：其一，以皇帝的存在为前提，与皇帝相对，地位稍低；其二，效仿周制，与皇帝号无法并存。[3] 显然，姚兴的天王名号属于后一类。

笔者认为，后一种天王名号可以进一步细分为两种：

1　蔡邕：《独断》卷上，《四部丛刊三编》第 223 册，商务印书馆，1935，第 1~2 页。

2　代国玺：《蔡邕〈独断〉考论》，《文献》2015 年第 1 期。

3　内田昌功：《東晋十六国における皇帝と天王》，《史朋》第 21 卷，2008。

其一，前代君主称皇帝，新君主即位后改称天王；在其去世后，后继者又改称皇帝，包括石虎、苻坚和姚兴三人。其二，君主一直称天王，包括北凉、北燕和夏国。

后赵石勒于建平元年（330）九月即皇帝位。[1] 然而，石虎在稳定了后赵政局后，却一再拒绝群臣称皇帝的劝进，于建武三年（337）正月称大赵天王。《晋书·石季龙载记上》中记此事曰：

> 于是依殷周之制，以咸康三年僭称大赵天王，即位于南郊，大赦殊死已下。追尊祖祖邪为武皇帝，父寇觅为太宗孝皇帝。立其郑氏为天王皇后，以子邃为天王皇太子。亲王皆贬封郡公，藩王为县侯，百官封署各有差。[2]

其中，追尊其父祖的名号均为皇帝，且将妻、子封为天王皇后、天王皇太子，又将其他的王爵降为公、侯。显然，与皇帝一样，这里的天王亦是君主的最高名号。之后，太保夔安乘韩强进献龟纽金文玄玉玺之机再次劝进："臣等谨案大赵水德，玄龟者，水之精也；玉者，石之宝

---

1 《晋书》卷105《石勒载记下》，第2746页；《资治通鉴》卷94，晋成帝咸和五年九月条，第2977页。
2 《晋书》卷106《石季龙载记上》，第2765页。

也；分之数以象七政，寸之纪以准四极。昊天成命，不可久违。辄下史官择吉日，具礼仪，谨昧死上皇帝尊号。"对此，石虎下书曰："过相褒美，猥见推逼，览增恧然，非所望也，其亟止兹议。今东作告始，自非京城内外，皆不得表庆。"[1]小野响先生认为，这一事件反映了两个事实：其一，石虎即位"大赵天王"时并未考虑将来称帝，而是计划一直以"天王"的名号统治后赵；其二，后赵群臣想将皇帝定为高于"大赵天王"的名号，一直希望石虎能够称帝。同时，他亦指出，石虎在去世前即位称皇帝，将国家回归到以皇帝位顶端的传统体制，很可能是希望借此迎合群臣的期望，争取他们在其驾崩后对年幼的嗣主石世的支持。[2]

前秦皇始二年（352）正月，在丞相苻雄等的请求下，苻健即皇帝位。[3]永兴元年（357）六月，苻坚"去皇帝之号，称大秦天王，即位于太极殿"，"大赦，改元永兴。追尊父雄为文桓皇帝，母苟氏为皇太后，妃苟氏为皇后，世子宏为皇太子，以清河王法为都督中外诸军事、

---

1 《晋书》卷106《石季龙载记上》，第2765~2766页。

2 小野响：《五胡十六国时期"天王"号的意义——以石虎与冉闵为中心》，《南京晓庄学院学报》2018年第2期。

3 《晋书》卷112《苻健载记》，第2870页；《资治通鉴》卷99，晋穆帝永和八年正月条，第3122页。

丞相、录尚书事、东海公，诸王皆降爵为公"。[1]与石虎称大赵天王时采取的措施相同，苻坚称大秦天王亦追尊父亲为皇帝，且将妻、子封为皇后、皇太子。同时，将后秦诸王降爵，不再称王。在苻坚被缢杀后，继位的苻丕、苻登均改称皇帝。

后秦姚兴由皇帝改称天王前已述及。姚兴死后，继位的姚泓亦改称皇帝。显然，石虎、苻坚和姚兴三人称天王情况类似，可综合考察。首先，石虎、苻坚和姚兴称天王后，对外都采取积极的军事扩张策略，企图以武力灭亡其他政权，统一全国。

石虎称天王后，连年对外用兵，辽西鲜卑段氏、前燕、前凉和东晋都是其征伐的对象。[2]苻坚称天王后，相继攻灭了前燕、仇池、前凉和代国，迫使吐谷浑和鲜卑乞伏部归降，统一了北方，并攻占了东晋的梁、益二州；之后，又派吕光西征西域，自己亲征东晋，在淝水之战大败后才停止了对外的攻伐。[3]如前所述，姚兴亦是在称天王后在东西两线积极用兵，东向进攻东晋洛阳等地，西向进攻西秦、后凉，在柴壁之战中被北魏大败后，才停止对外的军事扩张。

---

1 《资治通鉴》卷100，晋穆帝升平元年六月条，第3165页。
2 康亚军：《后赵史研究》，兰州大学硕士学位论文，2008，第107~108页。
3 蒋福亚：《前秦史》，第136~225页。

同时，五胡十六国时期的一些人似乎认为，统一全国是称皇帝的先决条件。《十六国春秋》记载，前赵元熙元年（304），在刘宣等上尊号时，刘渊有云："今晋氏犹在，四方未定。可仰尊高皇初法，且称汉王。权停皇帝之号，听宇宙混一，当更议之。"[1] 其中，刘渊"权停皇帝之号"是因为"晋氏犹在，四方未定"，认为要在"宇宙混一"之后才能够称皇帝号。后赵建平三年（332），石勒和中书令徐光之间有一次对话。徐光问石勒："陛下廓平八州，帝有海内，而神色不悦者何也？"石勒说："吴、蜀未平，书轨不一，司马家犹不绝于丹阳，恐后之人将以吾为不应符箓，每一思之，不觉见于神色。"[2] 次年，石勒亡故。此时石勒称皇帝已有三年，但却仍因未能统一全国而担心其称皇帝名不副实。

两相结合，石虎、苻坚和姚兴三人或许亦认为统一全国是称皇帝的先决条件，而其面对的是一个政权林立的局面，因此不愿意使用皇帝名号。同时，使用天王名号可以将其与其他政权相区别。

其次，如前所述，称皇帝者需要推衍本朝的五德历

1 《太平御览》卷119《偏霸部三·前赵刘渊》引崔鸿《十六国春秋·前赵录》，第574~575页。
2 《晋书》卷105《石勒载记下》，第2753页；参见《资治通鉴》卷95，晋成帝咸和七年条，第2983页。

运，建构本政权的正统，而正统具有排他性。易言之，天下只有一个皇帝，其他均为僭伪。与此不同，天王名号在某种程度上具有模糊性。石虎等人在对某一政权进行军事攻伐时，往往会采用合纵连横之术，与其他政权交聘往来。此时，皇帝名号具有强烈确定性和排他性，且自两汉以来形成了一整套与皇帝相关的礼仪制度，这些有时会影响甚至阻滞政权之间的交聘往来。相反，天王名号的模糊性可以为这些交聘往来提供便利。

后赵建武六年（成汉汉兴三年，340），成汉皇帝李寿致书石虎，请求放还先前被东晋俘获又逃奔后赵的成汉国将领李闳（宏）。信中称石虎为"赵王石君"，石虎看了后不高兴，将这件事情交付外廷商议。中书监王波建议："今李宏以死自誓，若得反魂蜀汉，当鸠率宗族，混同王化。若遣而果也，则不烦一旅之师而坐定梁益，就有进退，岂在逃命一夫。寿既号并日月，跨僭一方，今若制诏，或敢酬反，则取诮戎裔。宜书答之，并赠以楛矢，使寿知我遐荒必臻也。"[1] 其中言及，考虑到李寿已经称帝的情况，建议以书信而非诏书的方式答复，从而避免李寿同样以诏书的形式回复。据此可知，正因为天

---

1 《晋书》卷106《石季龙载记上》，第2771页；参见《资治通鉴》卷96，晋成帝咸康六年十月条，第3041~3042页。

王名号所具有的模糊性，使后赵可以采取更为灵活的方式和成汉进行交聘往还。

皇初五年（北魏皇始三年，398）正月，北魏攻占邺城。至此，北魏已经夺得了后燕今山西、河北地区，成为关东地区最为强大的政权。[1]十二月初二，道武帝拓跋珪在平城举行了他当皇帝的登基大典。改元天兴，追尊成帝毛以下及皇后的谥号，按照崔宏等人的奏请，以土德为本朝德运。[2]前已述及，在北魏与后燕的战争中，后秦站在了北魏一边，在拓跋珪请援时出兵支持，而在慕容德求救时则未出兵。弘始元年（北魏天兴二年，399）七月，后秦再次出兵进攻东晋河南太守辛恭靖固守之洛阳。东晋雍州刺史杨佺期遣使北魏请援，并对北魏使者张济明言："此间兵弱粮寡，洛阳之救，恃魏而已。若其保全，必有厚报；若其不守，与其使羌得之，不若使魏得之。"显然有挑拨秦魏关系的用意。八月，道武帝派太尉穆崇率六万骑兵救援洛阳。[3]九月，姚兴改称天王。[4]十月，后秦攻陷洛阳。听闻此消息后，东晋"自淮、汉以

1　杜士铎主编《北魏史》（修订本），北岳文艺出版社，2017，第52~56页。

2　《魏书》卷2《太祖纪》，第38页。

3　《资治通鉴》卷111，晋安帝隆安三年七月、八月条，第3493~3494、3494页。

4　《魏书》卷95《羌姚苌传》，第2253页；参见《资治通鉴》卷111，晋安帝隆安三年九月条，第3496页。

北，诸城多请降，送任于秦"[1]。北魏救援的骑兵行军两个月未至洛阳，令人颇感意外。其间，后秦与北魏是否遣使，未见记载。

然而，如前所述，弘始二年三月北魏立慕容氏为后之前，北魏派遣北部大人贺狄干以骏马千匹向后秦求婚。而秦魏作出联姻的决定，应更在此之前。可能的情况是，在知晓北魏出兵救援洛阳的消息后，后秦遣使北魏希图阻止其出兵，双方或在此时达成了联姻的意向，北魏亦撤回了援兵。姚兴在后秦进攻洛阳期间改称天王，或与此有关。易言之，为了方便在与已经称皇帝号的拓跋珪或其他君主的交聘往还，并相区别，姚兴改称具有模糊性的天王名号。

---

1 《资治通鉴》卷 111，晋安帝隆安三年十月条，第 3497 页；《晋书》卷 117《姚兴载记上》，第 2980 页。

参考文献

一 史料（含后代注疏，按成书时间排序）

徐元诰撰，王树民、沈长云点校《国语集解》，中华书局，2002。

司马迁:《史记》，中华书局，2013。

班固:《汉书》，中华书局，1962。

蔡邕:《独断》，《四部丛刊三编》第223册，商务印书馆，1935。

陈寿:《三国志》，中华书局，1959。

范晔:《后汉书》，中华书局，1965。

沈约:《宋书》，中华书局，2018。

郦道元注，杨守敬、熊会贞疏《水经注疏》，江苏古籍出版社，1989。

魏收:《魏书》，中华书局，2018。

魏征:《晋书》，中华书局，1974。

李延寿:《北史》，中华书局，1974。

刘知幾著，浦起龙释《史通通释》，上海古籍出版社，2009。

李昉:《太平御览》,中华书局影印本,1960。

乐史撰,王文楚等点校《太平寰宇记》,中华书局,2007。

司马光:《资治通鉴》,中华书局,1956。

罗振玉编纂《鸣沙石室佚书正续编》,北京图书馆出版社,2004。

二 研究论著(按作者姓氏音序排序,日人姓名首字按汉语拼音音序)

白翠琴:《魏晋南北朝民族史》,四川民族出版社,1996。

陈连庆:《中国古代少数民族姓氏研究——魏晋南北朝民族姓氏研究》,吉林文史出版社,1993。

陈琳国:《十六国时期的坞堡壁垒与汉人大姓豪族经济》,《晋阳学刊》2007年第3期。

陈勇:《拓跋嗣与姚兴联姻考》,《文史哲》2017年第5期。

川本芳昭:《关于五胡十六国北朝时代的"正统"王朝》,邓红、牟发松译,《北朝研究》(第2辑),北京燕山出版社,2001。

川胜义雄:《魏晋南北朝》,东京:讲谈社,2003。

代国玺:《蔡邕〈独断〉考论》,《文献》2015年第1期。

邓乐群:《十六国胡族政权的正统意识与正统之争》,《南通师范学院学报》(哲学社会科学版)2004年第4期。

町田隆吉:《後秦政権の成立-羌族の国家形成(その

二）》，《东京学芸大学附属高校大泉校舎研究纪要》第 9 集，
1985。

町田隆吉：《後秦政権の成立－羌族の国家形成（その
一）》，《东京学芸大学附属高校大泉校舎研究纪要》第 7 集，
1983。

董刚：《十六国时代苻、姚部族集团的历史变迁——以叛
乱史为线索的考察》，《社会科学》2017 年第 11 期。

俄琼卓玛：《后秦史》，上海古籍出版社，2018。

冯君实：《十六国官制初探》，《东北师范大学学报》（哲
学社会科学版）1984 年第 4 期。

高敏：《魏晋南北朝兵制研究》，大象出版社，1998。

古正美：《从天王传统到佛王传统——中国中世佛教治国
意识形态研究》，台北：商周出版，2003。

谷川道雄：《隋唐帝国形成史论》，李济沧译，上海古籍
出版社，2011。

关尾史郎：《“大营”小论——後秦政権（三八四～四一七）
军事力と徙民措置》，栗原益男先生古稀記念論集編纂委員
会编《中国古代の法と社会：栗原益男先生古稀記念論集》，
东京：汲古书院，1988。

关尾史郎：《後秦政権の鎮人・鎮戸制と徙民措置》，《東
アジア 歴史と文化》第 21 号，2012。

郭硕：《五德历运与十六国北魏华夷观的变迁》，《中央
民族大学学报》（哲学社会科学版）2018 年第 5 期。

韩国磐：《魏晋南北朝史纲》，人民出版社，1983。

何兹全：《读史集》，上海人民出版社，1982。

洪亮吉：《十六国疆域志》，《二十五史补编》第 3 册，

开明书店，1936。

洪涛：《三秦史》，复旦大学出版社，1992。

侯甬坚：《十六国"岭北"地名考》，《中国历史地理论丛》2001 年第 1 期。

胡阿祥、孔祥军、徐成：《中国行政区划通史·三国两晋南朝卷》，复旦大学出版社，2017。

胡鸿：《能夏则大与渐慕华风——政治体视角下的华夏与华夏化》，北京师范大学出版社，2017。

黄烈：《中国古代民族史研究》，人民出版社，1987。

蒋福亚：《前秦史》，社会科学文献出版社，2020。

康亚军：《后赵史研究》，兰州大学硕士学位论文，2008。

雷戈：《正朔、正统与正闰》，《史学月刊》2004 年第 6 期。

雷家骥：《汉赵时期氐羌的东迁与返还建国》，《"国立"中正大学学报》（人文分册）1996 年第 7 卷第 1 期。

雷家骥：《前后秦的文化、国体、政策与其兴亡关系》，《"国立"中山大学学报（高雄）》1996 年第 7 卷第 1 期。

李磊：《淝水战后关陇地区的族际政治与后秦之政权建构》，《西南民族大学学报》（人文社会科学版）2018 年第 7 期。

李硕：《南北战争三百年：中国4-6世纪的军事与政权》，上海人民出版社，2018。

廖幼华：《丹州稽胡汉化之探讨——历史地理角度的研究》，《"国立"中正大学学报》（人文分册）1996 年第 7 卷第 1 期。

罗新：《十六国北朝的五德历运问题》，《中国史研究》2004 年第 3 期。

罗新：《王化与山险：中古边裔论集》，北京大学出版社，2019。

罗志田：《近代中国史学述论》，北京师范大学出版社，2015。

吕思勉：《两晋南北朝史》，开明书店，1948。

马长寿：《碑铭所见前秦至隋初的关中部族》，中华书局，1985。

马长寿：《氐与羌》，广西师范大学出版社，2006。

马志冰：《十六国时代坞堡垒壁组织的社会职能》，《许昌师专学报》（社会科学版）1991 年第 3 期。

牟发松、毋有江、魏俊杰：《中国行政区划通史·十六国北朝卷》，复旦大学出版社，2017。

牟发松：《北魏军镇起源新探》，《社会科学》2017 年第 11 期。

牟发松：《十六国北朝政区演变的背景、特征及趋势略论——以特殊政区为中心》，《华中师范大学学报》（人文社会科学版）2017 年第 5 期。

牟发松：《十六国时期地方行政机构的军镇化》，《晋阳学刊》1985 年第 6 期。

内田昌功：《東晋十六国における皇帝と天王》，《史朋》第 21 卷，2008。

牛敬飞：《十六国时期"岭北"地望综述》，周伟洲主编《西北民族论丛》第 16 辑，社会科学文献出版社，2018。

彭丰文:《试论十六国时期胡人正统观的嬗变》,《民族研究》2010 年第 6 期。

齐涛:《魏晋隋唐乡村社会研究》,山东人民出版社,1995。

钱大昕:《廿二史札记》,上海古籍出版社,2004。

钱穆:《两汉今古文平议》,商务印书馆,2001。

秦锡田:《补晋僭国年表》,《二十五史补编》第 3 册,开明书店,1936。

冉光荣、李绍明、周锡银:《羌族史》,四川民族出版社,1984。

沈维贤:《晋五胡表》,《二十五史补编》第 3 册,开明书店,1936。

史念海:《河山集(四集)》,陕西师范大学出版社,1991。

市来弘志:《赫连勃勃的领土扩大过程与农牧区分界线》,桑亚戈译,史念海主编《汉唐长安与关中平原》(《中国历史地理论丛》增刊),1999。

松下洋巳:《五胡十六国の天王号について》,《学習院大学東洋文化研究所調査研究報告》第 44 号,1999。

唐长孺:《魏晋南北朝史论丛》,生活·读书·新知三联书店,1955。

陶新华:《〈晋书·载记〉略论》,《杭州师范学院学报》1996 年第 2 期。

田昌五、马志冰:《论十六国时代坞堡垒壁组织的构成》,《中国史研究》1992 年第 3 期。

田余庆:《东晋门阀政治》,北京大学出版社,2005。

田余庆:《拓跋史探》（修订本），生活·读书·新知三联书店，2019。

万斯同:《晋僭伪诸国年表》，《二十五史补编》第 3 册，开明书店，1936。

万斯同:《伪后秦将相大臣年表》，《二十五史补编》第 3 册，开明书店，1936。

汪一鸣:《北魏刁雍造船地点考辨及其它》，《宁夏大学学报》（自然科学版）1987 年第 4 期。

王明珂:《华夏边缘——历史记忆与族群认同》，社会科学文献出版社，2006。

王明珂:《英雄祖先与弟兄民族：根基历史的文本与情境》，中华书局，2009。

王鸣盛:《十七史商榷》，上海书店，2005。

王仲荦:《魏晋南北朝史》，上海人民出版社，1979。

吴宏岐:《后秦"岭北"考》，《中国历史地理论丛》1995 年第 2 期。

吴洪琳:《铁弗匈奴与夏国史研究》，中国社会科学出版社，2011。

小野响:《五胡十六国时期"天王"号的意义——以石虎与冉闵为中心》，《南京晓庄学院学报》2018 年第 2 期。

徐冲:《中古时代的历史书写与皇帝权力起源》，上海古籍出版社，2017。

徐美莉:《十六国的行政中枢制度及其新因素》，《甘肃民族研究》2013 年第 4 期。

许涛:《十六国时期羌族姚秦的兴起与建国》，陕西师范大学硕士学位论文，2009。

杨权：《新五德理论与两汉政治："尧后火德"说考论》，中华书局，2006。

张军：《十六国北朝时期祖源攀附现象考论》，《扬州大学学报》（人文社会科学版）2014年第2期。

张军：《祖源攀附与十六国北朝时期意识形态建构》，《青海社会科学》2013年第4期。

张书豪：《西汉"尧后火德"说的成立》，《汉学研究》2011年第29卷第3期。

张愉曾：《十六国年表》，《二十五史补编》第3册，开明书店，1936。

张正田：《西燕政权结构、战略目标与其兴衰关系——以立国初期（西元三八四－三八六）为研究中心》，《政大史粹》第6期，2004。

赵向群著，贾小军修订《五凉史》，社会科学文献出版社，2019。

周伯戡：《姚兴与佛教天王》，《台大历史学报》2002年第30期。

周平：《后秦史初探》，西北大学硕士学位论文，2010。

周伟洲：《敕勒与柔然》，上海人民出版社，1983。

周伟洲：《南凉与西秦》，广西师范大学出版社，2006。

周伟洲：《十六国官制研究》，《文史》2002年第1辑。

周伟洲：《魏晋南北朝时期的护军制》，侯仁之、周一良主编《燕京学报》新6期，北京大学出版社，1999。

周一良：《魏晋南北朝史论集》，北京大学出版社，1997。

祝总斌：《两汉魏晋南北朝宰相制度研究》，中国社会科学出版社，1990。

索 引

Y

图书在版编目（CIP）数据

后秦史 / 尹波涛著. -- 北京：社会科学文献出版
社, 2022.6
（十六国史新编）
ISBN 978-7-5201-9834-9

Ⅰ. ①后… Ⅱ. ①尹… Ⅲ. ①中国历史－后秦 Ⅳ.
①K238

中国版本图书馆CIP数据核字（2022）第039035号

·十六国史新编·

后秦史

著　　者 / 尹波涛

出 版 人 / 王利民
责任编辑 / 高振华
责任印制 / 王京美

出　　版 / 社会科学文献出版社（010）59367143
　　　　　　地址：北京市北三环中路甲29号院华龙大厦　邮编：100029
　　　　　　网址：www.ssap.com.cn
发　　行 / 社会科学文献出版社（010）59367028
印　　装 / 三河市东方印刷有限公司

规　　格 / 开　本：889mm×1194mm 1/32
　　　　　　印　张：10.75　字　数：232千字
版　　次 / 2022年6月第1版　2022年6月第1次印刷
书　　号 / ISBN 978-7-5201-9834-9
定　　价 / 78.00元

读者服务电话：4008918866